电商环境下我国农产品流通效率提升及其对策研究

程 涛 著

中国财经出版传媒集团
中国财政经济出版社

图书在版编目（CIP）数据

电商环境下农产品流通效率提升及其对策研究／程涛著．—北京：中国财政经济出版社，2019.7

ISBN 978-7-5095-9066-9

Ⅰ．①电… Ⅱ．①程… Ⅲ．①农产品流通－研究－中国 Ⅳ．①F724.72

中国版本图书馆 CIP 数据核字（2019）第 123832 号

责任编辑：郭惠珍　　　　　　　　　　　　责任校对：黄亚青
封面设计：陈宇琰

中国财政经济出版社 出版

URL：http：//www.cfeph.cn
E-mail：cfeph@cfeph.cn
（版权所有　翻印必究）
社址：北京市海淀区阜成路甲 28 号　邮政编码：100142
营销中心电话：010-88191537
北京财经印刷厂印刷　各地新华书店经销
787×1092 毫米　16 开　10.5 印张　215 000 字
2019 年 7 月第 1 版　2019 年 7 月北京第 1 次印刷
定价：50.00 元
ISBN 978-7-5095-9066-9
（图书出现印装问题，本社负责调换）
本社质量投诉电话：010-88190744
打击盗版举报热线：010-88191661　QQ：2242791300

摘 要

对于我国农业发展"大而不强"的尴尬局面，曾经有学者认为这是由农产品生产性结构与人们需求之间的矛盾引起的，可以通过调整农产品种植结构来加以解决，然而生产实践却告诉我们，在不同的历史时期，产业结构矛盾的表现形式可能会不断变化，但却不可消除。由此可见，在我国以农业区域化生产来保障全国农产品供应的环境下，农业发展过程中所出现的诸多问题其根源不在于生产，而在于流通。农产品流通是衔接农产品生产和农产品消费的中间环节，它在保障食品供应、维持企业效益和提升农民收入等方面发挥着至关重要的作用。目前，我国在农产品流通建设方面虽然取得了一定的成果，但和美国、日本等一些农业发达国家相比较而言，依然存在一定的差距，流通投入成本较高、流通技术水平落后、流通主体建设不够完善，上述现象的存在，导致我国农产品流通效率相对较低，买难和卖难交替出现，严重损害了消费者、中间商和农民三方的利益。因此，有效提高农产品流通效率，已经成为我国农业发展中必须面对的问题。

从理论研究的角度来看，以农产品流通效率为标准来衡量农产品的流通发展状态，并通过流通效率影响因素评价来明确流通发展中存在的问题，进而为流通体系的完善优化及流通效率的提升提供对策，这一研究思路和方法突破了传统的研究范式，对丰富农产品流通研究体系、创新研究方法、拓展研究视角等方面均具有十分重要的理论意义。从现实应用的角度来看，高效的农产品流通过程一是可以通过信息有效共享来避免盲目生产，调节产销矛盾；二是可以通过技术创新来调整产品结构，丰富市场供应，减少流通环节，降低流通损耗；三是可以通过加强基础设施建设来缩短流通周期、加快流通速度、优化流通过程。总的来说，通过降低流通成本、提高流通技术及完善流通主体建设，进而提高农产品流通效率，这对于保障消费者利益、维护企业效益及提高农民收益等方面均具有重要的现实意义。

鉴于此，本文在学习和吸收流通理论、交易成本理论、分工合作理论、消费升级理论及差异化理论等学术理论的基础上，综合运用文献研究、调查研究、定性分析、定量分析、比较研究及系统分析等多种方法，以提高农产品流通效率为目标，沿着流通效率评价、影响因素分析、提出相关对策这一研究脉络，在梳理我国主要农产品流通体制历史演进过程及借鉴国外先进经验的基础上，对当前我国农产品流通的发展现状及存在的问题进行了分析和整理，并对存在问题的成因进行了初步的分析探讨。在接下来的实证分析环节，先是从实践应用角度出发，选取一般人均农业总产值、农村居民人均可支配收入和农业总产值为产出指标，选取农村地区农产品流通固定资产投资和人力资本投入为投入指标，对我国农产品流通效率的发展及现状展开实证分析，得出了在我国现有流通模式下，农产品流通技术水平偏低、流通资源配置不合理、流通规模偏大、流通效率在缓慢增长但总体水平不高的结论。然后，以流通效率为目标层，以流通成本、流通技术、流通速度、流通环节为准则层，以收割采摘、分拣包装、装卸运输、库存仓储、精深加工、信息传输及推广营销为方案层，搭建了流通效率影响因素递阶层次模型，利用层次分析法，对农产品流通效率影响因素进行评价分析，最终得出准则层的流通技术和方案层的精深加工两个因素对我国农产品流通效率影响最大这一结论。最后，在上述理论研究和实证分析的基础上，对得到的结论进行深层次剖析，分别从降低流通成本、提高流通技术、完善流通主体建设三个方面，为我国农产品流通效率提升给出了具体对策，一是要通过加大机械自动化设备的资金投入、培养专业操作人员、整合流通资源以降低人工成本，二是通过加强农村地区交通运输基础设施建设及增加农产品存储及运输专业设备以降低物流成本，三是通过加强农村地区网络基础设施建设及降低网络接入费用以降低信息获取成本，四是要积极发展冷链恒温技术，五是要鼓励和支持农产品加工企业进行技术创新，六是要以继续教育方式开展农民素质教育，七是继续完善农产品批发市场建设，八是加大农产品电商平台及相关基础设施建设力度，九是完善合作社及其职能建设。

　　文章的最后，对现有研究中存在的不足进行了反思，对下一步研究工作的开展进行了展望。

　　关键词：农产品流通；流通效率；DEA

Abstract

For the embarrassing situation of "big but not strong" for China's agricultural development, some scholars believed that this is caused by the contradiction between the productive structure of agricultural products and people's needs, which can be solved by adjusting the planting structure of agricultural products, however, the production practice tells us that the manifestations of contradictions in industrial structure may change constantly, but not be eliminated in different historical periods. It can be seen that many problems in the process of agricultural development are not rooted in production, but in circulation under the circumstance of China's agricultural regional production to guarantee the supply of agricultural products across the country. As an intermediate link between agricultural production and consumption, agricultural products circulation has been playing a vital role in safeguarding food supply, maintaining corporate efficiency and increasing farmers' income. At present, although China has achieved certain results in the construction of agricultural products circulation, there are still certain gaps compared with some agricultural-developed countries such as the United States and Japan, which include high circulation input costs, backward circulation technology level and inadequate construction of circulation entities. The above phenomenon has led to the relatively low efficiency of China's agricultural products circulation and the difficulty of buying and selling, seriously harming the interests of consumers, middlemen and farmers. Therefore, effectively improving the agricultural products circulate efficiency has become a problem that must be faced in China's agricultural development.

From the perspective of theoretical research, the research idea and method is to measure the development status of agricultural products circulation with the standard of agricultural products circulate efficiency and specify the problems in circulation development through the evaluation of the influential factors of circulation efficiency, so as to provide countermeasures for the improvement of circulation system and the improvement of circulation efficiency. It has broken through the traditional research paradigm with important theoretical significance for enriching agricultural products circulation research system, innovative research methods and expanding research perspective. From the perspective of practical application, efficient agricultural products circulation process can avoid blind production and regulate production and sales contradiction through information sharing. Second, it can adjust product structure, enrich market supply, reduce circulation links and reduce circulation loss through technological innovation. Third, it is possible to shorten the circulation cycle, speed up the circulation, and optimize the circulation process by strengthening infrastructure construction. In general, it has important practical significance for protecting consumer interests, safeguarding enterprise efficiency and improving farmers' income that improves the agricultural products circulate efficiency by reducing the cost of circulation, improving circulation technology and perfecting the construction of circulation entities.

In view of this, based on the learning and absorption to academic theories of circulation theory, transaction cost theory, division of labor cooperation theory, consumption upgrading theory and differentiation theory, this paper comprehensively uses literature research, investigation research, qualitative analysis, quantitative analysis, comparative research and system analysis and other methods. On the basis of the historical evolution of China's agricultural products circulation system and drawing lessons from foreign advanced experience, it analyzes and organizes the present situation and problems of agricultural products circulation in China, and conducts preliminary analysis and discussion on the causes of these problems along with the assessment of circulation efficiency, analysis of influencing factors and related countermeasures, aiming at improving the agricultural products circulate efficiency. In the following empirical analysis, firstly, from the perspective of practical application, we carry out an empirical analysis of the development and present situation of China's agricultural products circulate efficiency, selecting the per capita output value of agriculture, the per capita disposable income of rural residents and the total output value of agriculture as the output indicator, as well as the fixed assets investment and human capital investment of agricultural products in rural areas as the input indicator. It is concluded that there is lower agricultural product circulation technology level, the unreasonable circulation resource allocation, the large circulation scale and the slowly increasing but low circulation efficiency under the current circulation model of China. Then, with the circulation efficiency as the target layer, the circulation cost, circulation technology, circulation speed, and circulation link are used as the criterion layer, and the harvesting, sorting and packaging, loading and unloading transportation, inventory storage, intensive processing, information transmission as well as promotion and marketing as the scheme layer, the hierarchical model of the influence factors of circulation efficiency has been established. It is concluded that the circulation technology of the criterion layer and the intensive processing of the scheme layer have the greatest influence on the agricultural products circulate efficiency in China by using analytic hierarchy process (AHP) to evaluate and analyze the influencing factors of agricultural products circulate efficiency. Finally, on the basis of the above theoretical research and empirical analysis, the deep analysis of the conclusions has been carried out from the three aspects of reducing circulation costs, improving circulation technology and perfecting the construction of circulation entities respectively, which gives specific details for the improvement of agricultural products circulate efficiency in China. The first step is to reduce the labor costs by increasing the capital investment of mechanical automation equipment, cultivating professional operators and integrating circulation resources; the second is to reduce logistics cost by strengthening the construction of transportation infrastructure in rural areas and increasing the specialized equipment for storage and transportation of agricultural products; the third is to reduce the information acquisition costs by strengthening network infrastructure construction in rural areas and reducing network access costs. Fourth, it is necessary to actively develop cold – chain constant temperature technology. Fifth, we must encourage and support agricultural products processing enterprises to carry out technological innovation. The sixth is to carry out the farmers' quality education in the way of continuing education. The seventh is to improve the construction of agricultural products wholesale market. The eighth is to strengthen the construction of the e – commerce operation platform of agricultural products and related infrastructure. The ninth is to perfect cooperatives and its function construction.

At the end of the paper, the shortcomings of the existing researches are reviewed, and the development of the further research work is prospected.

Keywords Circulation of agricultural products; Circulation efficiency; DEA

目 录

第一章 绪论 ……………………………………………………………（1）
 第一节 研究背景 ………………………………………………（1）
 第二节 研究的目的和意义 ……………………………………（4）
 第三节 国内外研究现状 ………………………………………（6）
 第四节 研究方法与技术路线 …………………………………（24）
 第五节 内容结构和主要创新点 ………………………………（26）
 第六节 本章小结 ………………………………………………（29）

第二章 概念界定及基础理论 …………………………………………（30）
 第一节 基本概念界定 …………………………………………（30）
 第二节 相关基础理论 …………………………………………（34）
 第三节 本章小结 ………………………………………………（42）

第三章 我国农产品流通体制历史演进及国外农产品流通经验借鉴 …（43）
 第一节 我国农产品流通体制的历史演进 ……………………（43）
 第二节 农产品流通发展的国际经验借鉴 ……………………（51）
 第三节 本章小结 ………………………………………………（57）

第四章 我国农产品流通现状及存在的问题 …………………………（58）
 第一节 我国农产品流通发展特点 ……………………………（58）
 第二节 农产品流通主体构成 …………………………………（61）
 第三节 农产品流通模式现状 …………………………………（64）
 第四节 存在的问题 ……………………………………………（69）
 第五节 本章小结 ………………………………………………（73）

第五章 农产品流通效率评价 …………………………………………（74）
 第一节 农产品流通效率的评价方法及模型 …………………（74）
 第二节 农产品流通效率评价的指标选取和数据来源 ………（85）

第三节　农产品流通效率评价的实证分析……………………（89）
　　第四节　本章小结………………………………………………（101）

第六章　农产品流通效率影响因素分析……………………………（102）
　　第一节　层次分析法（AHP）简介……………………………（103）
　　第二节　基于AHP的农产品流通效率影响因素分析…………（104）
　　第三节　结果分析………………………………………………（117）
　　第四节　本章小结………………………………………………（123）

第七章　农产品流通效率提升对策…………………………………（126）
　　第一节　降低流通成本…………………………………………（127）
　　第二节　提高流通技术…………………………………………（129）
　　第三节　流通主体建设方面……………………………………（130）
　　第四节　本章小结………………………………………………（133）

结论……………………………………………………………………（134）

附录一…………………………………………………………………（136）

附录二…………………………………………………………………（141）

附录三…………………………………………………………………（143）

攻读学位期间发表的学术论文………………………………………（145）

参考文献………………………………………………………………（146）

致谢……………………………………………………………………（157）

第一章

绪 论

第一节 研究背景

农业是人类社会发展史上最早出现的物质生产部门,是人类社会再生产的起点。随着农业技术的不断发展,社会剩余农产品日趋丰富,进而催生了物物交换的产生,并逐步刺激了商业行为的出现和发展,渐渐形成了当前以农业、工业和服务业为基础的现代国民经济体系。农业作为特殊性质的物质生产产业,在整个经济社会发展过程中具有不可替代的重要作用。

一、我国农村人口数量庞大,农民收入水平偏低,"三农"问题较为突出

我国幅员辽阔,人口众多。截止到 2017 年年底,我国大陆地区拥有人口 139008 万人,其中农村常住人口约为 57661 万人,占总人口比重为 41.48%。庞大的人口总数及农村人口的高占比充分说明,在世界贸易格局不断变化、我国经济发展进入新常态的特殊阶段,促进农业可持续发展既是保证食品有效供应、解决 14 亿人口不同层次饮食需求的切实需要,也是搞活农村经济、提高农民收入水平的必由之路,更是转变发展方式、实现中华民族伟大复兴的必要保障。在人们生活水平不断提高、物质供应不断丰富、饮食诉求不断多元化和高标准的今天,在科技进步推动力和人们需求拉动力的双重作用下,农业发展的基础性地位将更加牢固。

表 1-1 为 2004 年~2017 年期间,我国农业生产总值与国内生产总值、乡村人口数量与全国人口数量、农村居民人均可支配收入与城镇居民人均可支配收入三组数据的变化及对比情况。

表 1-1 2004~2017 年我国城乡部分数据变化及对比情况

Chart 1-1 Partial data changes and constrasted condition in chinese urban and rural during 2014-2017

年份	农业生产总值（亿元）/GDP（亿元）（%）	乡村人口（万人）（占总人口%）	农村居民人均可支配收入（元）/城镇居民人均可支配收入（元）/（%）
2004	20904.3/161840.2（12.9）	75705（58.2）	2936.6/9422.5（31.2）
2005	21806.7/187318.9（11.6）	74544（57.0）	3255.2/10493.8（31.0）
2006	23317.0/219438.5（10.6）	73160（55.7）	3587.1/11759.2（30.5）
2007	27788.0/270232.3（10.3）	71496（54.1）	4140.0/13786.6（30.0）
2008	32753.2/319515.5（10.2）	70399（53.0）	4760.6/15781.8（30.2）
2009	34161.8/349081.4（9.8）	68938（51.7）	5153.2/17175.1（30.0）
2010	39362.6/413030.3（9.5）	67113（50.1）	5919.0/19109.4（31.0）
2011	46163.1/489300.6（9.4）	65656（48.7）	6977.3/21810.2（32.0）
2012	50902.3/540367.4（9.4）	64222（47.4）	7916.6/24565.0（32.2）
2013	55329.1/595244.1（9.3）	62961（46.3）	9429.6/26467.0（35.6）
2014	58343.5/643974.0（9.1）	61866（45.2）	10488.9/28843.9（36.4）
2015	60862.1/689052.1（8.8）	60346（43.9）	11421.7/31194.8（36.6）
2016	63670.7/744127.2（8.6）	58976（42.7）	12363.4/33616.2（36.8）
2017	65468.0/827122.0（7.9）	57661（41.5）	13432.0/36396.0（36.9）

数据来源：《中国统计年鉴》2005~2017，2017 年数据来自 2017 年国民经济和社会发展统计公报。其中"农村居民人均可支配收入"一项，2012 年之前统计口径为"人均总收入"，2012 年开始统计口径更改为"人均可支配收入"

从表 1.1 中可见，在过去的 14 年里，我国农业生产总值和国内生产总值在同步增长，但前者增速相对落后，因此农业生产总值在国内生产总值中的占比在逐年下降，这说明我国第一产业产值在整个国民经济中的比重正在缓慢萎缩。同时，我国城镇人口数量在逐年增多，农村人口数量在逐年减少，这说明我国新型城镇化建设取得了一定的成效，但农村人口的绝对数量依然很庞大。另外，农村居民人均可支配收入在逐年增加，相对于城镇居民人均可支配收入的占比也在逐年增长，但是农村居民的收入增长速度过于缓慢，收入水平依然偏低。同时，因为农村居民人口总数在减少，所以农村地区的总收入并未见明显增长，这说明我国农村地区的经济发展状况依然没有得到有效改善。

为了进一步强化农业基础地位，促进农业健康有序发展，加速提升农民收入水平，从 2004 年到 2017 年，中央 1 号文件连续 14 年聚焦"三农"问题，明确指出在未来很长一段时间里，妥善解决"三农"问题都将是我党的工作重点，同时，党的十九大报告也明确指出：农业、农村、农民问题是关系国计民生的根本性问题，必须始终把解决好"三农"问题作为全党工作的重中之重。目前，我国所面临的"三农"问题主要在于农民收入水平整体偏低、农村经济发展落后、农业产业化发展程度偏低等几个方面，而这些问题的解决，仍需从农业发展自身入手寻求对策。

二、做好农产品流通工作是解决"三农"问题的有效途径

自改革开放以来，随着农业科技的迅速发展，我国农业生产能力日益提高，农产品种类日趋丰富、产量持续提升。自 20 世纪 90 年代初开始，我国农产品短缺现象逐步消除，供求关系逐步从卖方市场向买方市场过渡，农产品"过剩"现象开始出现，"卖粮难""增产不增收"等现象频发且日益严重。有些研究者认为，上述现象的出现是由农产品生产性结构与人们生活需求之间的矛盾引起的，可以通过调整农产品种植结构来实现供需关系的平衡。然而实践告诉我们，在不同的历史时期和生产技术背景下，产业结构矛盾的表现形式可能会不断变化、各不相同，但却会始终存在、不可消除。所以，农产品供给过程中出现的问题其产生的根源并不在于生产，而在于流通，可通过提高农产品流通效率去逐步弱化上述问题，从而引导我国农业在市场经济体制下快速发展[1]。所以说，构建与我国当前经济发展及农业生产相适应的农产品流通体系，通过对流通要素的调整和优化，不断提高农产品流通效率，这是解决我国当前阶段"三农"问题的有效途径之一。

三、我国农产品流通效率水平偏低，需要进一步提升

流通环节在整个农业发展过程中占据了重要位置，就现阶段而言，在市场机制的作用下，我国农产品流通建设已经初步取得了一定的成果，渠道丰富、结构清晰、形式多样、层次分明的农产品流通体系已基本形成。在这个体系内部，同一类农产品可能会通过不同的渠道、经过不同的环节、由不同的流通主体操作，完成从生产者到消费者的转移，从而产生不同的流通周期、流通速度和流通效率。

虽然取得了一些成绩，但与农业发达国家相比，我国的农产品流通依然比较落后，集中体现在流通成本高、流通技术落后及流通主体建设不完善等几个方面，这使得我国农产品流通效率相对较低。在农产品从田间地头到厨房餐桌的整个过程中，其价格层层攀升，消费者的负担日益加重，但农民收入却没有得到同比增加，甚至有时会出现亏本现象。很多学者认为这些被"吃"掉的价格差成为了层层中间商的利润，提出了"暴利流通"的概念。然而，暴利流通中的"利"到底流向了哪里？素有"专家老板"之称的北京八里桥批发市场总经理赵尔烈表示，"买难与卖难循环出现，三方却都没有获益，这反映了中国农产品流通体系存在着严重问题。根据一项相关调查结果显示：高收费的批发市场、名目众多的管理费用、日益上涨的房价和油价、高额的运输成本、城市内拥挤的交通，甚至违章罚单、城管对小商贩的罚没等，众多与农产品流通关系或近或远的因素，都成为了暴利流通的推手，"两头叫"的背后，中间商其实并没有成为人们想象中的高额利润的获取者。理论研究和实践应用表明，在农产品流通的过程中，销售商可以将流通成本叠加到销

---

[1] 林玲. 对农业产业化中农产品流通体系建设的思考［J］. 经济研究导刊，2012（15）.

售价格上，而消费者和广大农民却因为无法选择而沦为"弱势群体"，特别是对于农民而言，他们作为农业生产经营的基本单位，对农产品的生产存在依赖性和不可摆脱性，对农产品的流通现状缺乏选择能力，只能被动接受。他们规模小、组织性低、话语权弱、风险防御力差，在农产品流通过程中获利能力单一，虽然是农产品流通的起点，但却缺乏对流通过程的掌控能力，从而造成了流通利益分配的失调。从这个角度来看，农产品流通效率的提升已迫在眉睫。

综合来看，我们不难发现：第一，在经济发展新常态下，有效解决农业、农村及农民问题依然是我党当前工作的重中之重；第二，农产品、特别是生鲜农产品的生产和流通多以小规模为主、组织化程度偏低。在流通市场中，初级农副产品供过于求，而精深加工及纯绿色农副产品供不应求，这说明我国农产品加工产业发展不足；第三，农民的整体素质水平偏低，对市场的选择能力、掌控能力和议价能力偏弱，收入水平增长缓慢；第四，我国农产品流通基础设施建设、特别是农村物流体系及消费地"最后一公里"配送体系尚不完善，跨区域农产品冷链物流系统建设和农产品产区预冷工程需要继续加强，有效做好农产品物流设施建设是促进农业发展过程中必须面临的重要课题；第五，随着农产品消费群体收入水平及生活水准的不断提高，人们的消费观念逐步由"吃饱"向"吃好"转变，食品健康及饮食安全已经成为社会普遍关注的焦点问题，农产品生产及流通的标准化和绿色化呼声越来越高，建立高效完善的食品质量监控及追溯体系已势在必行；第六，在我国现有的农产品流通过程中依然普遍存在流通成本高、流通技术落后、流通主体建设不完善等问题，流通效率偏低，有待于进一步的提升。

第二节 研究的目的和意义

一、研究目的

在农产品流通的研究工作中，研究内容主要围绕流通体制、流通主体、流通模式及流通效率等某个单一方面展开，对上述问题横向关联性的研究并不多见。研究过程及研究结论的理论性较强，可操作性相对偏弱，很多研究重点分析了过程和原因，指出了问题所在，却没有给出切实可行的对策和方案，对指导社会实践的支撑力度不够。鉴于此，本书将在梳理我国农产品流通发展现状及分析存在问题的基础上，对农产品流通效率展开综合评价及提升对策研究，研究目的具体体现在如下几个方面：

（1）在梳理文章研究的理论基础和现实依据的前提下，明确我国当前农产品流通的发展现状及存在的问题，并针对这些问题的成因展开分析。

（2）建立农产品流通效率评价指标体系，选取评价模型，先后利用截面数据和面板数据，对全国及 31 个省级行政单位 2004 年至 2016 年期间的农产品流通效率展开实证分析，明确各省级行政单位农产品流通效率在观测时段内的发展变化情况，为农产品流通效率的提升提供理论支撑。

（3）搭建农产品流通效率影响因素评价递阶层次结构模型，对农产品流通效率的影响因素展开评价分析，为农产品流通效率的提升提供现实依据。

（4）在前文分析研究的基础上，为农产品流通效率的提升提出具体对策。

二、研究意义

近二十几年来，我国学者在商品流通领域取得了较为丰硕的研究成果，为我国经济发展作出了不可磨灭的贡献，但这些研究成果主要集中在对经济增长拉动较大和自身发展较快的第二产业和第三产业上。在党中央集各界合力试图有效解决"三农"问题的今天，明确农产品流通本质、去除原有流通弊端、通过完善和优化流通体系以提高流通效率，这已经成为发展现代农业、提高农民收入必须直面的重要课题，对于在经济增速放缓的新时期下完善学科研究体系、巩固经济发展成果、维持社会和谐稳定、做好惠民利民工程等方面都具有重要的理论及现实意义。

（一）理论意义

本书从分析我国农产品流通发展现状及存在的问题入手，对农产品流通效率的历史演进、发展现状、形成原因及影响因素等几个方面开展理论和实证分析。在进行农产品流通效率影响因素评价时，从解决现实问题的角度出发确定准则层因素，并通过广泛查阅文献、选取高频词汇的方式来确定方案层因素，搭建了影响因素评价递阶层次模型。上述研究思路和方法突破了传统的研究范式，对丰富农产品流通研究体系、创新研究方法、拓展研究视角等方面具有十分重要的理论意义。

（二）现实意义

本书的研究成果在丰富理论研究体系的同时，可对现实工作提供具体的指导意见，为解决我国现有农产品流通问题、提升农产品流通效率指明新的发展方向。一是可以通过供求信息资源的有效共享来指导生产及消费行为，既可以避免盲目生产、解决农产品生产的结构性过剩问题，又可以使消费者随时掌握农产品生产的相关信息，进而调整消费行为；二是可以优化流通过程、降低流通成本、实现农产品销售价格的理性化及利润分配的合理化，既保护了消费者利益，又可增加农民收入；三是可以缩短流通周期、减少流通环节、打破农产品季节性及地域性的限制壁垒，减少中间商的投机行为，从而保障各类农产品的有效供应，并促进农业产业的良性发展；四是可以监督产业主体的行为动作，加强监控力度，保障农产品质量安全。农产品流通模式的改革创新及流通效率的发展提升已经成为我国新常态下经济增长的必然要求，本书理论研究成果的现实应用可以从根本上降低流通成本、提高流通效率，对稳定农产品价格、提高农民收益、维护企业效益及保障消费者福利等方面均具有极其重要的现实意义。

第三节　国内外研究现状

由于受到发展历史、社会体制、文化背景及学术理论体系架构等方面差异化的影响，国内外对于农产品流通的研究视角和侧重点存在一些不同。在国内，对于农产品流通的研究重点主要围绕着流通体制、流通主体、流通模式、流通效率等几个方面展开，而国外学者在作关于农产品流通的相关研究时，往往都是从营销渠道管理、供应链管理、交易费用及成本、合作经济组织等角度开展[1]，直接针对农产品流通模式及其效率、成本等方面开展的研究并不多见。

一、国外研究现状

国外学者对于农产品流通的相关研究有着悠久的历史，近代最早可以追溯到20世纪初。随着时间的推移，社会环境、经济环境不断改变，相关的研究视角和侧重点也在不断变化，从而逐渐形成了几大思想交错发展的学术研究格局。

（一）农产品营销渠道视角（20世纪初至21世纪初）

营销渠道曾一度成为西方学者研究农产品流通问题的重心之一，具体内容主要围绕营销渠道效率、营销渠道效益、营销渠道成员管理及营销渠道一体化这一脉络展开。Weld（1916）是从营销渠道视角研究农产品流通问题的开拓者和奠基人，他从提高中间商分工专业化的角度入手，探讨提高农产品营销渠道效率及营销渠道效益的优化创新方法，取得了初步的成果[2]。Breyer（1924）将心理学理论及社会心理学理论融入农产品营销渠道系统导向分析框架中，并通过量化渠道管理以助力提高农产品营销渠道控制效率[3]。Alderson（1957）则从另一个角度出发，他认为影响农产品营销渠道设计及演进的主要因素在于经济效率标准，虽然这并非是唯一因素，但一定是最为主要的那一个[4]。Stern（1969）、McCammon（1970）及Abernathy（1978）等学者从纵向一体化角度对农产品营销渠道展开研究，他们认为当农产品渠道从业人员之间的关系发展到一定程度之后，纵向一体化局面会自然形成。不同主体的渠道权力差异越大、主体之间的依赖关系越强，所形成的一体化关

---

[1] 涂洪波，李崇光，孙剑. 我国农产品流通现代化水平的实证研究——基于2009年省域的数据［J］. 北京工商大学学报（社会科学版），2013（1）.
[2] Weld, Louis D. H.. The Marketing of Farm Products［M］. New York：The Macmi Han Company, 1916.
[3] Breyer Ralph F. The Marketing Institution［M］. New York：Mc Graw - Hill. 1924.
[4] Alderson Wroe. Marketing Behavior and Executive Action［M］. Homewood Ⅲ：Irwin., 1957.

系就会越牢靠，此时新旧渠道的交替现象就会出现[1][2][3]。Heide（1992）认为渠道成员之间的合作和信任是影响渠道发展的关键因素[4]。AndrewBlatherwick（2001）提出农产品流通的纵向协作应当将生产、加工和销售的全过程都囊括在内，其中还包括采摘、运输及存储等环节[5]。Klicbenstein J. B. 和 Lawrenee J. D.（2002）认为，和其他事物一样，农产品流通渠道的规范化和一体化是需要通过一系列变革而逐步实现的，资产专用性是诱发农产品流通渠道变革的主要原因之一[6]。

（二）农产品供应链管理视角（20世纪60年代至今）

供应链的概念最早诞生于19世纪60年代末期，它经历了彼得·德鲁克的"经济链"和迈克尔·波特的"价值链"，进而逐步演变为今天我们所熟悉的"供应链"[7]。西方学者 M. den Ouden etal. 在1969年率先提出了农产品供应链的概念[8]，在随后的几十年里，这一概念逐渐被众多学者接受、认可并不断改进和完善。进入20世纪90年代后，农产品供应链管理开始成为了西方学者研究农产品流通问题的主要方向之一。Barkema（1993）从"消费者需求变化"这个角度出发，认为受到供应链的影响，消费者需求信息上溯到农产品生产者的传递能力得到了极大的增强，这与契约和整合的出现密不可分[9]。Barbara Grosh（1994）认为相当一部分的农产品流通主体是由供应链的市场定位和自然属性所形成的[10]。M. den Ouden etal.（1996）认为农产品流通的垂直一体化模式能够提升流通系统的整体绩效，其中农产品供应链是垂直一体化的主要表现形式之一[11]。Sinklangley（1997）对农产品流通供应链的框架结构进行了描述，并从成本角度对流通供应链展开了分析，认

---

[1] Stern, Louis W.. Distribution Channels: Behavioral Dimensions [M]. Boston: Houghton Mifflin Company, 1969.

[2] McCammon, Burt Jr. Perspectives on Distribution Programming. In Vertical Marketing System [J]. Ed. L.. Bucklin. Glenview, IL: Scott, Foresman, 1970: 2 - 8.

[3] William J. Abemathy, James M. Utterback. Patterns of Innovation in Industry [J]. Technology Review, 1978, 80 (7): 40 - 47.

[4] Heide Jan, John George. Do Norms Matter in Marketing Relationships [J]. Journal of Marketing, 1992, 56 (2): 32 - 44.

[5] Andrew Blatherwick. The Supply Chain Balancing Stock and Service at a Profit [J]. Logistics Information Management, 2001 (6): 24 - 26.

[6] Kliebenstein, J. B. and Lawrenee, J. D. Contracting and Vertieal Coordination in the United States Pork, 2002 (5): 9 - 12.

[7] 参见周峻岗、李燕：《农产品流通相关文献综述》，《商业经济》2014年第4期。

[8] M. den Ouden etal. Vertical cooperation in agricultural production - marketing chains, with special reference to product differentiation in pork [J]. Agribusiness, 1996, 12 (3): 277 - 290.

[9] Bakerma, A., Reaching Consumers in theTwenty - first Centry: the Short Way around the Barn [J], American Joural of Agricultural Economics, Vol. 75, 1993.

[10] Barbara Grosh. Contract Farming in Africa: an Application of the New Institutional Economics [J]. Africa Economics, 1994 (10): 26 - 29.

[11] Ouden, M. Den, etal. Vertical cooperation in agricultural production - marketing chains, with special reference to product differentiation in pork [J]. Agribusiness, 1996, 12 (3): 277 - 290.

为物流环节是成本最高的环节,能否有效降低物流成本是衡量供应链效率的重要指标①。Kevin R. Moore（1998）在对农产品流通供应链中的合作契约关系进行理论分析之后,得出了契约关系并不稳定这一结论,并通过实证分析证明了这一观点的正确性②。Fawcett（1998）认为可以通过整合农产品供应链的上下游环节来建立稳定的合作机制,从而提高农产品流通效率③。Lamber和Cooper（2000）从契约结构视角入手,对农产品物流链上各企业的合作关系进行了分析④。Kenneth H. Wathne（2004）通过研究发现,在外界条件确定的前提下,供应链上下游企业间的合作关系并没有那么稳定⑤。David H. Taylor（2006）建立了在不完全信息条件下,供应商的最优折扣模型⑥。Vaughan Higgin（2008）从制度适应性角度出发,对发展中国家农产品流通的交易形态和相互关系进行了分析,在这个过程中较多地使用了新制度经济学分析框架⑦。

（三）农产品交易费用及成本（20世纪90年代至今）

交易费用及成本对农产品流通过程中的利益分配产生直接影响,是测评流通质量的又一重要参照指标。进入20世纪90年代后,一些西方学者开始关注交易费用和交易成本对农产品流通的影响。Frank S. D. 和 Henderson D. R.（1992）认为影响交易成本的因素主要包括投入品的资产专用性、供应商集中度、规模经济和市场价格的不确定性等几个方面⑧。Hobbs（1997）认为英国肉牛的销售主要有两种形式：一是活体拍卖；二是出售给肉类加工企业,而交易费用是肉牛养殖户在选择销售模式时的主要参考因素,并通过实证分析证明了这一观点⑨。KarinH（1999）指出交易费用和委托代理费用是农产品流通成本的主要组成部分,在搭建分析框架对农产品流通问题展开研究时,必须将上述因素考虑进去⑩。Martinez（1999,2002）认为交易费用是生鲜农产品垂直连接模式差异化的主要原因,并

---

① Sinklangley. A Managerial Framework for the Acquisition of Third - Party Logistics Services. Journal of Business Logistics, 1997（2）.

② KevinR. Moore. Trust and Relationship Commitment in Logisties Allianees: A buyers, Perspective. International . loumal of Purchasing and Materials Management, 1998: 24 - 38.

③ Fawcett. Logistics PcrFormance Measurement and Customer Success. Industrial Marketing Management. 1998（4）: 341 - 357.

④ L. ambert, Cooper. Issues in Supply Chain Management. Industrial Marketing Management, 2000（29）: 65 - 83.

⑤ Kenneth l - l. Wathae. Relationship Governance in a Supply Chain Network. Journal of Marketing, 2004.

⑥ David H. Taylor. Demand Management in Agri - food Supply Chains. The International Journal of Logistics, 2006（2）: 163 - 186.

⑦ Vaughan lIiggin. Building Alternative Agri - food Networks Certification Embeddedness and Agri - Environmental Governance. Journal of Rural Studies, 2008（1）: 15 - 27.

⑧ Frank, S. D. and Henderson, D. R. Transaction Costs as Determinants of Vertical Coordination in the U. S. Food Industries. American Journal of Agricultural Economics, November 1992.

⑨ Hobbs, J. E. Measuring the Importance of Transaction Costs in Cattle Marketing [J]. American Journal of Agricultural Economics, 1997, 79（4）: 1083 - 1095.

⑩ KarinH. Farmers Cooperatives in the 21th Century. The Journals of Rural Cooperativos, 1999.

从资产专用性和不确定性两个维度对渠道成员的垂直协作问题进行了研究[1][2]。Doyon, Maurice（2002）从新制度经济学的视角出发，认为市场不确定性、资产专用性和规模经济能够对交易成本产生重要影响，而行业协会可以在降低交易成本方面发挥重要作用[3]。Gray, Thomas W.（2004）运用交易费用分析法对美国家禽生产进行了研究，认为产品质量是影响交易成本的重要因素之一，同时，资产专用性等固有原因也不可忽视[4]。Andrew W. Shepherd（2007）认为农户连接市场模式的影响因素有很多，如交通、信任、包装、认证、基础设施投资、契约的灵活性、农户规模等，在众多因素中，交易费用最为重要，是影响农户选择不同市场进入方式的主要原因[5]。V. Valentinov（2007）利用发展理论模型对合作经济组织中的交易费用问题展开了研究，得到合作经济组织有助于克服单个农户的缺陷并节约交易费用的结论[6]。

（四）农业合作经济组织及农超对接（21世纪初至今）

进入21世纪后，西方学者开始逐渐意识到单个农户在农产品流通过程中所处的弱势地位，为了获得更大的话语权，多个农户联合参与农产品流通的趋势逐渐出现，农民合作经济组织开始替代农业协会应运而生，并逐渐成为西方学者研究农产品流通的又一新的突破口。Mark Manfredo（2003）认为农户之间的合作关系越紧密，农产品流通的成本就会越低[7]。Riehard L. Killmer（2003）针对各国农业发展进行了比较分析，得出了行业协会的发展会在很大程度上受到农民合作意向影响这一结论[8]。Jim Bingen et al.（2003）从政治经济学的视角建立了分析框架，针对合作经济组织在农户连接市场过程中能够发挥作用的程度展开研究，结果表明：从人力资本的角度来看，农业投资、契约、技术等因素影响了农户进入市场的方式[9]。Artur Grigoryan（2007）以牛奶为例，比较分析了有合作社参与和没

---

[1] Martinez, S. W. Vertical Coordination in the Pork and Broiler Industries: Implications for Pork and Chicken Products. Food and Rural Economics Division, Economic Research Service, U.S. Department of Agriculture, Agricultural Economic Report No. Ill, 1999.

[2] Maxtinez S. W. Vertical Coordination of Marketing Systems: Lessons From the Poultry, Egg, and Pork Industries. Economic Research Service, U.S. Department of Agriculture, Agricultural Economic Report No. 807, 2002.

[3] Doyon, Maurice. An Overview of the Evolution of Agricultural Cooperatives in Canada. Journal of Agricultural Economics, 2002.

[4] Gray, ThomasW. exploring a Greater Role for Agricultural Cooperatives in Sustaining Rural Livinu. Rural Cooperatives, 2004.

[5] Andrew W. Shepherd. Approaches to linking producers to markets, http://www.fao.org/ag/ags/subjects/en/agmarketllinkages, 2007.

[6] V. Valentinov. Why are cooperatives important in agriculture? An organizational economics perspective, Journal of Istitutional Economics, 2007 3 (1): 55 – 69.

[7] Mark Manfredo. Agricutural Cooperatives and Risk Management. American Agricultural: conomics Association, 2003.

[8] RiehardL. Killmer. Improving Vertical Coordination from Farm – to – plant Using a Cooperative. American Agricultural economics Association, 2003.

[9] Jim Bingen et al. Linking farmers to markets: different approaches to human capital development, Food Policy 28 (2003): 405 – 419.

有合作社参与两种情况下牛奶进入流通渠道后的获利情况，结论表明当合作社参与到流通过程中时，牛奶的产业链价值被明显提升①。V. Valentinov（2007）通过理论模型分析了当农民合作社参与到流通渠道中时对交易费用产生的影响，认为合作社的加入有利于交易费用的降低②。Jon Hellin et al. （2009）以墨西哥和美国中部地区为例，研究了合作经济组织对农产品流通系统的影响，结果表明：蔬菜行业的交易费用较高，当合作社经济组织进入蔬菜交易时，能够产生更为显著的利益，这种效果在农超对接模式中体现得更为明显③。Helen Markelova 和 Esther Mwangi（2010）重点考察了非洲农户在市场准入中的合作行为，分析了制度安排和外部环境对农户合作行为的影响④。

与此同时，随着连锁超市的不断兴起，超市与农产品营销的联系愈发紧密，农超对接成为了众多学者同期研究的另一个重要方向。Dolan C. （2000）以英国超市为例展开研究，认为超市对生鲜农产品的现代流通发展具有重要意义⑤。Reardon T. （2003）的研究结果表明：现代信息技术与超市农产品销售的结合能够在很大程度上提高超市的竞争力⑥。Thomas Reardon（2003）以拉丁美洲为研究对象，对比分析了生鲜农产品的整体销售情况和生鲜农产品通过超市流通的销售情况，指出超市的加入能够对农产品流通产生巨大影响⑦。Dries L. （2004）则认为农产品在超市的上架极大地提高了超市的竞争力，进而对超市行业的发展产生了巨大影响⑧。A. Starbired（2005）对超市和专卖店进行了对比分析，结果表明：农产品通过超市进行销售的份额在不断增加，而通过专业食品店进行销售的份额在不断减少⑨。Minot N. （2007）从消费行为角度出发，认为随着消费者购物时间的缩减和收入水平的提高，超市正逐渐成为广大消费者购买农产品的主要渠道，传统的农贸市场因此而受到了强烈冲击，但农贸市场依然有很大的生存空间，不会消失，未来将会呈现二者并存的发展局面⑩。Bignebat C. 和 Koc A. A. （2009）分别从农户和中间商两个层面

---

① Artur Grigoryan. Linking Small – Scale Farmers to Local and Export Markets through Farmer Associations: Case of Milk, Fruit and Vegetable Producers of Armenia, 2007.

② V. Valentinov. Why are cooperatives important in agriculture? An organizational economics perspective, Journal of Istitutional Economics, 2007 3 (1): 55 – 69.

③ Jon Hellin et al. . Farmer Organization, Collective Action nd Market Access in Meso – America, Food Policy, 2409, 34 (1): 16 – 22.

④ Helen Markelova, Esther Mwangi. Collective Action for Smallholder Market Access: Evidence and Implications for Africa, Review of Policy Research 2010, 27 (5): 621 – 640.

⑤ Dolan, C. Governance and Trade in fresh Vegetablesahe Impact of UK Supermarkets. Journal of Development Studies, 2000 (2): 147 – 176.

⑥ Reardon, T. The Rise of Supermarkets in Africa, Asia and Latin America. American Journal of Agricultural Economics, 2003 (5): 114 – 116.

⑦ Thomas Reardon. Supermarkets and Produce Quality and Safety Standards in Latin America. America Agriculture Economics, 2003.

⑧ Dries, L. the Rapid Rise of Supermarkets in Central and Easter Europe: Implications for the Agri – food Sector and Rural Development. Development polies Review, 2004 (5): 525 – 556.

⑨ A. Starbired. Supply Chain Contracts and Food Safety. Choices: Farm Resource Issue, 2005 (2).

⑩ Minot, N. Impact of High – value Agriculture and Modern Marketing Channels on Poverty : An analytical lramework. Interational Food Policy Research, 2007.

实证分析了农户参与农产品营销的情况,认为在中间商较多的农产品营销渠道中,农户只关注与其交易的中间商,并不在乎最终发生购买行为的消费者,因此农户对改进包装、提高质量等方面很少关注,但在"农超对接"营销渠道中,农户的表现则完全相反[①]。Narasimhan R.(2009)认为农产品超市的迅速发展已经开始对小农生产方式产生冲击,为了进一步保护农民的根本利益,政府应当在信息、中介服务等方面加强对农民的扶持[②]。Paule Moustier 等(2010)以越南为例,考察了农民合作社在连接农户和超市中所承担的角色,并针对参与超市蔬菜供应的农民合作社展开了调研,经过对调研结果的分析后认为:农民合作社在提高农产品质量、提升农民收益等方面具有较大作用,但却因为受到超市蔬菜供应量的限制而获利有限[③]。

(五)对产业集群相关理论的研究

产业集群是一种特殊的组织形式,它是工业化进程中的普遍现象,自从马歇尔提出产业区理论以来,至今已经有120多年的发展历史。国外产业集群的理论研究伴随着产业集群的发展而逐渐深入展开,其中最为经典的理论有马歇尔的产业区理论、韦伯的工业区位理论、克鲁德曼的空间经济理论以及波特的竞争优势理论。

表1-2   国外产业集群研究综述表
Chart 1-2   The summarize of industrial clusters study abroad

代表性理论研究	研究视角	主要研究内容
马歇尔的产业区理论	外部经济	规模效应、成本降低、信息交换、技术扩散
韦伯的工业区位理论	外部经济	技术水平、劳动力成本
克鲁德曼的新地理经济理论	外部经济	收益递增、贸易成本、关联效应
国际生产折衷理论	基础环境	要素投入和市场地理位置状况、基础设施
波特的竞争优势理论	外部经济 技术创新 竞争协作	市场规模、资源要素、产业主体、服务支持
格兰诺维特等的社会经济网络理论	社会网络	资源共享、协调机制、社会经济网络
熊彼特的创新产业集聚论	技术创新	创新环境、创新网络、创新系统
Bagnasco	人文环境	社会文化结构
Schmitz. H	集群贸易网络	贸易网络合作

---

① Bignebat C, Koc A A, Lemeilleur S. Small producers, supermarkets, and the role of intermediaries in Turkey's fresh fruit and vegetable market [J]. Agricultural Economics, 2009, 40 (s1): 807-816.

② Narasimhan, R. Perpectives on Risk Management in Supply chains. Journal of Operations Management, 2009 (2): 114-118.

③ Paule Moustier et al.. The role of farmer organizations in supplying supermarkets with quality food in Vietnam Food Policy 2010, 35 (1): 69-78.

1. 产业区理论

英国著名经济学家阿尔弗雷德·马歇尔是关注工业集聚现象的早期代表人物之一,他认为工业在产业区内集聚的原因是由外部规模经济所致,并根据这一思想,于 1890 年提出了"产业区"理论。研究结论表明,产业集聚可以产生外部规模经济,而外部经济又可以促进产业集聚向更高层次发展。马歇尔将集群产生的外部经济的主要内容归结为规模效应、成本降低、信息溢出、技术扩散和协同创新环境四个方面。[1]

2. 工业区位理论

1909 年,德国著名的经济学家阿尔弗雷德·韦伯在著作《工业区位论》中首次提出了集聚经济这一概念,他认为多个企业之间通过合理组合而集聚,可降低企业的生产经营成本,提高企业的专业化设备发展水平、流通效率及公共基础设施的利用率,另外,企业在空间上的集聚不但可以降低搜寻劳动的成本,还可以提高劳动力专业水平。[2]

3. 新地理经济理论

1991 年,美国经济学家保罗·克鲁德曼用规模收益递增作为理论基础对产业集群现象进行了新解释,他研究发现产业集群的发展有利于制造业中心区的形成,这主要是由于规模收益递增以及向心力的作用,企业的集中能够实现相对低廉的运输成本和较高的制造业比例,这些因素有利于集聚经济的形成。[3][4]

4. 国际生产折衷理论

1988 年,Dunning 提出"国际生产折衷理论",他认为产业集聚的区域优势取决于要素投入和市场的地理位置状况、基础设施等。[5]

5. 竞争优势理论

1998 年,迈克尔·波特提出了产业集群理论,并指出集群是特定产业中互相联系的公司或机构聚集在特定地理位置的一种现象。波特认为,集群通常发生在特定的地理区域内,地理接近可以提高企业的生产率和创新能力,降低交易费用。集群的规模可以由单一城市、一个州、一个国家、甚至是一些邻国联结而成,集群所具有的不同形式,要视其纵深程度和复杂性而定。[6]

6. 社会经济网络理论

1985,以格兰诺维特为代表的新经济社会学派认为,"经济行为是植根在本地网络与制度之中的,特别强调企业间非贸易的相互依赖,通过企业在本地的扎根和结网所形成的

---

[1] 参见 [英] 阿尔弗雷德·马歇尔:《经济学原理》,刘生龙译,江西教育出版社 2014 年版。
[2] Weber A. Theory of the Location of Industries [M]. Chicago: University of Chicago Press, 1929.
[3] Krugman, P. Increasing retures and economic geography [J]. Jowrnal of Political Economy, 1991, 99 (3): 483 – 499
[4] Krugman, P Competitiveness: a Dangerous Obsession, Myths and Realities of US Competitiveness [C]. In Pop Internationalism, Cambridge MA: MIT Press, 1996.
[5] J. H. Dunning. The International Operation of National Firms: A Study of Direct Foreign Inverstment, MIT Press, 1976.
[6] Porter. The competitive advantage of nations [M]. New York: The Free Press, 1990.

地方集聚,可以促使企业构筑起交流和合作的系统,从而增强技术创新的能力和竞争力"。①②

7. 熊彼特的创新产业集聚论

1934 年,熊彼特提出了经济创新的思想,他把技术创新分成以技术变革和推广为代表的技术创新论和以制度变革和推进为代表的制度创新论。

8. Bagnasco 和 Schmitz. H 的观点

Bagnasco 指出产业区中各类企业相互沟通氛围的形成不能缺少社会文化支撑。Schmitz. H 提出了集体效率是集群的外部经济和联合行动形成的竞争优势。集体效率只在某些特定的条件下才会出现,只有满足了这些条件,集群的优势才能发挥出来。这些条件主要指贸易网络的存在,尤其与远距离的贸易网络的联系,集群倾向于吸引贸易者,但是有效的较大市场的贸易联系不一定存在。③

(六) 对产业集群竞争力内涵及评价的研究

1. 产业集群竞争力内涵

国内外学者在对产业集群竞争力内涵的研究中,尚未形成明确统一的概念。截至当前,学术界比较公认的有关产业集群竞争力的解释有三种观点。

波特从因素视角对产业集群竞争力进行了深入的理论探索,他在"钻石体系"中把集群视为一个整体,其竞争力由四个相互作用的因素和两个附加要素共同决定。他还强调"钻石体系是一个双向强化的动力系统,任何一项因素的效果必然影响到另一项的状态,产业集群竞争力的强弱取决于各因素的影响程度"。④

部分学者从结构视角入手,强调了产业集群的关系导向和产业集群竞争力由内及外、由低级到高级的动态过程。⑤ Ahuja(2000)等通过对集群内企业间的关联关系及竞合关系的研究指出,产业集群是拥有经济属性、社会属性和自学习属性的网络组织。⑥ Stenfano (2002)、Tracey(2003)指出产业集群竞争力由功能化差异化程度、网络密度、网络凝聚

---

① Granovetter M., Eeonomie Aetion and Soeial Strueture: The Problem of Embeddedness [J], Amerian Journal of Soeiology, 1985 (9): 481 – 510.

② Lawson C. Towards a competence theory of the region [J]. Cambridge Journal of Economics. 1999, 23 (2): 151 – 166.

③ Schmitz. H. Collective efficiency: Growthpath for small scale industry [J]. Jouurnal of Development Studies, 1995, 34 (4): 529 – 566.

④ 参见迈克尔·波特:《国家竞争优势》,华夏出版社 2002 年版,第 67 – 69 页。

⑤ 参见陈柳钦:《论产业集群竞争力的内涵和性质》,《太原理工大学学报》2009 年第 1 期。

⑥ Ahuja Gautam. Collaboration Networks, Structural Holes, and Innovation: A Longitudinal Study [J]. Administrative Science Quarterly, 2000, 45 (3): 425 – 456.

力、网络集中化和网络基础设施质量等构成。①② Manuel（2001）等认为产业集群竞争力是企业层面、集群层面和国家层面三个层面竞争力的综合。Stamer（2003）将产业集群竞争力扩展为微观层次、中观层次、宏观层次和兆观层次四个层面。

除因素视角与结构视角外，还有一些学者从能力视角研究产业集群的能力导向，突出内部资源的合理化配置和高效利用，鼓励参与市场竞争。Pekka（2004）等研究人员认为产业集群的能力主要表现在以下五个方面：集群提高生产率和创新能力、集群发挥正的专业化效应、集群增强组织间的协调效应、集群推动的正的外部性和知识溢出、集群占领全球市场份额。③

2. 产业集群竞争力评价

国外关于产业集群竞争力的研究主要有两类，一是以波特的钻石模型为代表的定性评价，二是以 Padmore 和 Gibson 的 GEM 模型为代表的定量评价。

最早从规范角度来分析产业集群竞争力的学者是波特教授，他所设计的"钻石体系"包含了四个基本要素和两个辅助要素，且各要素间形成了双向强化的动力系统，当企业获得钻石体系中任何一项要素的优势时，都会帮助它创造或提升其他要素上的优势，可见，"钻石体系"是形成竞争优势的源动力，但这一体系至今仍然受到不少学者的质疑。之后，一些学者以"钻石体系"为基础理论进行了拓展性研究，增加了环境、资源等因素而逐渐形成了新钻石模型。此外，Feser（2001）等学者从多个角度分析了产业集群竞争力的影响因素并进行评价。④ 一般地，产业集群竞争力的定性评价由于主观性较强，很多指标难以准确把握，因而难以对产业集群竞争力强弱做出明确定论。

Padmore 和 Gibson（1998）提出的 GEM 模型就是在"钻石体系"基础上延伸而成的一个适用于评价产业集群竞争力的定量分析工具，已普遍应用于美国等一些国家的相关研究中。⑤ 这一模型评价涉及三个因素和六个要素，通过给六个要素打分，运用公式计算产业竞争力的总得分。近年来，哈佛大学战略与竞争力研究所在波特竞争优势理论的基础上构建了产业集群竞争力分析模型，用以评价指标体系来评价产业集群的竞争力，从发展趋势上看，指标体系的评价方法已被理论界广泛认可。此外，集群与竞争力基金会采用大规模产业集群竞争力调查研究报告的方式，从全球竞争的视角，客观、真实地评价了产业集群竞争力，该报告广泛收集了产业集群的定量数据，以专家与企业家代表访谈的方式确定评

---

① Krtke Stefano. Network Analysis of production clusters: The potsdam/Babelsberg Film Industry as an example [J]. European planning studies, 2002, 10 (1): 27 – 54.

② Tracey Paul, Gordon L. Alliance, Networks and Competitive Strategy: Rethinking Clusters of Innovation [J]. Growth & Change, 2003, 34 (1): 1 – 16.

③ Pekka. Industrial in Change – How to Stay Competitive in the Global Competition [R]. The Search Institute of the Finish Economy (ETLA), Opening Seminar, June 4, 2004, Marina Congress Center, Helsinki.

④ Edward J Feser. Introduction to regional industry cluster regional industry cluster analysis [R]. Department of City & Regional Planning, Chapel Hi 1: 1 University of North Carolina, 2001.

⑤ Tim Padmore, Hervey Gibson. Modelling systems of innovation: A framework for Industrial Cluster Analysis in Regions [J]. Research policy, 1998 (26): 625 – 641.

价产业集群的定性数据，其中大规模的数据和来源可靠的报告使评价指标体系更具科学性、合理性和可操作性，该方法的应用使产业集群竞争力评价获得了突破性的进展。[1]

(七) 对有机食品产业发展及竞争力提高的研究

国外学者对有机食品产业的研究主要集中在技术创新、市场开拓、政策引导和供应链管理等视角上。Claro（2004）提出在严格的市场监管体系下，有机食品产业的发展和市场竞争力提高要靠技术升级和产品升级来实现。[2] Raynolds（2004）提出通过技术进步推动产品创新和产品附加值提高是有机食品市场发展的必经之路。[3] Carriquiry（2007）提出有机食品产业发展的初期应注重政策引导和加强供给，随着产业发展进入成熟期后，应逐步向市场调节为主的供求协调发展方式转变，通过制度创新、管理创新、科技创新和国内外市场开发来实现产业的不断发展与竞争力的持续提升。[4] Dimitai（2003）、Biao Xie（2015）指出通过政府对信息、教育、科技等社会化服务提供政策支持，是美国发展有机食品、开拓市场和提高产业竞争力的有效手段。[5][6] Lindh（2010）、Vieira（2013）在分析有机食品供应链时指出单独的企业不能形成竞争优势，必须重点培育供应商和零售商之间合作关系，只有建立有效的供应链才能够使有机食品产业获得持续竞争优势且满足消费者需求。[7][8] Ford（2007）、Hooker（2012）、Attila Turi（2014）提出食品产业供应链的可持续发展和提高产业竞争力需要加强监管部门对食物质量、冷链运输和可追溯系统的管理力度。[9][10][11] Peter（2008）、Urs Niggli（2014）指出有机食品的持续发展和生产力的提高是当

---

[1] 转引自和金生，白景美：《产业集群竞争力评价》，《科学学与科学技术管理》2007年第4期。

[2] Claro D P, Borin P. Coodinating B2B cross-border supply chains: the case of the organic coffee industry [J]. Journal of Business & Industrial Marketing, 2004 (6): 405–414.

[3] Raynolds L T. The globalization of organic agro-food networks [J]. World Development, 2004, 32 (5): 725–743.

[4] Carriquiry M, Babcock B A. Reputations, market structure and the choice of quality assurance systems in the food industry [J]. American Journal of Agricultural Economics, 2007, 89 (1): 12–23.

[5] Dimitai C, Lohr L. The US consumer perspective on organic foods [J]. Organic Food, 2007, 3: 157–167.

[6] Biao Xie, Liyuan Wang, Hao Yang, Yanhua Wang, Mingli Zhang. Consumer perceptions and attitudes of organic food products in Eastern China [J]. British Food Journal. 2015, 117 (3): 1105–1121.

[7] Vieria, Luciana M. An analysis of value in an organic food supply chain [J]. British Food Journal, 2013, 115 (10): 1454–1472.

[8] Lindh, Helena, Olsson, Annika. Communicating imperceptible product attributes through traceability: A case study in an organic food supply chain [J]. Renewable Agriculture and Food Systems, 2010, 25 (4): 263–271.

[9] Ford Eric W, Scanlon Dennis P. Promise and problems with supply chain management approaches to health care purchasing [J]. Health Care Management Review, 2007, 32 (3).

[10] Hooker, N., Shanahan, C. J., Emerging spatial dependencies with U.S. organic supply chains [J]. Food Prod. Mark. 2012, 18 (5), 426–450.

[11] Attila Turi, Gilles G, Marian M. Challenges and competitiveness indicators for the sustainable development of the supply chain in food industry [J]. Procedia - Social and Behavioral Sciences 2014 (124): 133–141.

前发展有机农业最大的挑战，创新是解决问题的主要途径之一。①②

二、国内研究现状

20 世纪 90 年代后期，商品流通的思想才被国内主流经济学界所接受，所以我国对于农产品流通的研究历史较短。近年来的研究主要将侧重点集中在流通体制、流通主体、流通效率及流通模式等几个方面进行。

（一）流通体制方面

梁佳、刘东英（2010）从生产、流通与消费三个层面分析了农产品的独特性，并提出了进一步深化农产品流通体制改革的发展思路③。宋瑛（2014）对我国农产品流通体制的历史演进进行了全面回顾与梳理，他将中华人民共和国成立以来农产品流通体制改革分为六个阶段，试图通过这种梳理来寻找体制变迁的相关规律④。翟雪玲（2014）对新中国成立后蔬菜流通的体制变迁进行了梳理，认为我国蔬菜流通经历了自由购销、统购包销、多渠道流通、自由开放市场流通、积极培育市场流通主体及提升流通质量六个时期⑤。郑伟（2017）认为我国农产品流通体制存在功能不完善、农产品流通渠道不畅、流通主体单一化、市场信息服务水平有限、农产品市场价格形成机制不健全等问题，应通过完善市场体系、加强基础设施建设、推进流通主体功能多元化等方式来促进我国农产品流通体制改革⑥。岳秀红（2017）则认为我国农产品流通体制与市场需求的差距主要表现在农产品流通主体众多且组织化程度低，缺乏市场竞争力和自我保护能力⑦。

（二）流通主体方面

郭崇义和庞毅（2011）对北京农产品批发市场的创新营销路径展开分析，并给出了相应的政策建议⑧。逄孝云（2014）以连云港市为例，分析了产地批发市场的特点以及批发市场这一重要的流通主体在当地农业发展中承担的功能和存在的问题⑨。孙中刚、卢凤君（2015）以我国鲜活农产品流通为例，依据共生的相关理论分析了金融服务主体和流通主

---

① Urs Niggli. Sustainability of organic food production: challenges and innovations [J]. Proceedings of the Nutrition Society, 2014, 74 (1): 83 – 88.
② Peter Roupas. Food Innovation: Emerging Science, Technologies and Applications (FIESTA) conference [J]. Innovative Food Science and Emerging Technologies, 2008 (9): 139.
③ 参见梁佳、刘东英：《中国农产品流通体制变革的动因与趋势》，《中国农学通报》2010 年第 20 期。
④ 参见宋瑛：《我国农产品流通体制演进回顾及思考》，《商业时代》2014 年第 7 期。
⑤ 参见翟雪玲：《我国蔬菜流通体制变迁背景、内容及方向》，《经济研究参考》2014 年第 62 期。
⑥ 参见郑伟：《农产品流通体制研究》，《经济研究导刊》2017 年第 4 期。
⑦ 参见岳秀红：《我国农产品流通管理体制的市场化思考》，《农业经济》2017 年第 7 期。
⑧ 参见郭崇义、庞毅：《北京农产品批发市场创新营销研究》，《北京工商大学学报（社会科学版）》2011 年第 26 期。
⑨ 参见逄孝云：《产地农产品批发市场主要功能特点的思考》，《中国市场》2014 年第 43 期。

体之间的共生关系、共生能量及共生发展阶段，并为优化共生系统提出了意见①。韩娜（2016）从利益分配角度出发，研究了在政府、流通企业、农户、农业组织、农业有限公司等不同流通主体参与的情况下，农产品流通过程中利益分配的变化②。邹娜、邱英杰（2016）以农户、农业合作社和批发市场为代表对我国农产品流通主体展开研究，认为职业化农民、信息化农业合作社和规模化批发市场更适应互联网时代对农产品流通提出的新要求和新挑战③。周丹、杨晓玉（2017），宋明芳（2017）以家庭农场、农产品批发市场及农产品供销合作社三大农产品流通主体为研究对象，认为上述主体在发展过程中存在融资难、现代化程度低、发展不均衡等问题，而"互联网+"技术能够为农产品流通主体的转型升级提供解决方案④⑤。

（三）流通模式方面

在流通模式方面，由于目的不同，不同学者的研究视角也各不相同。梁海红（2011）从渠道关系视角出发，认为农产品流通主要有农户+批发商、农户+龙头企业、农户+合作社+龙头企业、农户+供应商+超市等几种模式⑥。段延海（2012）认为我国农产品流通具有流通环节多、信息传递不畅、流通过程损耗大、流通成本偏高等问题，农超对接模式可将现代农产品流通方式引向广阔的农村地区，是我国未来农产品流通的理想模式⑦。朱华友、谢恩其（2013）实地调研了浙江省金华市的主要农产品流通模式，并从不同流通模式的差异化角度出发，从流通内部对农产品流通模式进行了分析，并给以批发市场为核心、以龙头企业为核心及农超对接等三种农产品流通模式提出了优化建议⑧。李杨（2013）基于关系视角开展研究，认为农产品流通模式主要分为四类：第一种为广大农产品种植户自己直接面向市场进行销售的流通模式，第二种是由农产品零售代理商直接面向农户进行收购、面向市场进行销售的流通渠道模式，第三种是依托现代物流业和现代集约化市场进行流通的渠道模式，第四种是对农产品进行深层面加工、依托农产品加工企业实现农产品异地销售的模式⑨。郑轶（2014）对日本生鲜农产品流通模式的发展历程和发展现状进行了学习、研究和经验借鉴，并对我国生鲜农产品流通模式的未来发展给出了对策和建议⑩。赖媛媛、战书彬（2015）从交易环节、技术水平、利益分配和社会效益四个角

---

① 参见孙中刚、卢凤君：《鲜活农产品流通与金融服务的模式匹配及主体共生关系分析》，《农村金融研究》2015年第11期。
② 参见韩娜：《多元主体参与视角下农产品流通模式的利益分配研究》，《商业经济研究》2016年第2期。
③ 参见邹娜、邱英杰：《"互联网+"背景下农产品流通主体优化建议》，《合作经济与科技》2016年第3期。
④ 参见周丹、杨晓玉：《借助"互联网+"东风实现农产品流通主体转型升级》，《人民论坛》2017年第32期。
⑤ 参见宋明芳：《基于"互联网+"的农产品流通主体转型升级策略分析》，《商业经济研究》2017年第10期。
⑥ 参见梁海红：《渠道关系视角下我国农产品流通模式优化研究》，《改革与战略》2011年第4期。
⑦ 参见殷延海：《基于"农超对接"模式的农产品流通渠道创新策略》，《改革与战略》2012年第28期。
⑧ 参见朱华友、谢恩奇：《区域农产品流通模式研究——基于浙江省金华市的实地调查》，《农业经济问题》2013年第34期。
⑨ 参见李杨：《基于关系视角下农产品流通渠道创新路径的选择》，《农业经济》2013年第11期。
⑩ 参见郑轶：《中国和日本生鲜农产品流通模式比较研究》，《世界农业》2014年第8期。

度出发，对山东省现有的农产品流通模式进行了比较分析，并对不同流通模式的存在价值和针对的消费群体差异展开了探讨①。董津津、陈学云（2015）依托电子商务O2O模式，提出了构建农产品流通一体化的创新思路，并以优化农产品零售终端为切入点，引入了农产品O2O交易平台的概念②。王岳含（2016）以陕西苹果为例，将农产品流通模式界定为"公司+农户"模式、"公司+基地+农户"模式及出口外销流通模式三类③。刘洋（2016）认为网络信息化程度低、流通环节结构松散、缺少标准化控制及品牌建设滞后等是我国电子商务环境下农产品流通模式发展主要面临的问题，应从主体建设、政府监管和电商平台建设三个层面出发，完善农产品电商模式的发展④。石岿然、孙玉玲（2017）在对美国、日本、荷兰商品流通模式特点和成功经验进行总结的基础上，对我国生鲜农产品供应链的发展历程进行了梳理，认为农超对接模式与生产者+零售商+消费者模式最为接近，能够有效集合小规模生产商，实现农产品的快速流通，适合我国当前经济社会发展趋势⑤。

（四）流通效率方面

当农业问题从生产领域向流通领域逐步转移的时候，越来越多的学者开始关注农产品的流通效率问题，他们在开展相关研究工作时，所建立的指标体系和选择的实证方法往往各不相同，有的学者还会将农产品流通模式对流通效率产生影响这一因素考虑进去，认为流通模式会造成农产品流通效率的差异化。赵锋（2013）对国内外农产品流通的相关文献进行了分析和研究，认为当前学术界对农产品流通效率的问题还没有形成统一认识，在评价体系、评价方法和影响因素等方面还需进一步研究⑥。陈耀庭、戴俊玉、管曦（2014）认为农产品效率评价指标的选取是一件非常复杂和困难的事情，当研究视角不同时，所选取的指标应各不相同。同时，先后选取了农户分得比率、流通利润率和顾客满意度三个指标，分别从生产者角度、流通者角度和消费者角度出发，对农产品流通效率进行了测算⑦。杨程（2015）从供应链管理的角度出发，对甘肃省农产品流通效率展开研究，认为政府扶持力度不足、经济整体不景气、农产品再加工缺乏竞争力、供应链管理不完善等是导致甘肃省农产品流通效率低下的主要原因⑧。汪旭晖、文静怡（2015）运用随机前沿法对我国

---

① 参见赖媛媛、战书彬：《新时期农产品流通模式的特点及比较研究——以山东省为例》，《青岛农业大学学报（社会科学版）》2015年第27期。
② 参见董津津、陈学云：《基于O2O模式的农产品流通一体化方式研究》，《物流技术》2015年第34期。
③ 参见王岳含：《我国农产品现代化流通模式构建》，《商业经济研究》2016年第17期。
④ 参见刘洋：《电子商务环境下农产品流通模式的创新研究》，《改革与战略》2016年第32期。
⑤ 参见石岿然、孙玉玲：《生鲜农产品供应链流通模式》，《中国流通经济》2017年第31期。
⑥ 参见赵锋：《农产品流通效率研究：综述与展望》，《中国流通经济》2013年第12期。
⑦ 陈耀庭、戴俊玉、管曦：《不同视角下的农产品流通效率测量与指标选择》，《商业时代》2014年第33期。
⑧ 参见杨程：《基于供应链管理的甘肃农产品流通效率及障碍分析》，《商场现代化》2015年第27期。

农产品物流效率展开定量测度，结果表明环境因素可促进农产品物流效率的提高①。周峻岗、尚杰（2015）将我国农产品流通模式定义为以批发市场为主导、以超市为核心、以物流中心为主体、以龙头企业为核心、农户直销和电子商务六种模式，通过建立基于 DEA 的评价模型和指标体系，对不同流通模式的流通效率展开实证比较，得出农产品直销和农超对接模式效率较高的结论②。金赛美（2016）根据 2004—2013 年统计数据，采用相关分析法和因子分析法，对我国农产品流通效率进行了实证研究，认为我国当前阶段应加强交通运输及批发市场基础设施建设③。王娜、张磊（2016）在对国内外农产品流通效率的影响因素进行梳理和分析的基础上，从产业链视角出发，构建了我国农产品流通效率评价及提升对策研究的分析框架④。程书强、刘亚楠、许华（2017）利用 DEA – Malmquist 指数分析法，选取农产品流通相关劳动力数量和相关固定资产投资作为投入指标、选取农产品流通增加值作为产出指标，对我国西部地区农产品流通效率及影响因素进行了评价分析，得出西部地区农产品流通效率总体呈现下降趋势的结论⑤。黄福华、蒋雪林（2017）从物流规模、物流损耗、物流费用和物流直销角度出发，构建了生鲜农产品流通效率评价指标体系，并以长沙市相关数据为样本，利用灰色关联模型法，对生鲜农产品流通效率进行了实证分析，认为应该从加大生鲜农产品物流发展的执行力度、提高主体组织化程度、完善物流基础设施及加强信息化建设四个方面来提高生鲜农产品流通效率⑥。刘天祥、林媚（2017）以农产品批发市场作为衡量指标构建评价模型，对农产品流通效率展开分析，认为农产品批发市场的数量并不重要，批发市场的经营能力才是影响流通效率的关键因素⑦。

（五）对产业集群理论的研究

与发达国家相比，国内学者关注产业集群现象的起步较晚，研究工作始于 20 世纪 80 年代，但主要研究成果大多是在 2000 年以后产生的，发达国家产业集群发展的成功经验为我国产业集群的形成和发展提供了借鉴和启示。我国产业集群的研究主要聚焦于集聚经济、专业化分工、知识溢出、集聚网络和集聚环境五个视角，主要从产业集群概念的界定、形成与发展、创新与获取竞争优势及政府策略研究等方面展开，成果较为丰硕，但随着集群的不断发展变化，各种发展不适或优势减退等问题相继浮现。国内相关研究尚未形

---

① 参见汪旭晖、文静怡：《我国农产品物流效率及其区域差异——基于省际面板数据的 SFA 分析》，《当代经济管理》2015 年第 1 期。
② 参见周峻岗、尚杰：《基于不同流通模式的农产品流通效率评价研究》，《安徽农业科学》2015 年第 43 期。
③ 参见金赛美：《我国农产品流通效率测量及其相关因素分析》，《求索》2016 年第 9 期。
④ 参见王娜、张磊：《农产品流通效率的评价与提升对策研究——基于流通产业链视角的一个分析框架》，《农村经济》2016 年第 4 期。
⑤ 参见程书强、刘亚楠、许华：《西部地区农产品流通效率及影响因素研究》，《西安财经学院学报》2017 年第 30 期。
⑥ 参见黄福华、蒋雪林：《生鲜农产品物流效率影响因素与提升模式研究》，《北京工商大学学报（社会科学版）》2017 年第 32 期。
⑦ 参见刘天祥、林媚：《批发市场对农产品流通效率的影响研究》，《广西财经学院学报》2017 年第 30 期。

成完整的理论体系，同时，一些研究中所使用的方法和技巧还处于尝试和探索阶段。

关于对产业集群定义的研究中，国内对产业集群研究的代表人物王缉慈（1994）在《现代工业地理学》中介绍了新产业区的概念。① 刘友金（2002）强调从创新视角研究产业集群的特征，即互惠共生性、协同竞争性、资源共享性及地方网络性等特征。② 王缉慈（2010）重申了产业集群的概念，并且提出了理想的产业集群概念包括地理靠近、产业联系、行为主体互动三个方面内容。③ 王坤（2012）在产业集群的定义中强调它是集聚发展的高级阶段，具有网络化特征，是新型产业空间组织形式和发展区域经济的新模式。④

关于产业集群的形成和发展方面的研究中，徐康宁（2001）认为产业集群区的形成至少需要三个条件，即资本集中、充分的供给和当地的制度。⑤ 王缉慈（2010）提到了企业是产业集群形成的"第一粒种子"，这大致包含四个方面：新创的本地民营企业、港台和外国企业、迁入的外地企业及改制的国有企业。⑥ 张建斌（2012）提出了资源型产业集群要摆脱自然资源、生态环境、技术阻滞和公共物品的束缚，从延伸产业链、控制集群规模和发展循环经济等方面入手来研究集群可持续发展。⑦

在产业集群创新机理方面的研究中，魏江（2003）指出集群整体学习、企业个体学习和劳动力个人学习三个层次的相互作用会促进集群技术能力的增长。⑧ 解学梅（2008）运用系统协同理论研究了产业集群持续创新系统的内在运作机理和耦合机制。⑨ 曹群（2009）从产业链整合的视角分析了集群创新的过程机理，认为其创新的基本路径是通过供应链上纵向和横向的知识整合来实现。⑩ 王缉慈（2010）提出高技术创新集群中，跨学科、跨产业的产学研合作和隐含经验类知识的交流在高新技术的发展尤为重要。⑪

在产业集群政府作用方面的研究，受波特钻石理论的影响，国内学者普遍认为政府在产业集群的形成阶段发挥着重要的主导作用，而伴随着产业集群成长、发展到成熟期后，则须弱化政府作用，给予企业更多的自主决定权，积极推进集群的市场化发展。黄国良（2005）提出在市场经济条件下发展产业集群，要以企业为集群的经济主体，以政府为集群的服务主体，通过政府的培育和扶持来引导集群内产业的分工与升级，同时为企业的发展创造良好的外部环境，最终推动产业集群发展。⑫ 陈志平（2009）认为政府必须对自身明确定位，协同企业发挥优势互补的作用，通过观念转变、塑造环境、网络升级、融合发

---

① 参见王缉慈：《现代工业地理学》，中国科学技术出版社1994年版。
② 刘友金：《论集群式创新的组织模式》，《中国软科学》2002年第2期。
③ 参见王缉慈：《超越集群：中国产业集群的理论探索》，科学出版社2010版，第6－7页。
④ 参见王坤，张建华：《产业集群相关概念辨析及进展研究》，《科学管理研究》2012年第1期。
⑤ 参见徐康宁：《开放经济中的产业集群与竞争力》，《中国工业经济》2001年第11期。
⑥ 前引[36]，王缉慈书，第87页。
⑦ 参见张建斌：《资源型产业集群可持续发展的路径选择》，《科技进步与对策》2012年第19期。
⑧ 参见魏江，叶波：《产业集群技术能力增长机理研究》，《科学管理研究》2003年第1期。
⑨ 参见解学梅，曾赛星：《科技产业集群持续创新系统运作机理：一个协同创新观》，《科学学研究》2008年第4期。
⑩ 参见曹群：《基于产业链整合的产业集群创新机理研究》，哈尔滨工业大学年博士毕业论文2009年，第38－39页。
⑪ 前引[36]，王缉慈书，第26页。
⑫ 参见黄国良：《推进产业集群发展的政府作用》，《发展研究》2005年第3期。

展和体制创新等方式来实现集群效应最大化。① 田卫东（2010）提出区域优势产业集群发展中具有引导职能、公共物品及服务的供给职能、战略规划职能和市场环境监督的职能。②

（六）对产业集群竞争力内涵及评价的研究

1. 产业集群竞争力内涵

刘恒江（2004），刘爱雄（2006），陈柳钦（2009）等学者认为产业集群竞争力不能简单的定义为"产业集群＋竞争力"，它应该是一种以企业集群的各种资产要素为基础，以企业间的动态网络关系及层次性递进为运行方式，具有对环境的利用能力和规避能力，在全球市场竞争中能为产业集群的整体绩效带来实质性功效的强劲竞争优势。③④⑤ 此后，大多数学者都以该定义为范本对各行业产业集群竞争力概念进行界定，于是农产品加工产业集群竞争力、高新技术产业集群竞争力和创意产业集群竞争力等概念随之产生。

2. 产业集群竞争力评价

国内学者对产业集群竞争力进行评价也分为定性评价和定量评价两种。

定性评价主要从规范角度来分析影响因素的构成、各因素相互间的作用关系和影响程度，从而反映某一产业集群竞争力的强弱。⑥ 梁宏（2005）分别从显性竞争力、隐性竞争力及环境竞争力三个方面对产业集群竞争力进行了描述和刻画。⑦ 刘爱雄等（2006）根据产业集群竞争力的特性，从显性和隐性两个角度构建了产业集群竞争力指标体系，并设计了竞争力的评价流程。⑧ 任鹏等（2012）提出关于产业集群竞争力评价的综合模型分析方法，该模型分别从宏观视角的生命周期模型和微观视角的绩效模型两个方面来反映产业集群竞争力。⑨

近年来，国内很多学者对产业集群竞争力进行定量评价时，都倾向于在定性分析或相关理论的基础上选取某一模型方法，对竞争力进行计量分析，最终获取评价结果。如肖家祥等（2005）提出了基于组合赋权法的产业集群竞争力评价模型，通过构建指标体系对产业集群竞争力进行评价和实证分析。⑩ 王炳才等（2007）结合国内外对产业集群竞争力的影响因素的研究成果，从四个层次提出了产业集群系统竞争力影响因素，分别为节点层、网络层、嵌入层和外围层，并结合统计数据，运用计量模型评价各因素对竞争力的影响程

---

① 参见陈志平：《产业集群的发展路径与地方政府的作用地位》，《湖南社会科学》2009 年第 5 期。
② 参见田卫东，王树恩：《区域优势产业集群发展中的政府作用研究》，《山东社会科学》2010 年第 11 期。
③ 参见刘恒江，陈继祥：《产业集群竞争力研究评述》，《外国经济与管理》2004 年第 10 期。
④ 参见刘爱雄，张高亮，朱斌：《对产业集群竞争力来源的理论分析》，《科学学与科学技术管理》2006 年第 1 期。
⑤ 参见陈柳钦：《产业集群竞争力问题研究》，《北京科技大学学报（社会科学版）》2009 年第 6 期。
⑥ 参见夏永红：《产业集群竞争力评价研究综述》，《现代经济信息》2008 年第 5 期。
⑦ 参见梁宏：《产业集群极其竞争力研究》，《哈尔滨工业大学学报》2005 年第 1 期。
⑧ 参见刘爱雄，朱斌：《产业集群竞争力及其评价》，《科技进步与对策》2006 年第 1 期。
⑨ 参见任鹏，袁军晓，方永恒：《产业集群竞争力评价综合模型研究》，《科技管理研究》2013 年第 23 期。
⑩ 参见肖家祥，黎志成：《基于组合赋权法的产业集群竞争力分析》，《统计与决策》2005 年第 1 期。

度。① 龚本刚等（2007）提出产业集群竞争力评价指标体系，运用模糊数学和证据推理方法，给出一种评估产业集群竞争力的方法。②

（七）对绿色食品产业集群发展及竞争力提高的研究

1. 绿色食品产业已具备集群发展的条件及集群发展策略的研究

在集群发展方面，王炜（2004）运用"钻石体系"分析我国绿色食品产业发展现状，指出其已具备发展集群的条件，并强调以加强产业链各环节的相互关系来促进绿色食品产业化向集群化发展。③ 李龙等（2009）运用区位商分析方法测量了黑龙江省绿色食品产业集中度，认为其已具备集群规模。④

在集群发展策略方面，王德章（2005）认为大力发展产业集群要着重选好区域、产品和企业，同时还强调政府应加强立法创造良好的市场竞争环境，应通过组织行业协会的方式有效规避企业间的无序竞争。赵大伟（2008）认为黑龙江省绿色食品产业集群的升级类型主要有过程升级、产品升级、功能升级以及产业链的升级。⑤ 李立辉等（2013）在研究产业集群发展问题时指出，为加快绿色食品产业发展并提升其竞争力，政府应当采取如下举措：一是从加大宣传力度入手提升绿色食品的知名度；二是要以资源和区域优势为依托，抓好龙头企业和基地建设，加快支持性产业发展；三是要挖掘潜在市场，维护已有市场，完善绿色食品市场体系，推动绿色食品产业进一步向集群化发展。⑥

2. 绿色食品产业集群竞争力提高的研究

2000年以前，绿色食品的有关研究主要集中于流通和消费两个方面，伴随着产业集群化发展和国家竞争优势理论的提出，从事绿色食品相关研究的学者对绿色食品产业竞争力的研究产生了浓厚的兴趣，并取得了较多的成果。王德章（2004）提出了绿色食品产业综合竞争力概念及它的四个组成要素，即政策扶持及管理体制保障竞争力、技术创新与产品质量竞争力、分工协作与生产链整合竞争力及国际国内市场营销竞争力，并在分析探讨后指出应通过制定科学的产业政策、加强基地建设、科学规划确定发展重点及培育合作竞争理念等几个方面来提升该产业集群的综合竞争力。李龙（2008）认为绿色食品产业集群创新是为了保持集群的竞争优势。⑦ 王德章（2011）提出资源禀赋、市场需求、战略、政策和管理创新是影响一个地区绿色食品产业竞争优势的主要因素，在产业发展的不同阶段，以上因素对该产业竞争优势的影响程度有所不同。宋德军（2011）认为绿色食品产业的区

---

① 参见王炳才，田怡谦：《产业集群竞争力影响因素分析与实证检验》，《农业经济研究》2007年第5期。
② 参见龚本刚，张行宇，梁祥群：《运用模糊-证据理论对产业集群竞争力评估方法的研究》，《中国科技论坛》2007年第1期。
③ 参见王炜：《绿色食品产业集群发展研究》，《学术交流》2004年第11期。
④ 参见李龙，伍宝军：《黑龙江省绿色食品产业集群发展现状与问题》，《哈尔滨商业大学学报（社会科学版）》2009年第1期。
⑤ 参见赵大伟，伍宝军：《黑龙江省绿色食品产业集群发展新探索》，《经济研究导刊》2008年第1期。
⑥ 参见李立辉，宋国宇：《黑龙江省绿色食品产业集群发展问题研究》，《商业经济》2013年第1期。
⑦ 参见李龙，伍宝军：《绿色食品产业集群创新与保持竞争优势》，《农场经济管理》2008年第5期。

域竞争优势来自于产业链上各要素优势的整合。[①] 李佳俐（2013）把绿色食品产业链分成三个基本环节，通过龙头环节的龙头企业带动、核心环节的创新驱动及协调供需传导的配套环节中生产经营和相关部门的智力支持来提高绿色食品产业集群竞争力。

三、国内外研究现状评述

通过上文叙述可知，国内外对于农产品流通研究工作的开展形式、研究视角及研究的切入点等方面有着很大区别，这是由国内外农产品流通的时代背景、发展历程和主体形式等方面的差异化造成的。近些年来，国内外学者在农产品流通领域已经取得了较为丰硕的研究成果，对农产品流通效率的提升起到了积极的促进作用，具体的研究情况主要表现在：第一，西方国家对于农产品流通的研究大概有着百年左右的历史，而国内对这一方面的研究起步较晚，只有几十年的时间，但发展较快，在农产品流通体制、流通主体、流通模式及流通效率等方面取得了突破性进展，为制定国内农产品流通发展战略作出了卓越贡献；第二，各国学者通过对农产品流通机制、内涵外延、影响因素、流通效率等方面的研究，在相关领域取得了较多成就，虽然没有形成统一的系统理论，但极大拓展了农产品流通的研究范围；第三，众多学者对国内外不同的农产品流通体制的历史沿革进行了比较研究，为我国建立现代农产品流通体系提供了大量参考意见；第四，国内学者为提升我国农产品流通效率，在流通成本、流通技术及流通主体等方面进行了大量的理论和实证研究工作，为我国建设现代、高效的农产品流通环境提供了大量的数据支持和对策建议。

在取得较大成绩的同时，现有研究也存在一些不足之处：第一，对农产品流通的研究具有足够的广度，但没有达到足够的深度，没有将农产品流通体系的构成因素结合起来，各研究之间缺乏足够的联系；第二，从研究视角与研究内容来看，目前国内现有对农产品流通效率的内涵和外延的研究还没有形成统一观点，学者大多基于具体的研究问题来进行分析；第三，从研究方法来看，学者们对农产品流通效率的研究方法较为趋同，定性研究方法大都为阐释性和演绎研究，而定量研究方法则多为计量模型的运用，在研究方法方面的创新性存在一定不足。

经济全球化步伐逐步加快，农产品流通已成为影响农业生产和农产品消费的重要因素。我国是农业大国，农民人口数量占据全国总人数的近50%，农产品流通效率的提升将和我国农民收入水平波动乃至国民经济发展息息相关，如何降低农产品流通成本、提高农产品流通技术、完善农产品流通主体建设，进而提高农产品流通效率、增加农民收入，这是有效解决我国"三农"问题的又一途径，也是学术领域下一步的研究重点。

---

① 参见宋德军：《我国绿色食品产业区域发展差异与策略》，《技术经济》2011年第8期。

第四节 研究方法与技术路线

一、研究方法

在对农产品流通效率问题进行研究的过程中,能够借鉴和使用的研究方法有很多,不同的学者会根据自己的研究体系和研究视角而采用不同的方法组合。本书的研究主要围绕"调研总结 – 归纳分析 – 问题整理 – 综合评价 – 提升对策"这一脉络展开,采用多种方法开展研究工作。

(一) 文献研究法与调查统计法相结合

在数据采集过程中,本书采取了文献研究与调查统计相结合的方法。文献研究法是一种间接性、非介入性的调查方法,主要通过书面调查来获取相关数据及资料,具有方便、自由、安全、跨越时间和空间限制等优点。调查统计法是指通过座谈、访谈或问卷调查等方式,对所需的数据及资料进行采集,并运用统计学的相关方法对采集到的数据资料进行分析处理,最后得出事物变化、发展特点与规律的研究方法,是对文献研究法很好的一种补充和扩展。本书将上述两种方法相结合,首先,根据文献研究法的相关原则,对与农产品流通相关的国内外研究文献进行了大量的梳理及分析,明确了现有的学术研究成果,了解了行业发展现状及存在的不足之处。其次,利用调查统计法,组织了哈尔滨商业大学本、硕学生共 70 人,这些学生主要来自于浙江、江苏、黑龙江、山东、吉林、辽宁、甘肃、新疆、湖南、内蒙古、河北、山西、四川等不同省份的农村地区,分别利用 2016 年 7—8 月(暑假)及 2017 年 1—2 月(寒假)两个时间段,回到各自家乡,利用访谈、座谈及发放调查问卷等方式,针对当地的农民、农产品经销商及农业管理部门开展了调查统计。通过上述工作的开展,进一步明确了我国农产品流通的发展现状和存在的问题,初步确定了本书的研究目的、研究方法和整体架构,明确了农产品流通效率的评价指标和流通效率影响因素的评价方法,为研究工作的进一步开展奠定了坚实的理论基础。

(二) 定性分析法与定量分析法相结合

定性分析法(way of qualitative analysis)又称"非数量分析法",它是一种主要依靠预测人员(管理人员、业内专家等)的实践经验及在相关领域的分析能力,通过其主观判断来对研究对象的性质和发展趋势进行描述的一种分析方法,隶属于预测分析范畴,定性分析法主要适用于没有或不具备完整历史资料和数据的事项判断中;定量分析法(quantitative analysis method)是对社会现象的数量特征、数量关系与数量变化进行分析的方法,其主要功能在于揭示和描述社会现象的相互作用和发展趋势，它主要包括比率分析法、趋势分析法、结构分析法、相互对比法、数学模型法等基本方法。

本研究将定性分析和定量分析两种方法有机结合，在调研分析国内外学者关于流通和农产品流通的内涵及外延研究的基础上，结合流通理论和农产品流通过程，对我国农产品流通发展现状给出了综合评定，并分别选取了数据包络分析法（DEA）和层次分析法（AHP），通过建立各自相应的指标体系和评价模型，先后对我国农产品流通效率以及农产品流通效率影响因素进行了分析和评价，最后针对农产品流通效率的提升给出了具体的可行性方案。

（三）比较研究与系统分析相结合

比较研究方法是指利用对比的方法对两个或两个以上的事物展开分析，进而挖掘出它们之间的相似性及差异性的一种分析方法[①]。它根据提前预设的评价标准，对两个或两个以上有联系的事物进行考查，寻找其异同，具体可分为单向比较和综合比较、横向比较与纵向比较、求同比较和求异比较、定性比较与定量比较、宏观比较和微观比较等。系统分析方法（system analysis method）是20世纪40年代以后迅速发展起来的一个横跨各个学科的新学科，最早是由美国兰德公司在二战结束前后提出并加以使用，这一方法起源于系统科学，是指把要解决的问题作为一个系统，然后对系统要素开展综合分析评价，从而找出解决问题的可行性方案的一种咨询方法。它从系统的角度去考察和研究整个客观世界，为人类认识和改造世界提供了科学的理论和方法。

本书在综合评定、横向分析我国现有农产品流通效率，以及对农产品流通现状、存在的问题进行分析研究并制定对策建议等部分采用了比较研究与系统分析相结合的方法，重点分析了我国农产品流通发展的整体现状和存在的问题。

二、技术路线

本书采用文献研究、调查统计、定性分析、定量分析、比较研究、系统分析等多种研究方法，主要围绕"调研总结－归纳分析－问题解读－综合评价－提升对策"这一脉络展开具体研究工作，所采取的技术路线如图1.1所示。

---

① 林聚任、刘玉安：《社会科学研究方法》，山东人民出版社2008年版，第192－193页。

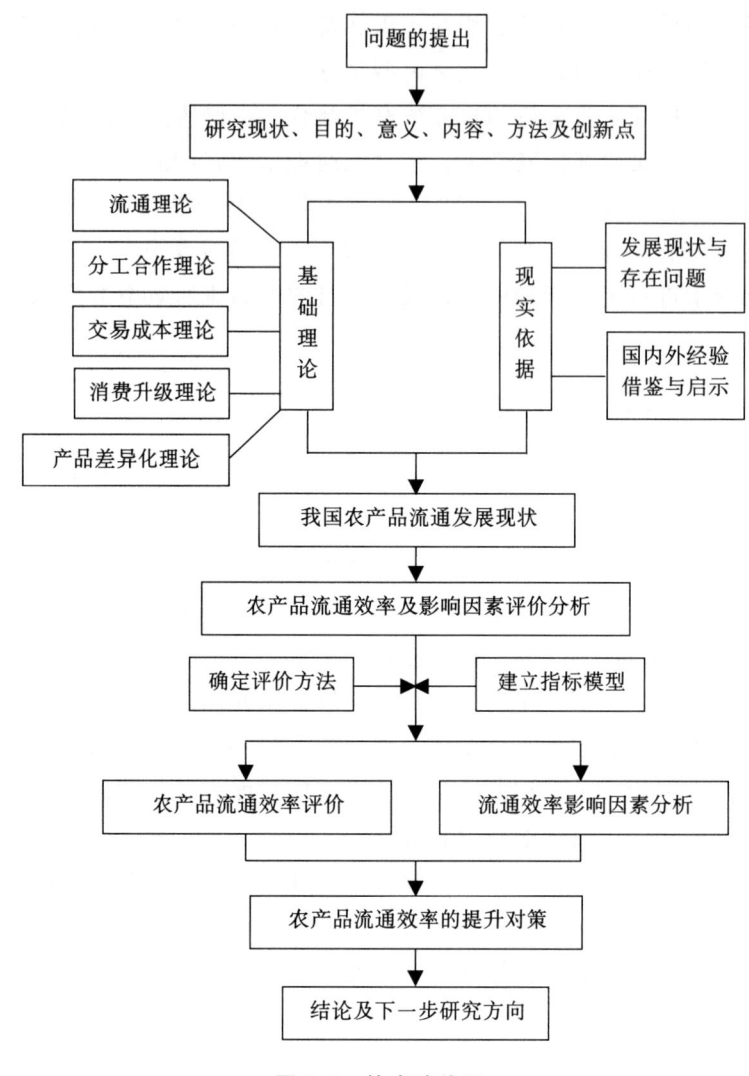

图 1.1 技术路线图

第五节 内容结构和主要创新点

一、研究内容及研究框架

（一）研究内容

农产品流通衔接着农业生产和消费，在整个农业发展过程中占据着重要的位置。流通效率是衡量流通过程优劣的重要指标，它与流通成本、流通技术、流通主体等方面都有着密切联系。对农产品流通效率的变迁过程及现有效率水平开展评价分析，可以明确我国现阶段农产品流通体系的发展现状及存在的问题。在此基础上，对影响流通效率的因素再次进行横向比较分析，明确不同因素对农产品流通效率的影响权重，从而为制定我国农产品流通效率提升对策提供重要的理论支撑和现实依据。

按照上述思路，本书拟围绕如下几点内容展开具体研究：

（1）梳理国内外对于农产品流通的研究脉络和研究现状，明确本书的研究目的、意义和技术路线，剖析所需使用的研究方法和研究理论，为研究工作的进一步开展找到充分的理论依据和行动指南。

（2）在梳理我国几种主要农产品流通体制发展历史沿革的基础上，利用文献研究与调查统计相结合的方法，对我国现有的农产品流通发展现状及存在的问题进行深入分析。

（3）采用定性分析与定量分析综合运用的方式，选用数据包络分析法和层次分析法，通过建立不同的指标体系和评价模型，分别对我国农产品流通效率及农产品流通效率影响因素展开评价和分析，从而进一步印证我国当前阶段农产品流通的发展现状和存在的问题，为制定农产品流通效率提升对策提供必要的理论支撑和现实依据。

（4）在综合分析的基础上，为提升我国农产品流通效率提供具体对策。

（二）研究框架

如图1.2所示，本书的研究主体主要分为三个部分，共7章。

第一部分为理论基础和现实依据，分别由第1~4章组成。其中第1章为绪论，通过对研究背景的论述分析，明确了本书的研究目的和研究意义。同时，在梳理国内外农产品流通学术史及研究现状的基础上，对本书的研究方法、研究内容、研究框架及创新点等内容进行了着重规划；第2章为理论基础，通过对农产品流通相关概念的的界定，结合流通理论、分工合作理论、交易成本理论、消费升级理论及差异化理论的研究成果，为本书研究的进一步展开夯实理论基础；第3章为流通体制变迁及国外经验借鉴，首先以粮食、棉花和蔬菜为例，对我国建国后农产品流通体制变迁的历史沿革进行梳理，其次，借鉴美国和日本在农产品流通领域的发展经验，为本书的研究树立现实依据；第4章首先对我国农产品流通的发展特点进行了归纳和总结，随后分别从流通主体和流通模式两个角度出发，对我国农产品流通的发展现状进行了梳理，并对我国农产品流通过程中存在的问题及其原因进行分析。

第二部分为实证分析，主要由2章组成。其中第5章为农产品流通效率的整体评价，采用了数据包络分析法，并依从相应理论依据建立了评价指标体系，选取了 C^2R、BC^2 及 Malmquist 指数三个评价模型，利用2004—2016年度全国31个省级行政单位的截面数据及面板数据，分别从横、纵两个方向，对我国农产品流通效率的演进及现状展开分析评价，并分析存在的问题及其成因；第6章以流通效率为目标层，选取流通成本、流通技术、流通速度和流通环节四个指标作为准则层因素，选取收割采摘、分拣包装、装卸运输、库存仓储、精深加工、信息传输及推广营销七个指标作为方案层因素，搭建递阶层次结构模型，利用层次分析法对农产品流通效率影响因素进行深入分析，得出流通技术和精深加工两个不同层次的指标对农产品流通效率影响最大的结论。

第三部分为研究结论及对策建议。在前文分析的基础上，针对所研究的对象给出具体的界定和结论，分析存在的问题和成因，并对我国农产品流通效率的提升给出具体的建议和实施方案。最后，对现有研究中存在的不足加以总结，并对下一步的研究方向进行了展望。

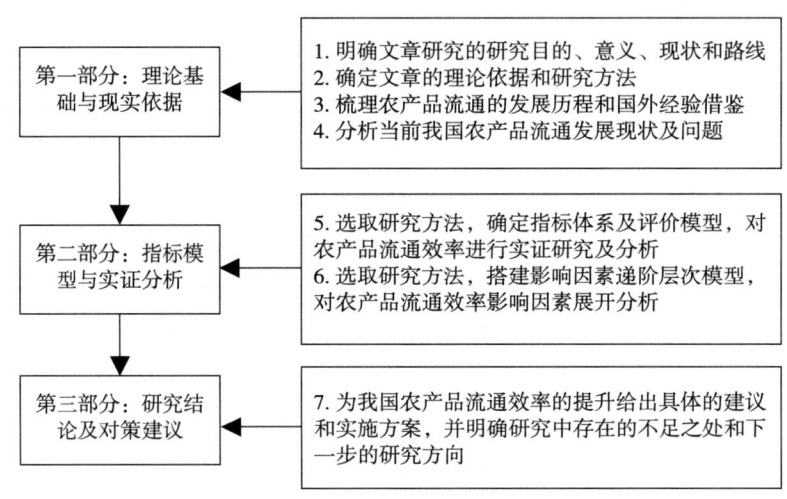

图1.2 文章研究框架结构图

二、主要的创新点

本书的主要创新点如下：

1. 完善和发展了农产品流通效率的研究脉络

本书从流通效率评价与提升的角度入手，分析不同的流通因素对流通效率的影响作用，认为随着流通过程中各个环节成本的降低、技术的提高和主体的完善，流通效率将在一定程度上被提升。因此，我们可以分别从成本、技术和主体三个角度入手，对农产品流通过程及其效率展开具体研究，为制定流通效率的提升对策寻找新的解决方法。

2. 进一步明确了流通效率对农民收入水平的影响

我国现阶段，农产品价值的最终体现主要依赖于流通过程，因此，提高农民在农产品流通过程中的地位和自主权，使流通过程中的利益分配合理化，这对于提高农民收入水平具有积极的促进作用。在以往的研究成果中，人们普遍认为的"两头叫、中间笑"所代表的中间商赚取高额利润从而侵犯农民利益的观点并不十分恰当，通过提高流通质量和减少流通损耗以提高流通效率，这才是在不损害流通商利益的基础上，真正提高农民收入水平的根本所在。

3. 重新构建了流通效率评价及影响因素分析的指标体系

为了更好地对农产品流通效率及影响流通效率的因素进行分析，本书在文献梳理和实地调研相结合的基础上，先后重新构建了流通效率评价指标体系和流通效率影响因素递阶层次模型，在具体的指标和因素选取时，充分考虑了农产品、农产品流通及农民收入构成等方面的特点，确保指标和因素更加具有普适性。

4. 为提升我国农产品流通效率给出相应对策

经过分析，充分挖掘我国农产品流通过程中存在的问题，并针对这些问题给出了提升我国农产品流通效率的对策：一是要通过加大机械自动化设备的资金投入、培养专业操作人员、整合流通资源以降低人工成本；二是通过加强农村地区交通运输基础设施建设及增加农产品存储及运输专业设备以降低物流成本；三是通过加强农村地区网络基础设施建设及降低网络接入费用以降低信息获取成本；四是要积极发展冷链恒温技术；五是要鼓励和支持农产品加工企业进行技术创新；六是要以继续教育方式开展农民素质教育；七是继续完善农产品批发市场建设；八是加大农产品电商平台及相关基础设施建设力度；九是完善合作社及其职能建设。

第六节 本章小结

本章为论文的绪论部分，主要通过对相关研究背景的论述分析，明确了本书的研究目的和研究意义。同时，在梳理国内外农产品流通学术史及研究现状的基础上，对本书的研究方法、研究内容、研究框架及创新点等内容进行了较为详尽的叙述，为下一步研究工作的开展找准了定位、奠定了基础。

第二章

概念界定及基础理论

为了研究工作的顺利开展，本章将对涉及的一些与农产品流通相关的基本概念和研究工作开展所需的支撑理论加以界定和描述，以便于我们能够更好地明确研究对象，了解研究方法，把握研究角度。

第一节 基本概念界定

一、农产品

农业是我国国民经济中的重要产业部门之一，属第一产业，它以土地为生产资源，通过培育动植物产品来为食品生产及工业生产提供原料。广义农业主要包括种植业、林业、畜牧业、渔业和副业五种产业形式，狭义农业是指种植业，主要包括生产粮食作物、经济作物、饲料作物和绿肥等农作物的生产活动。本书将农产品流通模式及流通效率相结合，重点观测农产品流通过程中的投入产出比及流通各环节的利益分配问题，以期能够通过优化流通模式来保障农产品有效供应、提高农民收入水平。为了使研究对象更加具体、研究过程更加透明、研究成果更加有针对性，本书将所提到的农业概念限定为狭义农业，即主要将种植业作为研究对象开展相关工作，而以种植为生产工具所制作的产品即为农产品。

早期的农产品，一般是指农业生产部门（组织或个人，内容主要涵盖农、林、牧、渔等）生产出来的各类动物类、植物类的初级产品。后期，随着农业的不断发展壮大，农产品的内涵也随之不断扩大，我国在2013年1月1日开始正式实施的《农业法》中规定：在我国，农业是指种植业、林业、畜牧业和渔业等产业，以及与上述产业直接相关的产前、产中和产后服务。从这一规定我们可以看出，从广义的角度理解，农产品不仅应该包括初级农产品，还应该包括以初级农产品为原料进行加工的农业加工品。为了更加精确地对农产品流通模式进行描述，本书中所描述的农产品将包括初级农产品和以初级农产品为原料的农业加工品，即为广义的农产品。

二、流通

流通是本书的研究基础，这是一个比较复杂的概念，在学术界至今也没有形成一个通用的定义。在早期，马克思曾对流通问题进行过详细而精辟的论述，他认为流通是"商品所有者全部相互关系的总和"[1]，就表现形式而言，流通有"总过程、小流通及大流通"三种形式[2]。这里所说的"总过程"，就是作为资本的生产过程和流通过程统一的产业资本不断运动过程或循环周转过程，也就是从资本不断运动的意义上讲的，类似于广义的流通；"小流通"，即劳动力的买卖活动，是"大流通"中的一个组成部分；而"大流通"仅是指生产阶段以外的作为商品买卖的那个流通过程。

流通现象在人类社会中出现的比较早，除了马克思的描述之外，历史上国外众多学者很早开始就曾先后对流通这一概念加以界定。F. E. Clark（1922）认为，流通是"由生产向消费的人的转移和商品本身的实质转移两个过程组成"[3]。谷口吉彦（1935）认为，流通是指"将社会生产的商品由最初的生产者向最终的消费者转移的现象"[4]。林周二（1962）认为，流通是指"围绕着人与社会的各种产品的、社会的、实物的流通，包括各种具有正面或负面经济价值的产品"[5]。田岛义博（1984）认为，流通是"商品从生产者到消费者转移的现象或为转移而进行的活动，这种转移包括人格性转移和物理性转移"[6]。铃木武（1985）认为，流通是"通过人、场所和时间而在生产者与消费者之间展开的架桥活动"[7]。坂本秀夫（2001）认为，流通是"商品从生产领域向消费领域的转移过程，它是连接生产和消费的桥梁和纽带；它具体包括商流和物流两种活动，过去，商流与物流是合一的，由商业经营者来承担，现在，由于社会分工的发展，商流往往由商业经营者来经营，物流则由专业化物流经营者（如运输和仓库经营者）来经营。当然，除商流和物流外，信息、金融及保险活动也是流通的重要辅助活动"[8]。我国学者对于流通的研究也有一定的历史渊源，早在20世纪60年代初，我国著名经济学家孙冶方就在《流通过程》（1961年）、《流通概论》（1962年）等著作中论述了社会主义社会的流通问题，他参照马克思对"生产一般"概念的界定，提出了"流通一般"的概念，认为"所谓流通是指产物的流通"，"是社会产品从生产领域进入消费（包括生产消费和个人生活消费）领域所经过的全部过程"[9]。高涤陈、陶琳（1985）认为，流通是指"劳动生产物从生产领域向消费领域转移的运动过程"，"是生产过程的继续和补充，是社会再生产总过程中同生产阶

---

[1] 《马克思恩格斯全集》第23卷，人民出版社1972年版，第188页。
[2] 《马克思恩格斯全集》第46卷（下），人民出版社1980年版，第191－192页。
[3] F. E. Clark. Principles of Marketing [M], New York：Macmillan Co. . 1922：13.
[4] [日] 谷口吉彦：《配给组织论》，千仓书房1935年版，第4页。
[5] [日] 林周二著：《流通革命：产品、路径及消费者》，史国安、杨元敏译，华夏出版2000年版，第211页。
[6] [日] 田岛义博：《流通的活力》，于淑华译，中国商业出版社2000年版，第5页。
[7] [日] 铃木武：《现代流通政策与课题》，王贺、陈晋译，中国商业出版社1993年版，第4页。
[8] [日] 坂本秀夫：《现代流通解读》，东京：同友馆2001年版，第1－2页。
[9] 孙冶方：《社会主义经济论稿》，中国大百科全书出版社2009年版，第234页、299页。

段相对应的一个阶段"①。此外，李海舰（2003）认为，流通是一个集商品流通、资本流通、货币流通、技术流通、土地流通、劳动力流通、产权流通等于一体的概念②。夏春玉（2005）认为，流通有狭义和广义之分，狭义的流通一般是指商品从生产领域向消费领域的转移过程，即通常所说的商品流通，主要包括商流、物流与信息流，不包括货币、资金、人及服务等内容；广义的流通是指一切生产要素和生产成果在供给者与需求者之间的流动过程③。马龙龙（2006）认为，流通是产品从生产者到消费者转移的社会的、经济的移动过程，不仅包括物品本身的移动，还伴随着商品所有权的转移，但不包括无价值的不能再利用的废弃物的转移④。徐从才（2006）认为，流通是以货币为媒介的交换，是多个交换行为所连接成的系列，是交换行为的总和或总体，是循环运动着的交换过程⑤。

综合并借鉴历史上国内外学者的多方观点，本书认为，现代社会的流通是连接生产和消费的中间过程，它以货币为主要媒介，通过价格波动来统筹和协调各中间环节的利益关系，在维持信息通畅的同时，保障商品在不同经济主体之间进行双向转移，进而实现商品的货币价值和使用价值。总的来说，流通包括商品物理位置的转移和商品所有权的转移、以及在这个过程中所发生的资金流动和信息传递，其中商品物理位置的转移称为物流，商品所有权的转移称为商流，在大多数情况下二者都是并行发生的，但在某些情况下（如期货交易、拖欠货款等），二者也会分离。

三、农产品流通模式

"模式"是主体行为的一般方式，是理论和实践之间的中介环节，它从不断重复的事件中抽象出某种特定规律以揭示事物之间的内在联系，具有一般性、简单性、重复性、结构性、稳定性和可操作性的特征。模式在实际运用中必须结合具体情况以实现一般性和特殊性的衔接，并应根据实际情况的变化随时进行要素与结构的调整，只有满足这一条件，模式才具有可操作性⑥。在农产品流通过程中，人们根据流通主体、流通环节、流通媒介及流通方式的不同，将农产品流通划分为不同的种类，并给不同的种类冠以"流通模式"这一概念。

近年来，针对农产品流通模式展开的研究有很多，但对其概念的界定迄今为止尚没有公认的标准。不同的学派从不同的理论研究视角出发，对农产品流通模式提出了不同的观点。价格理论的研究认为农产品价格会影响农产品流通模式的形成，重构农产品流通模式可以从生产方式、流通环节、技术采用、物流成本、游资进入等方面综合考量⑦。交易成

---

① 高涤陈、陶琳：《商品流通的若干理论问题》，辽宁人民出版社1985年版，第3页。
② 李海舰：《中国流通产业创新的政策内容及其对策建》，《中国工业经济》2003年第12期。
③ 夏春玉：《当代流通理论——基于日本流通问题的研究》，东北财经大学出版社2005年版，第1页。
④ 马龙龙：《流通产业政策》，清华大学出版社2005年版，第2页。
⑤ 徐从才：《流通经济学：过程、组织、政策》，中国人民大学出版社2006年版，第22-23页。
⑥ 参见陈世清：《对称经济学》，中国时代经济出版社2010年版，第35页。
⑦ 参见曾健民：《发达国家农民增收政策及效果评价》，《经济纵横》2002年第7期。

本理论的研究认为交易成本会对农产品流通模式的演变产生直接影响①。渠道理论研究认为由于渠道权力严重向批发商和龙头企业倾斜，因此我国传统的农产品流通模式并不稳定②。隋博文（2015）认为农产品流通模式是农产品在流通过程中有机结合生产、加工、运输、仓储、配送、分销以及信息处理和市场反馈等功能要素形成的且符合用户需求的关系模式的集合，其目的在于实现农产品价值增值③。庞增荣、马李丽（2017）以生鲜农产品为例，分析了流通模式与供应链模式的关系，认为生鲜农产品流通模式是流通主体之间形成的交易结构和具体形式，生鲜农产品供应链模式是流通模式的一种特殊形式④。

综合现有的学术观点，结合本书研究需要，本书认为农产品流通模式是指在市场运行规律和国家宏观调控的双重作用下所形成的由不同环节组成的农产品流通过程及其外在表现形式，它揭示了流通的细节和本质。在不同的流通模式下，流通的主体、客体和载体既有重叠，又各具特点，共同承载了物流、信息流和资金流的传递，其实质就是农产品流通环节及其过程的协调优化。在大多数情况下，农户是农产品流通模式的起点，而农产品流通模式的终点可以由多种角色构成。

四、农产品流通效率

当农产品以商品的形式在市场上进行交易时所形成的流通过程即为农产品流通。农产品流通是确保食品有效供应、维持社会和谐稳定的重要保障，但在国民经济分类表中并不存在单独的农产品流通业。曾经有学者按流通的客体（即流通对象）不同将流通业分为农产品流通业、日用工业品流通业和生产工业品流通业⑤。本书把农产品流通简单地理解为是把农业的产出物从生产地向消费地（工业、城镇等）聚集的过程，这个过程同样由主体、客体和载体三部分构成，其中主体就是专门从事农产品流通或为农产品流通提供服务的个人或组织，他们形成了各类流通节点。目前，我国农产品流通业主体95%是个体户，中小企业只占少数，80%的农产品流通采用三级到四级渠道模式⑥；农产品流通客体就是指流通的对象，即农产品。农产品流通载体是指农产品流通功能得以实现的环境条件，体现为各种流通场所、设施、设备，主要包括运输、存储、包装、加工、批发、零售、信息等设施设备。

流通效率是一个总括性、复合多维的概念，先后有很多学者都对它进行过归纳，但截止到目前仍没有公认的定义。一般认为，流通效率指的是流通过程中一定的投入量所产生的有效成果。日、美等国对流通效率的研究结论认为流通效率表现在三个方面：一是流通

---

① 参见孟宁：《基于交易成本理论的农村物流配送体系构建》，《中国商贸》2011年第31期。
② 参见苏威：《从蔬菜价格波动看我国农产品流通存在问题》，《内蒙古财经学院学报》2011年第4期。
③ 参见隋博文：《多重视角下的农产品流通模式研究：基于文献综述的考量》，《广西经济管理干部学院学报》2015年第3期。
④ 参见庞增荣、马李丽：《我国生鲜农产品流通模式与流通效率优化研究》，《商业经济研究》2017年第15期。
⑤ 参见李飞：《中国流通业变革关键问题研究》，经济科学出版社2012年版，第132页。
⑥ 贾敬敦、张玉玺、张鹏毅：《中国农产品流通业发展报告》，社会科学文献出版社2012年版，第87页。

连接生产和消费,流通效率高则可减少流通过程中的价值损失;二是流通效率越高,经济发展就越快;三是流通效率的提高对其他部门的运行效率及经济效率的提高都有一定的促进作用。也有学者认为流通效率是指流通实现过程中的价值补偿的程度以及利益实现的和谐度,是流通实现过程中所得与消耗的比较。流通效率反映了社会总产品能否被有效地用于生产消费和生活消费,从而使整个社会的流通处于价值平衡、使用价值平衡以及价值和使用价值自动调整的一种利益和谐、竞争有序状态①。

本书的研究对象为农产品流通效率,而对于这一概念的界定,学术界也是众说纷纭。王娜、张磊(2016)认为在不同主体的眼中,农产品流通效率的概念是各不相同的,比如中间商眼中的高效率就是流通差价大、速度快,而消费者眼中的高效率就是农产品质优而价廉②。张永强、张晓飞、刘慧宇(2017)认为流通效率的内涵本身就具有广泛性,研究视角不同,标准也不统一,他们把农产品流通效率定义为农产品流通收益与流通成本的比值③。而根据研究需要,本书在对农产品流通效率进行实证分析时,采用了投入和产出两类指标数据,因此,本书所面对的流通效率主要涉及流通投入和流通产出两个方面的内容。其中流通投入是指在为了确保商品的有效流通而在各个流通环节所付出的所有人力成本和物力成本的总和,而流通产出则是指通过产品销售而获得的总利润。在具体的分析过程中,往往通过选取部分指标来代替投入和产出的方式进行。因此,本书所定义的农产品流通效率即为农产品流通总产出与农产品流通总投入的比值。

第二节　相关基础理论

一、流通理论

(一) 西方古典的流通理论

商品流通的早期雏形为商品交换。在西方国家,商品交换的产生和发展有着非常悠久的历史。在早期的理论形成过程中,西方经济学的重商主义和古典经济学这两个流派曾经发生过强烈的思想碰撞,重商主义认为流通高于生产,是一国财富增长的唯一手段;而古典经济学理论又把生产看作是先于流通而不是决定流通④。根据时间的先后性,本书认为重商主义和古典经济学的思想都归于古典流通理论的范畴。

---

① 参见徐从才:《流通经济学》,中国人民大学出版社2012年版,第150-151页。
② 参见王娜、张磊:《农产品流通效率的评价与提升对策研究——基于流通产业链视角的一个分析框架》,《农村经济》2016年第4期。
③ 参见张永强、张晓飞、刘慧宇:《我国农产品流通效率的测度指标及实证分析》,《农村经济》2017年第4期。
④ 参见洪涛:《流通产业经济学》,经济管理出版社2011年版,第23-24页。

1. 重商主义的流通思想——生产从属于流通

重商主义理论是西方国家最早关于资本运动研究的商业理论，它将流通视为是"财富的源泉"，该思想也成为了重商主义的代表，认为以货币为媒介进行的商品交换（也就是流通）对一国财富数量的变化具有非常重要的作用，揭示了商品流通的两极 G - W - G 的形态变化过程以及数量的增减所包含的经济学意义。重商主义认为，衡量一个社会经济发展程度的重要标志就是对于金银货币的积累程度，因此一个国家的财富来源于两个方面：一是通过开采金矿直接从大自然中取得财富；二是开展对外贸易以真正取得永久财富。国内贸易只是完成了财富在本国内的转移，并没有带来全国总财富的增加，只有在对外贸易中少买多卖，通过商品出口以换取真正意义上的财富积累。重商主义的流通思想集中在对流通过程的研究，始终表现出对货币资本积累的渴望。他们同时认为商业资本可以驾驭一切，并能驾驭其他产业资本。从今天的视角来看，重商主义的某些观点确实存在一些根本性的缺陷，但其站在财富产生的视角对流通的存在和运动给予高度评价的观点却值得借鉴。因此，重商主义的某些观点可以帮助我们挖掘流通在经济发展中的地位和作用，对于我们研究现代市场经济条件下的流通问题具有很强的参考价值。

2. 古典流通理论——流通从属于生产

古典经济学第一次把理论研究从流通领域转移到生产领域，逐步摆脱了重商主义的影响，并针对资本主义生产关系的内部联系进行了初步分析，从而使政治经济学成为一门独立的学科。古典经济学认为经济生活中的交换都是产品的交换，流通伴随着生产，市场上用来交换的商品范围并不受流通控制，而是在商品进入市场之前就已经确定，交换只能保证商品在等值的前提下进行循环。作为古典政治经济学的奠基人，亚当·斯密虽然对流通并未作过多的论述，但他在《国民财富的性质和原因的研究》一书中，将生产、分工与交换相互联系起来，并指出"分工起因于交换能力和分工的程度，总要受到市场交换能力的制约"[①]，这一思想表明了交换与分工对流通产生的重要程度，说明交换和分工的互动能形成流通过程，并因此可以推动劳动生产力的不断提高。在此基础上，亚当·斯密又提出了劳动价值论学说，并成为后来马克思主义政治经济学的主要来源。尽管亚当·斯密并未表述交换价值的决定，但却阐述了交换价值的大小，从某种程度上为流通理论的完整性提供了支撑点。由亚当·斯密提出的"绝对比较优势"理论和大卫·李嘉图提出的"相对比较优势理论"，都为后来的国际贸易的理论研究奠定了坚实的基础。

（二）马克思的流通理论

马克思通过对古典政治经济学理论体系批判继承，创建了马克思主义政治经济学体系，并运用该体系对经济社会的运行过程展开研究，试图通过研究来揭露资本主义生产方式中存在的矛盾。他首先对实物流通进行了研究，并在此基础上，进一步对价值形态的流通、特别

---

① [英] 亚当·斯密：《国民财富的性质和原因的研究》，郭大力、王亚南译，商务印书馆1972年版，第16页。

是剩余价值的流通和实现方面进行了深入研究，从而逐步形成了自己独特的流通理论。

1. 马克思对流通含义的界定

马克思对于流通的分析始于交换，他认为"流通本身只是交换的一定要素，或者也是从总体上看的交换"①，"每个商品的形态变化系列所形成的循环，同其他商品的循环不可分割地交错在一起。这些全部过程就表现为商品流通"②。在马克思主义经济学对流通进行阐释的过程里，商品流通、货币流通及资本流始终存在。马克思认为的商品流通就是简单的商品流通，即先买后卖。货币流通是商品流通的另外一种表现形式，它随着商品流通的产生而产生，并随着商品流通的停止而停止。

2. 流通是商品经济的特征

马克思认为，商品经济是指"直接以交换为目的的，具有商品生产、商品交换及货币流通的经济形式"③。商品经济的实质就是商品生产和流通的经济，因为商品流通是由商品交换和货币流通共同构成。货币的形成是物物交换发展到一定程度的必然产物，在以货币为媒介的情况下，交换变为卖和买两个过程，卖是商品的第一形态变化，买是商品的第二形态变化。商品流通的过程其实就是每个商品在交换的过程中发生的这两次形态变化所形成的循环，同其他商品不可分割地交错在一起的全部过程。他指出社会再生产的总过程是由商品交换与商品生产构成，二者缺一不可，没有交换，就谈不上是商品生产。马克思认为："产品只有在它进入流通的场合，才能成为商品"④，因此，如果从多个生产组成的经济循环来看，既可以从流通出发，又可以从生产出发，如果从流通出发考察经济运行的话，生产就成了流通的一部分。

3. 资本流通是商品流通的发达形式

当简单商品流通进一步发展为发达商品流通时，资本流通便形成了。简单商品流通以交换使用价值为目的，而资本流通则是以货币的增值为目的，而且，也只有资本流通才会引起货币的增值，因为资本是能够引起价值增值的价值。在流通由简单商品流通演变到发达商品流通的过程里，流通的形式和本质都发生了巨大的变化。其中最主要的变化是，从简单的商品流通中对使用价值的追逐转化为发达的商品流通中对价值增值的追逐。资本流通的形成标志着以商业为主体的流通产业的形成，同时，在商人的推动下，流通产业日趋发达。

二、分工与合作理论

（一）分工理论

1. 亚当·斯密的分工理论

亚当·斯密曾经为分工理论的发展作出了卓越的贡献，他在《国富论》一书中十分详

---

① 马克思恩格斯全集第 12 卷，人民出版社 1962 年版，第 749 页。
② 资本论第 1 卷，人民出版社 1975 年版，第 131 页。
③ 《中国大百科全书－经济学》，人民出版社 1988 年版，第 786 页。
④ 《马克思恩格斯全集》第 26 卷，人民出版社 1972 年版，第 317 页。

细地阐述了劳动分工对于提高劳动生产率的重要作用。亚当·斯密认为分工之所以能够提高劳动生产力、促进经济增长，主要有三个原因：一是术业有专攻，劳动分工能够使劳动者只需专注于某一个领域的工作能力锻炼，有充沛的精力去提高自己的劳动熟练程度，进而可以增加单位时间的生产量，提高生产效率；二是专业化分工可以节省劳动者在不同生产环节之间的转换，从而节省了大量的时间，这就像是流水线上的工人一样，每个人只需在原地重复完成一个动作即可；三是分工能够刺激单独某个领域的技术进步和工艺的创新，甚至是新的生产工具的出现，进而不断降低劳动成本、提高劳动生产率。

在后续的理论发展中，很多学者继承和发展了亚当·斯密的分工理论思想，他们将视角从单个企业或行业转向了区域经济，以提高地区劳动生产力、促进地区经济增长为目的，对怎样在一个特定区域内进行分工展开研究。

2. 马克思的分工理论

马克思认为，在商品生产者的社会里，作为独立生产者而各自独立进行的各种有用劳动的质的区别会逐步发展成为一个多支的体系，即形成所谓的社会分工[①]。马克思的社会劳动分工理论是马克思政治经济学的核心观点，在这个观点里，社会劳动分工被定义为是社会生产力发展到一定程度后的必然产物，是生产力发展水平达到一定高度的重要标志之一。分工理论的实质是根据各地区社会、经济、技术等条件，确定区域经济的专业化发展方向，通过地区之间大规模的商品交换，实现区域之间的比较经济优势，从而提高整个区域的劳动生产率。

马克思在阐述分工时指出：单纯就劳动者本身而言，可以把社会生产分为农业、工业等大类，这种分工叫作一般分工；把这些生产大类进一步进行细分，这叫作特殊分工；把工场内的分工，叫作个别的分工[②]。同时，马克思的分工理论还认为在一定的区域空间内总是有着一定的产业，而一定的产业也必然有与之相适应的劳动空间。

3. 我国学者的分工理论

杨格从三个方面对分工理论展开了论述，他认为：第一，分工和专业化是递增报酬实现的机制；第二，市场与分工之间是相互作用的，市场的大小决定分工的程度和深度，同时，分工的程度和深度也决定了市场大小。二者之间正向的作用力是经济增长的不竭动力；第三，分工是一个网络效应。企业规模不能只单纯从其自身大小来看，要立足于整个行业，取决于整个行业和行业中其他企业的规模，某一行业的规模同样如此，也同时取决于其他相关行业的规模。

杨小凯继承并发展了亚当·斯密和杨格的分工思想，认为分工是一种制度性与经济组织结构性安排，涉及个人与个人、组织与组织的关系与协调。对于个人而言，最重要的决策是根据自己的专业化水平来决定是否从事某项工作。因此，分工的深化能对促进技术的变革、劳动生产率的提高、个人及组织间相互依存程度的增强，以及经济组织的结构性转

---

① 马克思：《资本论》第1卷，人民出版社2008年版，第390页。
② 马克思：《资本论》第1卷，人民出版社2008年版，第406－407页。

变等起到一定的促进作用。

(二) 合作理论

1. 马克思的合作理论

马克思曾经在他的著作中对合作理论进行了非常精确的分析,他认为所谓合作就是很多人在同一个生产过程中,或者是在不同的但却相互联系的生产过程中,有计划的一起协同劳动,这种形式即为合作①。合作是以分工为基础的,它分为简单合作和复杂合作两种类型,而资本主义生产源于简单合作。同时,马克思还指出,尽管很多人同时完成同一或同种工作,但是作为总劳动的一部分,每个人的个人劳动仍然可以代表劳动过程的不同阶段,因为有了合作的存在,劳动对象可以更加快速地通过这些阶段,这样,产品生产制造的必要劳动时间被极大的缩短了。

马克思认为合作生产还有两点作用:一方面,合作可以扩大劳动的空间范围,所以某些需要在不同空间上互相联系的劳动过程就非常有必要开展合作,例如,筑造堤坝、排水灌溉、开凿隧道、铺设铁路、修筑公路等。另一方面,合作可以在一定程度上在空间上缩小生产领域,在劳动作用范围扩大的同时而产生的劳动空间范围缩小的这种现象,是由劳动者的集结、不同劳动过程的靠拢和生产资料的积聚逐步形成的,也就是我们今天所说的产业集群化。

2. 以"合作社"思想为代表的合作理论

在 20 世纪早期,在农业发展领域,西方国家的众多学者曾将合作理论通过农民合作社来集中体现,这其中最有代表性的是以诺斯为首的市场竞争标尺学派和以萨皮诺为首的美国加利福尼亚学派。到了 1942 年,Emelianoff 出版了专著《合作经济理论》,他把合作社作为一种纵向一体化的模式进行了模型分析。1945 年,Enke 发表了论文《消费合作社和经济效率》,他则把合作社视为一种企业。后来,随着研究的不断深入和发展,这种以农业合作社为核心的合作理论又逐渐衍生出纵向一体化理论、企业理论、联盟理论和契约联接理论等几种具有代表性的理论。

纵向一体化理论把合作社看成了是农场的延伸,认为农业合作社是独立的农场主为了从纵向协调中获取利益的一种联合行动,这一思想的代表人物有 Emelianoff、Phillips 和 Robotka 等;企业理论的代表人物是 Enke,他首先提出了消费合作社的企业理论分析框架,认为一个合作社的生产者剩余和社员的消费者剩余之和如果能够达到最大化,那么社员的福利就能实现最大化;联盟理论起步于 20 世纪 80 年代,该理论认为合作也是一种联盟,认为合作社成员可以通过共同行动来获取利益,但是社员间的利益分配要靠讨价还价来实现,Staatz、Vitaliano 和 Sexton 等学者是联盟理论的代表人物,他们运用博弈论等理论的研究构成了早期的重要文献;契约联接理论将农民合作社看作为一种合同契约,认为合

---

① 马克思:《资本论》第 1 卷,人民出版社 2008 年版,第 379 页。

作社的所有利益相关者之间的关系都是通过契约联接的。Eilers 和 Hanf 利用委托代理理论分析了农民合作社中最优契约设计的问题，指出当合作社经理人向农民提供契约时，经理人是委托人，而农民是代理人。

三、交易成本理论

交易成本理论（Transaction Cost Theory）是发展较为成熟的又一重要的相关理论。交易就是买方与卖方间以货币为媒介的价值交换，一旦有交易产生就一定会发生交易成本。新古典经济学将企业看作是一个生产函数的"黑箱"，而交易成本理论则明确地认为企业不仅是市场的一部分，而且是市场的一种替代机制。

1. 科斯的交易成本理论

新制度经济学的鼻祖、诺贝尔经济学奖获得者、美国经济学家罗纳德·哈利·科斯（Coase）是最早提出了交易成本理论的学者，他在 1937 年发表了一篇著名的论文《企业的性质》，在文章中，科斯创造性地提出了"交易成本"这一具有划时代意义的重要理论，并用该理论独辟蹊径地讨论了企业存在的原因及其扩展规模界限的问题[1]。科斯认为，市场的运行必然导致成本的发生，所谓交易成本，即是利用价格机制的费用或利用市场的交换手段进行交易的费用，它包括提供价格的费用、讨价还价的费用、订立和执行合同的费用等。当市场交易成本高于企业内部的管理协调成本时，企业便产生了，企业的存在就是为了节约市场交易费用，即利用费用较低的企业交易来代替费用较高的市场交易，当市场交易的边际成本等于企业内部管理协调的边际成本时，就是企业规模扩张的界限。组建企业之后，由企业家掌控和合理配置资源，交易成本可以避免。交易成本原理的本质是建立企业以替代市场，动因是节约交易成本，市场交易双方会根据企业经营的需要在成本的市场化或内部化中作出选择，内部化可以使交易受到管控，从而大大降低交易双方违约风险，资产专用性会促使交易双方更倾向于作出交易成本内部化的选择。

1960 年，科斯再次重新研究了交易成本为零时合约行为的特征，并论证了在产权明确的前提下，市场交易即使在出现社会成本（即外部性）的场合也同样有效[2]。科斯认为，一旦假定交易成本为零，而且对产权界定是清晰的，那么法律规范并不影响合约行为的结果，即最优化结果保持不变。换言之，只要交易成本为零，那么无论产权归谁，都可以通过市场自由交易达到资源的最佳配置。后来，芝加哥大学经济学家乔治·斯蒂格勒将科斯的这一思想概括为"在完全竞争条件下，私人成本等于社会成本"，并命名为"科斯定理"。

2. 威廉姆森的交易成本理论

科斯对于交易成本的研究并没有分析交易费用产生的原因，虽然他赋予了交易以"稀缺性"，但是并没有明确指出这种稀缺性就是交易费用的根源。而威廉姆森（Williamson）对这一问题的分析要深刻得多，他指出影响市场交易费用的因素可分成两组：第一组为

---

[1] Coase. The Nature of the Fiem [J]. Econimic, 1937 (11): 368 – 405.
[2] Coase. The Problem of Social Cost [J]. Journal of Law and Economics 3, 1960 (10): 1 – 44.

"交易因素",尤其指市场的不确定性和潜在交易对手的数量及交易的技术结构(指交易物品的技术特性,包括资产专用性程度、交易频率等);第二组为"人的因素"(有限理性和机会主义)。他指出,由于机会主义行为、市场不确定性、小数目谈判及资产专用性等因素的存在都会使市场交易费用提高。当然,他也没有指出交易费用为什么产生,只是列举了"交易"稀缺性的几个表现,指出了市场中交易费用上升的原因。

1977年,威廉姆森再次将交易费用分为事前的交易费用和事后的交易费用。他认为,事前的交易费用是指由于将来的情况不确定,需要事先规定交易各方的权利、责任和义务,在明确这些权利、责任和义务的过程中就要花费成本和代价,而这种成本和代价与交易各方的产权结构的明晰度有关。事后的交易费用是指交易发生以后的成本,这种成本表现为各种形式:第一,交易双方为了保持长期的交易关系而所付出的代价和成本;第二,交易双方发现事先确定的交易事项有误而需要加以变更所要付出的费用;第三,交易双方由于取消交易协议而需支付的费用和机会损失。

1980年,威廉姆森又对交易费用的影响因素展开分析,他认为交易费用的影响因素主要是环境的不确定性、小数目条件、组织或人的机会主义以及信息不对称等,这些因素构成了市场与企业间的转换关系。

1985年,威廉姆森在有限理性和机会主义两个基本假设下,用不确定性(环境不确定性和行为不确定性)、交易频率和资产专用性三个要素刻画了交易的特性,这一特性决定了交易的方式和交易关系中应该采取的治理机制。在最初的理论框架中,交易关系的治理机制是在市场和科层之间的基本选择,即当不确定性、交易频率和资产专用性的程度都很高时,企业(一体化)机制就是有效率的;而当这些因素处于很低水平时,市场(价格)作为治理机制是有效率的。在后来的研究中,威廉姆森还指出,在企业和市场之间还存在各种中间组织形态,这些中间组织形态可以是双边的、也可以是多边的,还可能是相互交错的。

3. 其他学者的研究

张五常认为,一切不直接发生在物质生产过程中的,人与人之间自发生交易关系时必然发生成本。企业的设立并不是为了可以取代市场,它只是用要素市场替代了产品市场而已,或者可以说是以一种合约取代另一种合约。因此,农产品"农超对接"其市场运行总成本高于建立企业并使交易成本内部化的成本,则该模式是合适的[①]。

诺斯认为交易成本理论能够解释制度存在的原因和制度变迁的规律,在此基础上才能够解释整个经济在体制上的发展演变[②]。

杨小凯从劳动交易和中间产品交易角度区分了企业和市场,认为企业是以劳动市场代替中间产品市场,而不是用企业组织替代市场组织,企业和市场的边际替代关系取决于劳动力交易效率和中间产品交易效率的比较。

鉴于交易费用理论较强的解释力,该理论已经成为目前国内学者研究农产品流通中交

---

① 参见张五常:《经济解释—张五常经济论文选》,商务印书馆2000年版,第407-439页。
② [美]道格拉斯.C.诺思:《制度、制度变迁与经济绩效》,杭行译,上海人民出版社2008年版,第168页。

易关系的主要理论工具,并对很多农产品流通的问题和现象作出了合适的解释。本书在一定程度上也遵循这一理论思想,对农产品流通模式划分及效率评价展开研究。

四、消费升级理论

消费升级,即为消费结构升级,它是指在消费总支出中各个子支出的层次变化过程,反映了人们消费能力和消费需求的一种变化趋势。消费升级的主要内容大致可以从三个方面加以体现:第一,消费升级是指消费水平和消费质量的整体提高,并不是通过抑制某一方面的消费需求进而增加另一方面的消费需求,升级为同步进行,不存在此消彼长的现象;第二,消费升级的标志是出现了某一种或几种新的消费热点,消费结构的不断合理化发展是消费升级现象出现的必然条件,因此,消费升级是消费需求自然发展的产物,不可通过人为催生;第三,消费升级是消费结构不断由低层次向高层次发展变化的渐进过程,标志着人们生活水平的不断进步[1]。

总体来说,消费结构的升级主要有两种表现形式:一种是创造性的升级,即有更高层次的全新消费项目加入,使消费的构成比例关系发生根本性变化,消费高度不断提升,这属于消费项目"从无到有"的诞生过程;另一种是改良性的升级,即原有消费项目的比例结构维持不变,但各个(或主要)消费项目向着更高层次发展,是消费项目"从有到精"的质量提升过程。在生产实际中,这两种升级模式往往是以交叉融合的形式同时出现的,而创造性的升级更具有革命性意义。[2]

农产品是人们日常生活中必不可少的基本生活资料,它关系着国民经济的发展。农产品消费结构是指消费者在农产品消费中对不同类型的农产品消费支出的比例关系,它能够反映广大消费者的具体消费内容、消费水平和消费质量。当前阶段,我国经济发展正处于"减速换挡"、结构优化、创新驱动的新常态下,不光是农产品,整个消费市场的需求都在悄然改变,表现为消费提速、消费热点转化、消费结构孕育升级等新动态,而近年来这种变化在农产品消费领域表现得尤为明显。在人们收入水平不断提升、食品安全事件频发的环境下,广大消费者在饮食方面的消费需求正在逐步向营养、健康的绿色有机农产品和精深加工农产品方向升级,这种升级使我国居民的农产品消费结构在不断进行优化,同时也在推动着农产品种植结构、农产品加工等供给侧改革的步伐不断加速,进而实现促进农民收入增长、企业效益增加和国民经济的快速健康发展等目标[3]。

五、产品差异化理论

产品差异化是指由于在物理属性、功能特性、销售渠道、服务模式等方面存在的差异而导致产品相互之间的不可替代性,主要强调同类产品之间的不完全替代。有些时候,产

---

[1] 参见陈启杰:《居民消费结构升级的理论研究》,《市场营销导刊》2005年第2期。
[2] 参见孟慧霞,陈启杰:《系统观视阈下的消费结构升级》,《上海财经大学学报》2011年第2期。
[3] 参见王德章,王甲樑:《新形势下我国食品消费结构升级研究》,《农业经济问题》(月刊)2010年第6期。

品差异化是由消费者的心理偏好决定的，也就是说，是因为消费者认为这些产品不同，所以它们才存在不同，这种心理偏好可以通过宣传和诱导加以改变。Hotelling 是产品差异化描述的先行者，他在 1929 年通过创建空间差异化模型来研究消费者对不同产品的偏好[①]。

产品差异化主要存在三种形式：一是横向差异化，又称水平差异化或空间差异化。这一分类来源于 Hotelling 对分布在一条直线上的消费者的形象比喻，是指由于消费者的偏好不同，他们对具有不同特征的等价产品会作出不同的选择，在这里，产品只是特征各异，并无好坏之分；二是纵向差异化，又称垂直差异化或质量差异化。是指在产品空间中，所有消费者对所提及的大多数特性组合的产品的偏好次序是一致的，也就是说，不同的消费者对不同的产品可能具有相同的评价；三是信息差异化，又称产品的软差异化。是指影响人们对产品产生差异化认识的无形因素，包括消费者的主观意识、商家的信誉度、服务及广告宣传等。

在市场流通中，有些相同产品会因为信息差异化而被区别对待。所以，如果想要塑造产品的差异化形象，可以从硬差异化和软差异化两个方面入手，其中硬差异化是指提高产品质量、改善产品功能、改进产品外观等，软差异化是指通过广告宣传、促销互动、售后服务等行为来诱导市场消费心理。传统经济理论认为某一产业内的同类产品是完全同质的，它们只存在成本、价格、市场份额等方面的差别，所以不同企业的产品竞争主要是成本和价格的竞争，消费者的购买行为在不同企业与不同价格之间发生。现代产业组织理论认为，某一产品的竞争优势主要来自于它和其他同类产品的差异化，塑造产品差异化的实质是从生产者的角度探讨企业怎样才能通过选择或制造产品差异化来提高产品竞争力，进而提高企业的市场力量。

目前，在我国农产品流通市场上，主要农产品国际竞争力不强、精深加工农产品种类单一、农产品流通模式创新力不够等现象始终存在，这已经成为制约我国农业发展的重要因素。面对这一现象，从农产品生产加工及农产品流通环节入手，努力塑造我国农产品生产及流通过程中的差异化特色，这将是促进我国农业发展的有效手段。

第三节 本章小结

本章阐述的内容主要为研究开展的相关理论依据，共有两个部分组成：第一部分为基本概念界定，对研究所涉及的农产品、流通、农产品流通模式及农产品流通效率四个概念加以了详细解释。第二部分为基础理论介绍，根据研究目的、方法和过程，所需的基础理论支撑主要包括流通理论、分工合作理论、交易成本理论、消费升级理论及产品差异化理论。

---

① Hotelling. H. Stability in Comptition [J]. Economic Journal. 1929 (39)：41 – 57.

第三章

我国农产品流通体制历史演进及国外农产品流通经验借鉴

流通的存在由来已久,并一直伴随着人类社会共同发展。中国西汉时期铸就的"丝绸之路"至今闻名遐迩,这正是大规模大范围流通所带来的历史成绩。而对于农业生产来说,相同的种子在不同的自然环境下生长,其果实的质地和口感可能会有很大差别,典故《晏子使楚》中有句话说"橘生于淮南则为橘,橘生于淮北则为枳",这充分说明了流通对于农业发展及农产品供应的重要意义。然而,和其他商品比较而言,我国农产品流通体制的产生、发展和演进都要远远滞后,即使到了经济高速发展的今天,这种现状也依然存在。

社会制度由生产关系决定,而生产关系一定要适合生产力发展,因此,人类社会的体制变迁其实主要受到生产力发展的影响。此外,生产关系也不是生产力一有进步就会发生变革,而是只有当生产关系与生产力发展的不适应性累积到相当程度之后,生产关系才会出现变革,因此,体制变迁要滞后于生产力发展。以史为鉴,可以知兴替,梳理我国农产品流通体制的改革和变迁过程,了解历史上流通体制更迭时的外在环境和内在动因的变化,这能够对我们学习和研究今天的农产品流通现状及农产品流通效率的发展变化等方面起到非常积极的对比和借鉴作用。

除此之外,本章还将对农业发展具有较强代表性的美国和日本两个国家的农产品流通发展历程、现状及经验进行介绍,分析研究它们在农产品流通过程中采用的先进方法和手段,并在遵照我国国情的前提下,对一些方法和手段加以学习,以期为提升我国农产品流通效率起到一定的借鉴作用。

第一节 我国农产品流通体制的历史演进

自 20 世纪 80 年代以来,随着我国由计划经济体制逐步向市场经济体制过渡,农产品流通体制也随之发生了重大变化,这一变化也正是农产品流通市场化的改革过程。虽然不同的农产品在市场化方面的进展程度各不相同，但是从总体上看来，我们仍然可以认为，中国的农产品流通体制已经从过去完全依靠计划，转向了现在主要依赖市场机制的新局面。

农产品流通体制的变化主要由两个方面引起。首先，农产品流通体制变革是市场对改善农产品制度效率的迫切需求，农产品市场制度应该是向着效率不断提高的方向变化。同时，根据补偿原理，我们应该利用效率的提高值与成本增加的比值来作为衡量体制变化优劣的标准；其次，农产品流通体制的变革来源于诱致性技术的进步。在这个过程中，国家自然资源条件、工业化过程、农产品供求关系、社会制度的发展方向、生产者及消费者的组织化程度、市场基础条件等外在因素都会对农产品流通体制的变革产生诱导性影响。

为了使对农产品流通体制变迁的分析更为生动具体，同时也能够兼顾全局，本章将分别以粮食、棉花和蔬菜为例，通过对上述三类主要农产品流通体制变迁的梳理，从不同角度来折射中国农产品流通体制的变化过程和各个阶段的发展特点。

一、从粮食流通视角看农产品流通体制演进

从中华人民共和国建国初期到现在，随着社会环境和经济体制的改变，我国粮食的流通体制经历了十分曲折的变化过程，总的来看，大致可划分为四个阶段。

（一）无政府干预的自由交易阶段（1949年至1950年）

在1949—1950年这1年左右的时间里，我国粮食市场多种经济成分并存，其中公有制经济成分所占比例较少，在主要农产品的流通过程中影响市场走向的能力较差，再加上部分非公有制经济主体利用政策漏洞进行投机经营，造成在这一时期我国粮食流通市场较为混乱，仅1949年4月到1950年2月的短时间内，从城市到乡村市场连续爆发了4次涨幅较大的物价波动，使粮食市场处于剧烈的动荡、混乱之中。

（二）宏观调控下的自由购销阶段（1950年至1952年）

面对混乱复杂的粮食流通局面，我国政府相继采取了一系列的措施，使粮食流通形成了在宏观调控下的自由购销局面。第一，在市场主体方面，自上而下成立了国营粮食经营系统和管理组织体系，1950年成立了粮食管理总局，1952年8月，撤销了贸易部，成立了商业部和对外贸易部，同时，把原贸易部的粮食公司和财政部的粮食总局合并成立了粮食部，统一负责全国粮食的征购、分配、供应、调拨工作以及地方粮食机构和所属企业的业务协调工作，上述举措为高度集中的粮食管理体制的形成奠定了组织基础。第二，针对私营粮食企业的两面性，实行了利用、限制、改造的政策，允许其合法经营、合理发展。主要措施有：调整公司经营范围，对粮食经营进行合理分工；调整批零差价和地区差价，使私商有适当的利润；对私商的合法业务活动以及税收政策给以适当的照顾。第三，加强公粮的征收工作，鼓励农民踊跃缴纳公粮，主要特征是农业税征收转化为储备粮，粮食价、税分开，农民除了以实物形式缴纳农业税外，没有别的负担。通过这一措施，1950年，国家财政收入中，粮食收入占41.1%，1950—1952年，每年农业税征实占年粮食总量的7.5%。第四，政府选择适机拍售粮食，平抑市场粮价。仅在1950—1952年间，国家就向市场抛售了占市场总交易量30%—40%的储备粮，使1952年的粮价只比1950年上升了2.8%，从而实现了粮价的基本稳定。

（三）统购统销阶段（1953年至1984年）

1953年是我国实行"五年计划"的第一年，经济建设迅速发展，人口增速加快，对于粮食的消耗也随之不断加大，一些资本主义经济体利用粮食自由贸易的机会投机倒把、囤积粮食、哄抬粮价，粮食生产与需求之间的矛盾日益凸显，计划经济与小农经济、自由市场之间的矛盾不断激化。为了化解这些矛盾，我国政府决定采用以统购统销替代自由贸易的粮食流通体制。

所谓统购统销是计划收购与计划供应的简称。1953年10月到11月，我国政府连续发布两个文件，即《关于粮食统购统销的决议》和《关于实行粮食的计划收购和计划供应的命令》，这两个文件的发布实施，标志着我国粮食统购统销阶段的正式开始。

从1953年开始，到1984年结束，在这段时间里，粮食的统购统销政策很好地适应了我国当时生产力发展的需求。在此期间，根据形势的不断发展，粮食的统购统销政策也曾经作过多次微调，并先后出台了"粮食三定""调拨高干""一定五年"等多项制度。粮食的统购统销制度与当时的计划经济体制相符合，保障了"优先发展工业"战略的顺利实施和国民经济的整体发展，但这一制度的推行却给农产品市场经济体系建设带来了极大的阻碍。

（四）从"双轨制"到"两线运行"的过渡阶段（1985年至1997年）

1984年，我国粮食产量突破了4亿吨的大关，社会粮食商品率达30%以上，超过了历史上的任何一年。粮食供求形势的根本好转，为进一步改革粮食流通体制创造了条件。1985年是我国粮食流通体系转变的一个分水岭，从这一年开始，原有的粮食统购统销制度开始逐步解体，粮食价格变为"双轨制"，并逐步向政策性业务与商业性经营并行的"两线运行"机制转变。从1985到1997年，粮食流通体制变迁大致可分为三个阶段。

（1）"统购制度"的解体和价格"双轨制"的确立（1985年至1990年）

1985年1月1日，中共中央、国务院发布了《关于进一步活跃农村经济的十项政策》，标志着我国粮食统购制度的正式瓦解，粮食流通开始进入了"双轨制"购销体制时期。然而，"双轨制"的实施并非一帆风顺，经过不断摸索、尝试和调整，直到1990年，才基本完善粮食购销"双轨制"的基本内容：第一，在粮食购销方面，政府强制性低价收购和低价定量供应与一般的市场交换并存；第二，在粮食经营方面，政府的粮食机构与非政府的流通机构并存。

(2) "统销制度"的解体和"保量放价"政策的出台（1991年至1993年）

"统购制度"解体后，原有的"统销制度"没有及时作出调整，于是，粮食购销价格的"倒挂"问题日趋严重，1985—1992年，国家粮食统销量超出订购量累计达11330万吨，巨额的差价补贴使国家财政不堪重负。面对这种现状，我国政府再次对粮食流通体制进行改革。1992年4月，政府决定在全国范围内推行"购销同价"策略。1993年2月，国务院在《关于加快粮食流通体制改革的通知》中提出，在粮食销售过程中，要"放开价格、放开经营"，要"进一步向粮食商品化、经营市场化方向推进"。1993年11月，中共中央、国务院在《关于当前农业和农村经济发展的若干政策措施》中指出：从1994年开始，国家订购的粮食全部实施"保量放价"制度，即"保留订购数量，收购价格随行就市"。

(3) "保量放价"方案的夭折和"双线运行"制度的确立（1994年至1997年）

自1993年逐步开放粮食市场之后，由于我国正处于市场经济体制初期，各方面的准备工作均不完善，"保量放价"方案引起了长达20个月的粮价上涨局面，"保量放价"方案宣布夭折。

为了增加粮食供应，提高农民收入，我国政府决定提高粮食订购价格。从1994年6月到1997年7月，小麦、稻谷、玉米、大豆四种粮食作物的价格从每公斤1.04元上涨到每公斤1.64元。到1997年底，我国粮食储备达到历史最高水平。与此同时，国务院在1994年5月发布的《关于深化粮食购销体制改革的通知》中明确指出，"在粮食行政管理部门的统一领导下，粮食经营实行政策性业务与商业性经营两条线运行机制，业务、机构、人员彻底分开"，这标志着我国粮食流通开始进入了政策性业务与商业性经营并存的"两线运行"阶段。

（五）宏观调控下的粮食购销市场化阶段（1998年至今）

1998年是我国粮食流通体制改革的关键年，1998年4月，国务院召开了全国粮食流通体制改革工作会议，并先后下发了《关于进一步深化粮食流通体制改革的决定》《粮食收购条例》《粮食购销违法行为处罚办法》和《关于印发当前推进粮食流通体制改革意见的通知》等文件。从这以后，在市场化导向的作用下，我国粮食流通体制进入了循序发展的快车道，"宏观调控下的购销市场化"是这一阶段的主要特征。

从1999年到2004年，中共中央、国务院等又先后出台了包括《关于进一步完善粮食流通体制改革政策措施的通知》《国务院关于进一步深化粮食流通体制改革的意见》《中共中央、国务院关于促进农民增加收入若干政策的意见》等在内的多份文件，并在多个粮食主产区开展"种粮直补"的尝试，进一步加快了我国粮食流通市场化发展的进程。回顾这一段历史，发现该阶段的体制改革实践具有的特点为：一是加强了宏观调控以确保国家粮食安全；二是通过补贴方式确保农民利益；三是通过农业和粮食生产结构调整以增加农民收入；四是坚持了积极稳妥、循序渐进、逐步扩大市场调节范围这一原则。截止到2004

年，各项政策的积极作用逐渐显现，我国粮食流通体制改革取得了显著成效，农民收入水平稳步提升。

二、从棉花流通视角看农产品流通体制演进

棉花是纺织工业的主要原料，而纺织工业是许多国家工业化进程初期最重要的产业部门。从中华人民共和国建国之后的50余年间，棉花经济的盛衰始终与我国纺织工业休戚相关，经历了由小到大，再逐渐萎缩的过程。特别是20世纪90年代，我国的纺织工业从制造业第一大部门地位的迅速滑落，棉花经济也从关系国计民生的战略物资地位下降为普通的工业原料。我国既是世界最大的棉花生产国，同时也是世界最大的棉花消费国，从建国初期到当前，我国棉花流通体系始终处于不断发展变化的动态过程。在1984年之前，我国棉花供应始终处于供不应求的状态，而在1984年之后，随着市场经济体制的不断发展，建立在供给不足基础上的棉花流通体制逐渐不能适应现代市场经济的需要，供大于求的现象逐年严重，而即使在这种情况下，受到价格和品质的影响，国家每年依然进口大量棉花。

总的看来，自建国以后，我国棉花流通体制大致经历了自由购销、统购统销、合同订购和计划销售并存、流通体制全面改革四个历史阶段，而这一过程实际上也是逐步由计划经济走向市场经济的过程。

（一）自由购销阶段（1949年至1953年）

在这一阶段，棉花的销售以私营为主。政府为了保障纺织企业用棉的有效供应，曾采取的措施主要有：一是通过国营公司出面组织私营企业联购联销；二是通过供销社代购和经营；三是自1951年开始，在全国各地实施棉花预购。同时，为了鼓励棉农将棉花卖给国家，曾先后制定了一系列的优惠政策，如"优级优价"等。这些做法取得了显著效果，在1953年度，我国棉花种植面积达7770万亩，产量117.5万吨，收购93.5万吨，国内分配49.35万吨，同比分别上升了37%、70%、123%和94%。在1950—1953年期间，国家收购的棉花占同期棉花产量的73.7%。

（二）统购统销阶段（1954年至1984年）

在自由购销阶段，虽然国家通过供销社已经控制了大部分的棉花资源，但是随着人口的增加和纺织工业的逐渐恢复，棉花的需求量迅速扩大，生产的增长赶不上需求的增长，供求矛盾越来越突出。特别是一些私商棉贩与供销合作社争购棉花资源，更增加了棉花市场的混乱，严重影响了国家棉花购销计划的实现，也影响了社会生活的稳定。随着我国进入计划经济建设时期，为了能够对棉花实现有计划的掌控和分配，国家决定对棉花实行统购统配制度，并分别于1954年9月、1957年8月和1967年9月先后出台了《关于实行棉花计划收购的命令》《关于由国家计划收购（统购）和统一收购的农产品及其他物资不准进入自由市场的规定》及《关于抓紧做好秋季农产品征收、征购工作的通知》等多个文件，规定棉花作物（包括籽棉、皮棉等）不得由商贩私自经营，棉花全部由国家计划收购，不允许在自由市场买卖，除按计划留下的部分外，应当全部收购起来。应当说，在当时农业生产力水平较低、棉花供不应求的情况下，实行统购政策可以使国家集中掌握已有的商品资源，对保障纺织工业发展和人民生活需要、稳定市场物价起到了重要作用。实行统购统销的体制，一方面免除了棉农的后顾之忧，调动了棉农的生产积极性，为国家多作贡献；另一方面稳定了棉花流通秩序，使国家掌握更多的棉花资源，确保大中型纺织企业用棉和军需民用。

（三）合同订购、计划销售阶段（1985 年至 1998 年）

党的十一届三中全会以后，随着整个经济体制改革的进行，棉花购销体制的改革也在不断进行尝试。1985 的中央 1 号文件正式提出要改革农产品的统购派购制度，文件规定，棉花取消统购，改为合同订购，订购内的棉花按国家规定的价格由供销社收购，订购外的棉花允许农民上市销售。1986 年到 1987 年，国务院进一步严格了棉花的计划管理，规定在全国棉花合同订购任务完成前，不开放棉花市场，已经开放的一律关闭，除受国家委托承担棉花收购、加工、储存和调拨供应任务的供销合作社及其所属的棉花经营单位外，其他任何部门、单位和个人不得插手收购、贩卖棉花。此后，国务院又先后于 1991 年、1993 年、1994 年陆续制定了《关于改革棉花流通体制的意见》、61 号文件和 52 号文件，多次强调棉花购销体制须由国家统一定价，由供销社统一经营，不放开市场、不放开价格，不放开经营。

1994 年之后，情况开始转变，国家开始对现有的流通体制作出了调整。1995 年，国务院颁布 8 号文件，决定提高棉花收购价格，同时取消棉花收购加价政策，并实行棉花工作"省长负责制"。1996 年国发 40 号文件中，出台了棉花市场交易制度，即以棉花市场交易形式，搞活棉花销售环节，保留原有的棉花收购政策，使棉花流通体制改革终于走出了关键的一步，形成了合同订购和计划销售并行的流通新格局。

（四）流通体制全面改革阶段（1999 年至今）

我国棉花流通体制的改革始于 1998 年国发 42 号文件的出台，到 2001 年，改革初见成效，棉花流通由原有的计划经济彻底转变为了市场经济，并确定了"一放、二分、三加强，走产业化经营路线"的具体思路。

2002 年 9 月底，国务院办公厅转发了《关于供销社与棉花企业分开实施意见》一文，就解决清产核资、产权界定、企业改革等一系列焦点、难点问题给出了实实在在的政策依据和落实办法，这是对《国务院关于进一步深化棉花流通体制改革的意见》中相关内容的具体实施，于是，不久之前还被视为非法的不同所有制棉花收购和跨地区棉花收购已被市场广为接受，民间资本、金融资本的介入使得跨区域的产业整合速度和力度都得到了空前的加强，政策性贷款比例逐渐缩小，政府对市场的干预不断淡化，企业成为真正的市场主体，大型的产业集团已呼之欲出。此时，几个大型的区域性棉花交易市场的建立以及逐渐兴起的电子撮合交易，扩大和完善了棉花购销价格体系，加快了中国棉花产业信息化建设的步伐。在棉花的定价机制上，我国于1996年开始尝试在国家定价基础上允许小幅度的浮动，而后1997年、1998年又相继扩大了波动幅度，经过了3年的尝试，1999年国家正式放开棉价，之后又经过了3年的发展，随着棉花流通体制改革的全面推进，我国棉花的市场形成价格机制已渐渐成熟。

三、从蔬菜流通视角看农产品流通体制演进

（一）统购统销阶段（1949年至1978年）

在1949—1951这段时间里，蔬菜流通基本上延续了中华人民共和国建国前的原有流通制度，即主要依靠个体生产和销售，许多城市还一直存在着民间经营的批发市场。到了1951年，我国政府颁布新法令，城市中的民营蔬菜批发市场强制性被撤销，个体蔬菜销售行为受到了限制，蔬菜流通的任务改由国营商业企业负责，在此之后的20多年的时间里，我国城市地区和农村地区的蔬菜流通呈现了不同的流通格局。

1951—1965年的这段时间里，农村地区个体经营的集贸市场经历了多次的开设与关闭，就在这不断开设和关闭的过程中，担当起了农村地区蔬菜流通的职能。如果说1965年之前的蔬菜流通一直在民间经营和国有经营之间摇摆的话，那么到了1966年之后，这种格局彻底被打破。在1966—1973年这7年时间里，农村的集市贸易市场全面被封闭，蔬菜流通全面被控制在国家的管理之下。1974年后期，农村地区的一些集市贸易市场再次开始陆续恢复，直到1978年改革开放时这些流通机构都在经营蔬菜等农副产品，增加了农民收入，促进了农村经济的发展。

而与此同时的城市地区却有着不一样的蔬菜流通格局。从1951年开始，城市地区的蔬菜流通体制步入了计划经济轨道，开始实行了统购包销的制度，其基本特征是在城市近郊指定产地实行指令性计划生产，蔬菜批发销售由国营蔬菜公司垄断经营，蔬菜零售在很长一段时间内基本由国营或集体"菜市场"经营，价格也基本上由政府决定。在城市这种体制一直延续到1978年实施改革开放政策后才有变化。

（二）蔬菜产销"大管小活"阶段（1978年至1984年）

1978年，我国蔬菜流通制度改革正式开始，实行城郊生产并就地供应的原则，蔬菜产销过程仍以统购包销为主。1979年后作为逐步开放的补充措施，农村的农贸集市相继恢复，市场交易情况得到了空前的活跃。1983年，《城乡集市贸易管理办法》的发布对集市贸易市场中的个人自由经营活动给予了法律上的肯定，这一阶段的市场的主要特点在于集贸市场的恢复和设立，促进了农村的经济繁荣，改变了国营蔬菜公司垄断的蔬菜市场流通

的局面。

(三) 蔬菜"定购包销"阶段(1985年至1991年)

1985年后,随着蔬菜流通制度改革的深入和交通环境的改善,政府决定开放蔬菜和水产品等副食品的经营与价格。第一,国营所属蔬菜公司与菜农签订收购合同,对主要蔬菜品种约定收购数量、品质及价格,同时开放其他蔬菜品种的管理方式。第二,在蔬菜批发市场建设方面,1983年2月,中央相关部委在文件中首次提出要大力建设蔬菜批发市场,在随后的几年时间里,上海、深圳和北京等大中城市以及山东、河南等蔬菜主产地先后开设了大型蔬菜批发市场,并允许以个人名义长途贩运蔬菜,农贸市场内开始出现了运销商人。第三,为了解决蔬菜等副食品供应能力不足等问题,中央政府从1988年开始实施"菜篮子工程"。这一阶段蔬菜市场流通的主要特点在于集贸市场的发展扩大和批发市场的建设,有越来越多的批发市场逐渐从集贸市场中独立出来,从承担区域流通角色逐渐发展到具有全国集散功能的大流通角色。1985年和1991年,中央各相关部门又两度正式提出全面建设和改善批发市场的设施,全国上下出现了建设蔬菜批发市场的高潮,从此以后,蔬菜经由集贸市场销售的份额逐渐减少,而经由批发市场进行销售所占份额逐年增加。

(四) 自由市场流通阶段(1992年至今)

随着"菜篮子工程"建设的进展和蔬菜流通条件的改善,从1992年开始,各城市停止了对蔬菜生产与流通的计划管理,转而开始实行开放市场、开放价格、鼓励竞争的新型蔬菜流通制度。至此,我国蔬菜生产流通体制实现了由计划体制向自由市场流通体制的全面转换。值得一提的是,1994年市场流通上出现了两个重要的变化:一是在蔬菜专业市场销售额中,批发市场所占份额超过50%,标志着批发市场在蔬菜市场流通中处于主导地位;二是在集贸市场销售额中,城市集贸市场所占份额首次超过50%,在集贸市场流通中开始处于主导地位。在市场流通中,批发市场的数量逐渐增加的同时,批发市场的建设逐渐从硬件的数量建设转向市场内部软件的质量建设阶段。

四、农产品流通体制演进的经验借鉴

通过对粮食、棉花和蔬菜等主要农产品流通体制历史演进的梳理和分析可知,农产品流通体制的形成与当时的社会环境及市场环境有着直接的关联,甚至可以说存在着必然的联系。在我国计划经济体制时期,农产品的流通主要依靠国家的统筹和调控,市场本身在流通过程中发挥的作用非常小。而到了市场经济时期,农产品的流通呈现自由、多样化的发展趋势,市场的调节在流通过程中发挥了重要的作用。所以,我们在当前环境下发展建设现代农产品流通,就必然要从分析当前社会环境及市场环境入手,使农产品流通体系的发展建设顺应国际特点,契合时代背景。在这个过程中,要努力学习先进思想和经验,大力引入和发展现代流通技术手段,积极捕捉信息时代特色,全面提升流通主体素质,为建设现代化农产品流通体系、全面提升农产品流通效率做好准备工作。

第二节 农产品流通发展的国际经验借鉴

上一节以粮食、棉花和蔬菜为例，较为详细地梳理了我国农产品流通体制的历史演进过程，并从它们的发展变化中寻找规律，从而为现代农产品流通的建设提供一定的帮助。美国、日本两国农业流通领先于世，本节将对其开展分析和研究，从另外一个角度，为我国的农产品流通建设寻找新的经验借鉴。

美国是世界经济强国和农业强国，日本和我国同处亚洲，具有类似的农业发展历史背景。美国农业从播种、除虫到收割、运输、销售，整个生产和流通过程也是融入各种先进科技的现代化经营过程，机械化程度高，人工投入少。而日本则是"小型精耕细作式"的生产方式，这是一条和欧美模式完全不同的发展模式，它采取多投入劳动的土地节约型生产方式，通过改善农业水利设施、推广优良品种、广泛使用有机化肥等劳动密集和土地密集相结合的生产方式来实现农业现代化，逐步形成了所谓的"日本模式"。这一大一小、一西一东的两个国家，用于发展农业的资源差距很大，发展思路各不相同，但却都在农业生产及流通领域取得了不小的成就。因此，对这两个国家的农产品流通经验进行学习，能够为我国的农产品流通发展起到一定的参照和借鉴作用。

一、美国农产品流通发展经验借鉴

（一）美国农产品流通发展概述

美国地处北美洲大陆南部，拥有农业发展得天独厚的地理条件和自然条件优势。美国是世界上耕地面积最大的国家，拥有耕地 19745 万公顷，占世界耕地总面积的 13.15%，人均耕地 0.7 公顷，是世界人均耕地的 2.9 倍。美国是世界上最大的农产品生产国和出口国，农业是国家的重要经济支柱，一直以来都有"以农立国"的传统，因此特别注重农业科技的发展和应用。家庭农场是美国农业的基本生产单位，在很大程度上实现了种植的专业化。

农产品的销售者以农场主居多，他们将产品直接提供给批发商或零售商。批发市场依然是美国农产品流通的主要渠道，占据了近 50% 的市场份额，与此同时，美国的农产品零售终端也十分发达，零售商往往拥有较强的实力。除了批发和零售之外，美国农产品的"产加销一体化"流通模式发展十分完善，能够实现从田间到餐桌的"一条龙"服务，因此美国的农业企业有时也被称为"农工综合企业"，就业人数占全国劳动力的 17% 左右。此外，美国的农业协会在农产品流通过程中发挥了重要的作用，在某种程度上来说，它将农产品生产者、各流通环节主体、农产品消费者以及政府连接在一起，提供相应的信息交流和咨询服务。美国的农产品产量长期过剩，每年都有约25%的农产品用于出口。综合来看，美国能够始终保持农业的快速稳步增长，和它高效畅通的农产品流通体系是息息相关的。

（二）美国农产品流通体系特点

高效畅通的流通体系给美国农业的蓬勃发展提供了重要保障，整体来看，美国的农产品流通体系具有如下一些特点：

1. 政府扶持下的农业专业合作社体系发展较早、建设完善

在美国，专业合作社的较快发展为农产品流通体系的完善提供了必要保障。最早的农业专业合作社出现在20世纪30年代，当时的美国正处于经济大萧条的背景下，农产品供大于求、流通不畅，流通过程的主动权掌握在中间商的手中。那时的农民为了能够将手中的农产品销售出去，不得不忍受中间商的剥削和压价，自身的利益受到了损害。为了改变这种现状，广大农民开始自发地团结在一起，共同抵御流通压力，形成了农业专业合作社的雏形，所以美国早期的合作社大部分都集中在农产品流通领域，随着后期的不断发展，才逐步向农产品生产领域转移，并在美国农产品流通体系中充当了重要的角色。目前，美国现有的农业专业合作社大都是综合性的，会把农民、经销商、物流企业等流通主体整合在一起，提供农产品流通的纵向一体化服务，从而减少了流通环节、缩短了流通周期、加快了流通速度，为美国带来了更加高效的农产品流通体系。

在农业专业合作社不断发展的过程里，美国政府发挥了重要的推进作用，在美国政府眼中，农产品流通处于劣势地位，应该由国家出面给予扶持，这种扶持政策很多都在农业专业合作社上进行落地，比如，美国政府规定，任何组织或个人只要符合标准，就都可以按照流程申请成立合作社，并在税收减免、贷款利率、法律法规等方面享受很大的政策倾斜，甚至可以享受到免税和无息贷款的优惠政策。不仅如此，美国政府还会经常以基金会、农业部项目等形式向合作社提供专项的经费支持。

2. 发挥技术优势，以冷链物流为代表的现代化流通设备及流通基础设施建设完善

在美国，现代技术与农产品流通的融合十分深入，特别是在流通设备和流通设施建设方面，而最具代表性的当属冷链物流建设。美国的 Albert Barrier 和英国的 O. A. Ruddich 最早提出了冷链的观点，到20世纪初，美国的农产品冷链物流已初步建成。截止到目前，美国的冷链物流水平处于世界领先地位，已经建立了一个覆盖全国的、庞大而高效的冷链物流体系，覆盖了生产、加工、运输、仓储、销售等农产品流通的所有环节，冷藏运输率达80%，易腐农产品冷藏运输率达100%，农产品流通损耗率极低。

美国农产品冷链物流体系的建设和完善，与美国本土交通基础设施建设完善、低温专业技术先进、物流信息化程度较高、专业人才培养完备、系统组织化程度高等因素息息相关。第一，美国的交通基础设施建设十分完善，公路、铁路、水路及空运均非常发达，而

且彼此之间联系非常紧密,形成了一个覆盖全国的物流网络体系;第二,美国的保鲜技术发展迅速,冷链专用设备数量庞大,政府在这一方面的投资力度较大;第三,美国居民平均文化水平较高,信息技术发达。在美国,大学生的入学率极高,即使是农民,大部分也都接受过高等教育,85%以上的农民可通过互联网查询所需信息,芝加哥农产品期货交易所已经成为市场主体了解市场信息和农产品信息的重要渠道;第四,美国农业生产的区域化程度较高,每个农场主都拥有大量的土地,在农业生产过程中规模化、专业化、机械化特点显著,这使得农业生产效率非常高。所以,美国的农业从业人员中,从事农业生产的劳动力只占少部分,大部分劳动力都集中在农产品流通领域;第五,美国的冷链物流组织程度高。在21世纪初,美国多家航空公司、低温设备生产商等企业联合组建了美国冷链协会,该协会的主要职责就是研究与农产品冷链物流相关的事宜,并为冷链物流制定相关的原则。该组织先撰写并发布了《冷链质量标准》,用来测试冷链物流企业的可靠性,这为全美的冷链物流认证体系建设奠定了坚实的基础。与此同时,美国农业行业还自发成立了很多产加销一体化组织和农业协会组织,这些组织陆续成为了冷链物流推进的主体。

总体来说,美国政府在农产品流通体系建设工作中发挥了重要的作用,从资金、政策、技术、人才等多个方面提供了大力支持。从经济大萧条后期开始,美国政府陆续采用法律和财政政策等手段稳定了社会上的农产品供需关系和价格,并不断加大对农业生产和农产品流通相关技术的研究投入,并通过推行"新农民计划"来全面提高广大农民的综合素质。在农产品销售市场方面,鼓励现货市场和期货市场同步运行,这一举措对稳定农产品价格起到了重要作用。从美国农产品流通体系的发展经验中我们不难发现,国家政府对于农产品流通体系的建设和完善发挥了重要的作用。

二、日本农产品流通发展经验借鉴

日本地少人多,且土地分散,国土面积仅为37.77万平方公里,其中13.5%为耕地面积,人均耕地面积少且还在不断减少中,这和欧美国家显著不同。因此,在第二次世界大战结束后,日本选择了一条以"精耕细作"为主导的农业生产方式,即以改良土壤和农产品品种为先、农业机械化作业为后的发展模式,取得了显著效果,被誉为"日本模式"。

日本在发展农业现代化的过程中特点十分鲜明。一是先化学化,后机械化。日本是世界上最早实现农业化学化的国家,这和其耕地面积小、必须走精耕细作路线有关;二是兼业农户比重大。在日本,完全从事农业生产的农民数量并不多,只占全部农业劳动力的16%,其他大部分劳动力都是从事其他行业同时兼顾农业生产;三是农业社会化服务质量高。日本有着发达的农业合作社,即日本农业协同组织,功能全面,覆盖了农业生产及农产品流通等多个领域;四是工业发展与农业发展同步。日本是世界上最早提出农村工业化的国家,第二次世界大战后,日本政府出台了一系列的贷款、税收等优惠政策,鼓励工业企业到农村地区投资办厂,吸引农村富余劳动力到工业企业就业;五是重视农业教育事业和农业科研技术的推广。日本非常重视农业教育和农业进修培养,大力发展各层次的农业教育组织，这使得日本农民素质普遍较高，农业科研单位能够与农村直接对接，实现农业科研成果的迅速推广及应用。

（一）日本农产品流通体系的演进

稻米是日本重要的农作物，粮食供应在一定程度上代表了整个农产品的供应现状。从粮食流通视角出发，日本的农产品流通体系演进大致可以划分为以下几个阶段：

1. "低价收购、分配消费"流通体制阶段（20世纪40年代~50年代末期）

第二次世界大战结束后，受到战争影响，日本国内稻米种植供不应求，粮食紧缺的情况十分严重，粮价一度飙升。为了稳定粮价，安抚民心，保障粮食供应，日本政府在当时的农产品流通市场上对粮价实施严格监管。在这段时间内，农民被强制以低于市场价格的收购价格向政府出售粮食，然后由政府再向消费者分配，即采取"低价收购、分配消费"的流通策略[①]。由于收购价格过低，农民的粮食生产难以为继，工农收入剪刀差不断被拉大，农业发展一度陷入停滞。

2. "生产费用+收入补偿"阶段（20世纪60年代初至60年代中期）

20世纪60年代初，日本经济开始复苏，为了使农业尽快进入稳定发展阶段，日本政府开始执行"生产费用+收入补偿"策略，制定了一系列补偿性粮食投资政策，使农民收入水平不断提高，收入差距不断缩小，激发了农民耕作的积极性，务农人员流失及土地弃耕荒置现象得到了很大的缓解。这种财政补贴有效刺激了本国粮食生产人员的积极性，并减少了对国际市场上农产品的依赖。在这一阶段，日本政府对粮食的流通渠道也作出了新的规定，要求粮食的收购商、批发商等经营主体的经营资质必须由日本农林水产省指定，并需要得到各个都道府县知事的批准，除此之外，这些经营主体还必须具备从事粮食流通所需的资金、设备、人力、信用等条件。同时，日本政府还对他们所能从事的业务范围进行了严格的限制[②]。

3. 农产品价格"市场型"流通阶段（20世纪60年代末至今）

从20世纪60年代末期开始，随着日本农业生产能力的不断提升，日本政府开始不断扩大市场机制在农产品流通中所发挥的作用。粮食的自由买卖开始陆续活跃，此时政府采取的增收性政策使粮食价格大幅提高，1968年，日本的大米价格达到了1960年的2倍。但是，这个阶段的农产品流通市场依然没有完全放开，日本政府对农产品流通领域依然还保留一些直接管理和计划要求。分析其原因可知，日本主要以小农经济为主，自然灾害频发，农产品特别是粮食的生产非常不稳定。在这种情况下，如果将农产品流通市场完全放开，则有可能会影响到日本国内的粮食安全，进而影响国民经济的稳定。所以，即使是进入到了由市场规律起主导作用的今天，日本政府依然通过稳定价格制度、价差补贴制度、

---

① 参见李应春、喻鸣：《日本农业政策调整及其原因分析》，《农业经济问题》2006年第8期。
② 参见尚珂：《日本粮食流通体系的特征及其对我国的启示》，《中国流通经济》2004年第7期。

粮食最低价格保证制度等手段，对农产品流通、主要是粮食流通市场进行干预[①]。

(二) 日本农产品流通发展的特点

在日本农产品流通体制演变的过程中，日本政府给予了广泛的干预，不断加大农产品流通基础设施建设力度，鼓励农业合作组织迅速发展，并逐步确立农协组织在农产品流通过程中的突出地位。目前，日本农产品流通呈现如下特点：

1. 流通环节多、成本高，"小生产、多渠道"流通特点显著

受到土地资源限制，日本的农业生产规模化程度偏低。由于产地分散，且规模偏小，因此，整个农产品流通市场呈现"小生产、多渠道"的流通格局。同时，日本政府对农产品流通的主体责任有着更为细致的规定，在日本，除了少数批发商可以直接从产地收购农产品之外，其他大多数的批发商都需要通过批发市场才能进行农产品购买，而中间商不能直接从事批发业务，这就使得日本和其他国家相比较而言，其农产品流通环节数量偏多，流通成本被迫增加。近年来，为了改变这一现状，日本开始出现了以"直卖所"为代表的农产品直销模式，这对改变原有的流通模式起到了积极的推进作用。

2. 流通基础设施建设完善，冷链物流较发达

日本在农产品流通基础设施建设方面投入较大，20世纪曾在全国范围内开展了包括新干线铁路网、高速公路网、航空航海运输港及仓储集散地等在内的建设工程，为日本的农产品流通奠定了良好的设施基础。此外，日本在农产品流通信息化建设及冷链物流建设方面也十分完善。日本是亚洲冷链物流的代表，日本政府为此投入了大量的资金，目前，日本几乎所有的农产品批发市场都拥有自己的冷藏、冷冻设备以及具备冷藏、冷冻功能的运输车辆，各个物流配置中心也都拥有较为完善的低温控制设备[②]。

3. 农产品流通渠道法制化程度高

为了保障农产品流通的顺利实施，日本政府先后出台了一系列的法律法规来对农产品流通过程进行约束。例如，日本在其《市场法实施细则》中规定，农产品批发市场中所经营的农产品必须当日售完，批发市场不可以与市场之外的个人或组织进行交易，其他零售商必须通过批发市场才可以进行农产品采购。类似这样的规定，使日本的农产品流通渠道十分规范，在很大程度上提高了农产品流通效率。

4. 农协组织发展完善，在农产品流通中占据重要地位

在日本，农业协同组织（以下简称农协）是规模最大、覆盖面最广的农业合作组织，农协及其分支机构几乎遍布全国各地。

农协属于非完全营利性的农民合作组织，广大农户可自愿选择加入。农协帮助加入的农户完成他们对农产品的生产、加工和销售，为农户提供生产资料、技术支持和信贷服务，并且帮助农户进行市场开拓，使农户在农产品流通过程中可以获得更多的话语权，可

---

① 参见周建华、贺正楚：《日本农业补贴政策的调整及启示》，《农村经济》2005年第10期。
② 参见曹冰冰：《日本农产品物流模式对我国的借鉴》，《中国商贸》2010年第11期。

以购买到价格更为低廉的农业生产资料，并在市场上以合理的价格进行农产品销售，有力地维护了广大农民的利益。同时，农协还会组织各种交易市场，建立自己的加工、挑选、包装、冷藏运输机构以及一些批发市场、商店和超市，利用信息网络和遍布各地的组织机构，组织农户统一销售，帮助农户更好更快地销售农产品，获得更多的收益。

5. 日本政府更多地参与到了农产品流通过程

在日本农产品流通体制的发展和变迁的全过程中，日本政府发挥了主导作用。长期以来，日本政府都对农产品的生产和流通实施管制和保护，只是在不同的时期，这种管制和保护的力度会有所不同，从这个角度来看，日本是世界上为数不多的政府参与本国农业管理和保护的国家，为此，日本政府制定了大量的法律、法律和政策，坚定不移地扶持农业并使之持续发展。

三、美国及日本农产品流通发展经验对我国的启示

美国和日本的农产品流通体制变迁过程以及当前农产品流通的发展思路能够给我国的农产品流通建设带来如下启示：

1. 进一步发挥市场机制在农产品流通过程中的引导作用

在农产品流通过程中，应进一步发挥市场机制的引导作用，促进农产品流通主体的多元化发展，不断催生更为激烈的市场竞争，从而在提高农产品流通效率的同时，有效保障广大农民的根本利益。特别是在农产品价格形成方面，应主要由市场供求关系来决定价格走向，激发流通主体的积极性，减小价格扭曲。

2. 调整政府对农产品流通的扶持方式

在美国、日本的农业发展及农产品流通过程中，政府的扶持发挥了重要作用。从美国和日本的经验来看，在政府扶持方面，直接补贴政策取得了较好效果。目前，我国政府对农业进行的扶持仍处于以间接扶持为主、由间接扶持逐步向直接扶持转变的发展阶段。间接扶持政策推行的中间环节较多，很多时候农民很难得到实质性的帮助，相对而言，直接扶持则显得更为直接有效，比如我国从2015年开始执行的粮食直补政策，这就是对农业发展及农产品流通直接扶持的有力举措，取得了很好的效果。在下一步的工作中，应继续学习美国、日本在此方面的成功经验，逐步加大直接扶持力度。

3. 加大技术研发及素质教育投入力度

美国的农业发展特点是高技术水平的机械化和自动化，日本的农业发展是高技术水平的化学化和机械化，二者均属于技术密集型农业发展模式。同时，这两个国家对农业技术研发和农民素质教育的投入力度非常大。在美国，80%左右的农民都接受过高等教育，而在日本，84%的农民都属于兼业式，这使得整个农业生产和农产品流通过程中机械化作业及现代化技术的普及应用非常顺利，特别是在信息传播领域，我国的农产品流通还在为信息的不对称而苦恼，而美国和日本的农民大部分都可以使用互联网来检索有用信息，进行原材料采购和农产品销售，这种农业现代化的发展水平及农民对现代化水平的接受能力，

是我们与发达国家的显著差距,也是我国农产品流通效率水平偏低的主要成因之一,需要我们积极加以改变。

4. 加强流通基础设施建设,提高冷链物流水平

美国和日本分别是世界和亚洲农产品冷链物流建设的领头羊,而中国在这一方面要落后很多。冷链物流建设绝不仅仅是运输和存储过程中的低温控制,它是和整个国家交通体系建设息息相关的一个过程。在美国和日本,冷链物流之所以取得了较好的发展,除了相关的低温控制技术的有效应用之外,集公路、铁路、水路及航空于一体的现代化综合交通运输网络是整个冷链物流的基础,而冷藏、冷冻车辆及仓储设备、集散地等的投资建设则是冷链物流的保障。美国和日本的易腐农产品冷链物流可达到100%,而我国只能做到10%左右,流通过程中的损耗比可见一斑。

5. 完善农业合作组织职责,加强其对农产品流通的促进作用

美国的农业专业合作社,日本的农业协同组织,二者均属于各自国家最大的农业合作组织,有着很多的相同之处。首先,它们都是其国内最大的农业合作组织;其次,对农业生产和流通的参与程度非常高,它们将流通各环节的参与主体连接在一起,对农民的原材料采购、农业生产及销售都起到了较大的推进作用,功能非常强大;最后,政府对农业组织的重视程度非常高,在本国,农民对自己的农业组织非常信赖,大多数的农产品都是通过组织统一进行销售。因此,我国应当进一步加强农业专业合作社的发展建设,政府方面也应当对合作社给予更多的扶持,并充分发挥其作用。

第三节 本章小结

本章首先以粮食、棉花和蔬菜等主要农产品为例,对我国建国后农产品流通体系的变迁进行了较为详细的梳理,分析了在不同的社会环境及市场环境下,农产品流通体制演变内因及流通体系发展的变化机理,指明了流通须与环境相适应的内在联系,为当前调整农产品流通策略、提高农产品流通效率找到理论支撑和现实依据。

此外,通过对美国和日本农业发展历程及农产品流通体系变迁过程的学习,根据它们的发展模式和思路,从市场运营机制、政府扶持方式、技术研发及教育投入、基础设施及冷链物流建设、农合组织统筹发展等几个方面入手,为我国农产品流通的下一步调整方向提供一定的经验借鉴。

第四章

我国农产品流通现状及存在的问题

农产品流通是农业发展的重要组成部分,它的两端衔接着生产和消费,是保障食品供应和调节农民收入的关键枢纽。农产品流通隶属于第三产业范畴,这是一个复杂的系统,环节多、周期长,除了生产者和消费者之外,还需要批发商、零售商、第三方物流企业及金融机构等多方的共同参与。

农产品是一类较为特殊的商品,从自身属性来看,农产品具有鲜活性和易腐性的特点,不易储存且保质期短,在采摘、分拣、包装、装卸、运输、存储及销售等过程中,对周边环境的温度、湿度等都具有一定的要求;从生产角度来看,农产品具有分散种植、季节性种植及气候性种植的特点,其种植分布范围具有非常鲜明的区域性特点,对气候条件和地理条件具有较强的依赖性,收获季节较为固定;从消费角度来看,农产品是生活必需品,它的消费具有广泛性、经常性和不可替代性,需求变化弹性小。农产品的种植和收获具有非常明显的季节性和周期性,但农产品的消费却是常态化行为,具有连续性,这种季节性收获与常态化消费必将带来供需之间的矛盾。近年来,我国通过暖棚种植、反季生产、增加存储等方式来调节产销季节差异化所带来的矛盾,取得了一定的效果,但这一矛盾并没有得到根治,如北方地区冬季蔬菜及水果的价格仍会出现明显的上涨趋势。想要最大限度降低这一矛盾所带来的负面影响,就要求农产品流通能够以更快的速度和更低的成本完成农产品的转移,要在维持市场稳定、保障农产品供应及维护消费者利益等多个方面发挥更大的作用。

第一节 我国农产品流通发展特点

我国农产品流通体系建设起步相对较晚,经过几十年的发展,目前已初步取得了一些成绩,整体呈现如下发展态势。

一、农产品流通总量大

我国人口众多,对农产品的消耗量较大,相应地,我国农产品的播种面积和产量也都很大,从表4-1中可见,在最近几年,我国人口总数、人均食品烟酒消费支出、农作物播种面积及农产品年产量四项指标均呈现持续增长趋势,其中全国人口总数及农产品年产量这两项指标基数庞大。我国农产品集散地以农村地区为主且区域广泛,消费市场却主要集中在人口密度较大的城镇地区,不同地区、不同种类的产品销售各不相同,诸如北京、上海等一线城市,九成以上的农产品均由外地供应[①]。上述现状能够充分说明我国农产品的流通总量庞大,且同步呈现逐年增长趋势。最近几年来,我国新型城镇化建设已经取得了显著成效,城镇区域面积及城镇人口比重在逐年增加,而这种变化会进一步提高对农产品流通的需求度,促使农产品流通总量进一步扩大。

表4-1　　我国2011—2016年人口总数及农产品播种、产量、消费情况

Chart 4-1　　Relationship between population and sowing, yield, consumption situation agricultural products in China during 2014-2016

年份	全国人口总数（万人）	全国人均食品烟酒消费支出（元）	农作物总播种面积（千公顷）	农产品年产量（万吨）
2011	134735.0	3479.9	162283.0	96968.8
2012	135404.4	37895	163416.0	101257.0
2013	136072.0	4126.7	164627.0	103821.8
2014	136782.0	4493.9	165446.0	104952.8
2015	137462.0	4814.0	166374.0	106735.5
2016	138271.0	5151.0	166650.0	107102.2

二、农产品流通区域广泛且环节较多

我国人口众多,幅员辽阔,农产品生产种类丰富、供应充足,但大宗农产品及特色农产品的种植地域却相对集中,例如,我国粮食的主产区分布在黑龙江、辽宁、河北、山东、江苏等十三个省份,而哈密瓜却是新疆和甘肃一带的特产。另外,受地理和气候条件影响,不同区域、不同类型农产品的产季不尽相同,以玉米为例,其春播产区在黑龙江、辽宁、吉林、内蒙古、陕西、甘肃等地区,而夏播产区则集中在山东、河南、江苏、安徽等地区。上述情况的存在使得我国农产品流通的发生频率非常高、流通幅度特别大,总体形成了"北粮南调、西果东输"的大流通格局[②]。同时,农产品流通以收割采摘为起点,

---

[①] 参见翟岁兵:《我国农产品流通的特征与发展趋势》,《改革与战略》2017年第33期。
[②] 参见周勇、池丽华:《我国农产品流通的问题与发展趋势》,《商业时代》2014年第35期。

以消费者餐桌为终点，需要经过分拣、包装、装卸、运输、出入库等多个环节，中间还包含了多次批发转手交易，此外，和其他产品相比较，农产品在检验检疫方面还有更高的要求。总的来说，我国农产品流通脉络已经基本形成了一种覆盖全国的网状结构，范围广泛、规模庞大且结构复杂，从业人员较多、流通范围大、流通环节多等特征显著。

三、农产品流通物流要求高

与其他普通工业产品相对而言，农产品具有种类繁多、体积大、价值小、保鲜标准高、保质期短、损耗大等特点，有的农产品对物流过程的温度、湿度等有特殊要求，有时还需要进行动物活体（畜牧产品、水产品等）运输，因此在包装、装卸、运输、仓储等环节均具有较大难度，它对物流过程的设施配备和技术标准等都提出了较高的要求。在这些要求里，最为典型的是对冷链设备使用率的要求。

四、流通模式多样化

我国农产品种类繁多、流通区域广泛，不同种类、不同地区的农产品流通过程各不相同，直接导致了农产品流通模式的多样化发展。在传统模式下，农产品流通呈现以批发市场为核心、以加工企业为核心及农超对接等多种流通模式。进入 21 世纪之后，计算机互联网的迅速发展和电子商务的崛起，为农产品流通模式的创新发展指明了新的方向，形式各异的农产品电商活动日趋活跃，在这里，广大农民逐渐成为了农产品流通的主体之一。但目前来看，农产品电商所占市场份额相对很小，在我国农产品流通市场上，传统的批发市场、农贸市场、早市夜市及各种连锁果蔬零售店依然是农产品的主要出口。

特别值得一提的是，农产品电商的发展并不是完全独立的存在，它与其他流通模式融合发展的趋势比较明显，也就是说，对于多数农产品而言，单纯的线上营销未必能取得好的效果，线上线下相结合也许更是适合的道路。我国农产品流通模式结构如图 4-1 所示。

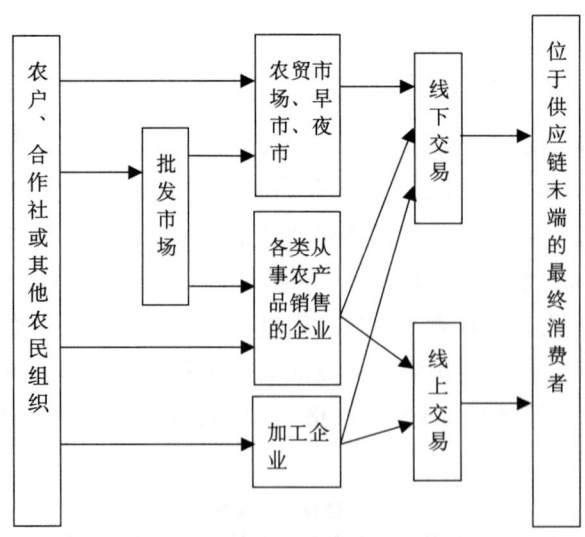

图 4-1 我国农产品流通模式结构示意图

从图 4-1 中可见，我国农产品流通模式较多，每种流通模式所经历的环节各不相同且互有交叉，总体看来，所形成的是一种复杂的网状结构。因此，为了便于理解和研究，图 4-1 采取了一种较为粗犷的描述方式，只是按照大类进行了划分，但事实上，本书所描述的几种流通模式之间也会互有重叠。对于农民而言，他需要关注的是将农产品卖掉，而至于是卖给企业还是卖给消费者并没有明确的规定，他只需考虑如何让自己利益最大化。同时，作为各类中间商，他们面对农户时，是以消费者的身份出现的，而当这些中间商面对终端消费者时，他们又是销售者。也正是因为这种身份的转变，才使得农产品流通模式变得更加复杂和多样化。

五、交易方式多元化

经过多年的努力发展，目前，我国农产品流通模式较为多样，交易方式呈现多元化发展态势，已基本形成了以批发市场、加工企业为核心，以农贸市场、超市、连锁生鲜店、早市夜市及小区菜店为主要零售终端，以农户、个体商贩及各类销售机构为主体的，传统方式为主、电子商务并行的多元化农产品市场交易网络体系，该体系突破了以往在城市以传统商业、在农村以供销社为主体的单一交易方式。作为农产品的生产者，农户正逐渐和个体商贩、各类协会组织及各类企业一样，成为农产品流通的主体之一，获得了越来越多的议价能力，这对于改变利益分配格局、提高农民收入来说，是很好的一种体现。

特别值得一提的是，随着"互联网＋"的兴起，以电子商务为代表的在线商业模式正逐步向农产品交易市场渗透，多种形式的网上交易模式陆续出现，期货交易稳步发展，相关技术及配套设施不断完善。

第二节 农产品流通主体构成

农产品流通主体是指参与农产品流通过程并从中获取收益的团体、组织、机构或个人，他们往往是农产品流通过程中的决策者和执行者，其发展程度将直接对农产品流通效率产生重要影响。

一、农户

农户是农产品流通过程中的重要主体，其水平的发展情况与农产品流通效率有着直接关联。截止到 2016 年底，我国乡村第一产业就业人数为 21496 万人，占同期乡村就业总人数的 59.4%，占同期全国乡村总人口数量的 36.6%。庞大的从业人员数量充分说明了农户在农产品流通过程中的主体地位，但就目前的情况来看，我国农户在农产品流通过程中的参与程度和话语权等方面的权重并不高，总体呈现如下现状：

1. 农户分散经营，组织化程度低

我国幅员辽阔，可播种土地面积大且较为分散。受气候、土壤、温湿度等自然条件影响，不同地区的播种季节、播种作物种类等均各不相同，这造就了广大农户分散播种及农产品分散流通的现状，相应地，农户对于农产品的销售也主要以个体经营为主，组织化经营程度不高，这使得广大农户在农产品流通过程中虽然是理论上的经营主体，但事实上却不具备相应的话语权，对流通过程的参与程度低、控制能力差，多数时间只能被动接受，而无力改变，属于农产品流通过程中事实上的"弱势群体"。

2. 市场风险抵御能力差

单个农户所生产的农产品品种有限，农产品品质程度低，在农产品流通市场中没有竞争优势。当遭遇市场供需波动时，面对市场风险，不具备有效的防御和应变手段，这使得广大农户的收益受市场波动影响较大，收入水平无法掌控在自己手中。

3. 受教育程度整体偏低，信息获取能力差，对新技术手段的接受及掌握能力差

和美、日等农业发达国家相比，我国农户整体的受教育程度偏低，这使得他们在信息获取、知识学习、新技术掌握等方面存在一定的困难和障碍。特别是在进入"互联网＋"时代之后，利用网络平台进行信息传输和商品营销已经成为了最为方便、快捷和有效的手段，但这对于广大农户来说，却存在一定的技术瓶颈，网络资源的应用情况并不理想。想要改变这种现状，就必须加强对广大农户开展继续、再教育。

二、农业合作经济组织

在世界农业发展的道路上，各个国家均形成了形式各异的农业发展合作经济组织，我国也不例外。西方国家最早的农合组织思想启蒙于18世纪托马斯、欧文等人的空想社会主义理论，而我国的现代农合组织则是在中国特色社会主义时代背景下产生和发展起来的、极具中国特色的农村合作组织，它集专业化和营利化为一体，通过对农产品的集中生产、加工和销售，争取为广大农民带来利益。

20世纪20年代初，在我国河北省的部分地区最先出现了早期的信用购销合作社，到20世纪30年代中期，我国农村合作社一度达到2.6万家左右。中华人民共和国建国后，农村合作社得到了迅速发展，到1956年底，全国已经成立合作社54万家，入社农户10742.2万户，约占农户总数的87.8%。

改革开放后，我国的农村合作社开始了新的发展历程，形式不断变化，功能逐步增强，新型的农业合作组织开始出现，从最初的分散经营（初始阶段）逐步过渡到公司＋农户合作阶段（成长阶段）及专业市场＋公司＋初级合作社＋农户阶段（成熟阶段），最终发展成为统一的农业合作经济组织（完善阶段）。截止到2016年底，我国包括家庭农场、农民专业合作社、农业产业化龙头企业等新型农业经营主体在内的各类农业合作经济组织总数量达280万家，其中农民合作社179.4万家、农业产业化组织38万家，各类农业合作经济组织已经成为引领我国现代农业发展的中坚力量。

三、农产品批发市场

我国农产品批发市场自 1978 年开始逐步诞生以来,历经 40 年的风雨洗礼,先后经过萌芽阶段(1978—1984 年)、快速发展阶段(1985—1990 年)、盲目发展阶段(1991—1995 年)、规范发展阶段(1996—2001 年)、质的提升阶段(2002—2008 年)及集团化发展阶段(2008 年至今),陪伴着我国农产品流通体制改制演进一路走来[①]。现如今,农产品批发市场已经成为我国农产品流通的主渠道,地位显著提升,行业规模稳步扩大,市场网络体系基本形成,已经成为实现全国农产品集散和资源配置及带动农业、农村、农民发展的重要力量。

在我国农产品流通模式多样化发展的今天,特别是党的十八大以后,批发市场在农产品流通过程中的作用日益凸显,占据了重要的位置,在保障城市农产品供应,引导农业生产规模化、集约化、标准化发展,稳定产销关系,把关农产品质量,带动相关产业发展及促进农民增收等方面发挥着不可替代的关键作用。2016 年,我国批发市场交易量达 8.5 亿吨,交易额达 4.7 万亿元,较上一年度同比增长 8.8%,占 2016 年度全国农林牧渔业总产值的 41.9%。

四、农产品加工企业

在连锁超市、农贸市场、早市晚市、连锁果蔬店等销售终端所出售的农产品种类比较丰富,涵盖了初加工农产品和深加工农产品。一般说来,农产品初加工的过程和技术均比较简单(主要包括分拣、晾晒、净化、去皮、粉碎、研磨、包装等),容易实现,主要由农民或者销售终端的工作人员来完成。而农产品深加工(包括速冻、脱水、保鲜、腌制、烹制等)的过程相对要复杂得多,需要利用专门的技术和设备才可以实现。由于大部分农产品均具有保鲜期短、易腐烂、不易长期储存等缺点,而经过深加工处理后的农产品却可以克服这些缺点,所以,市场上对于深加工农产品的需求量呈现逐年攀升的趋势,因此也就促进了专门从事农产品深加工企业的不断产生和发展。

农产品加工企业是农业生产的延伸,属轻工企业,具体包括食品加工、食品制造、饮料制造、烟草加工、纺织、橡胶制品、饲料加工等行业。本书中所提到的"农产品加工",均是指农产品深加工,同时,所讨论的行业主要是指食品加工及食品制造类,其他以农产品为原材料进行工业品生产的加工行业不在本书讨论范围内。农产品加工企业在进行农产品原材料采购时,往往采取合同或契约的形式直接与农户达成长期供货协议,有些加工企业本身就是从农产品种植基地发展而来,同时,一些实力强大的企业也会尝试自己经营农场,以保障农产品加工原材料的质量和数量,并且,这些企业逐渐呈现向绿色有机食品加工方向靠拢的趋势。这种流通模式的优点是企业控制原料,可以发展深加工,进行直供直

---

① 参见马增俊:《中国农产品批发市场发展 30 年回顾及展望》,《中国流通经济》2015 年第 29 期。

销，这可能会成为农产品流通未来的发展趋势①。

原农业部于2016年11月14日印发的《全国农产品加工业与农村一二三产业融合发展规划2016—2020年》中明确指出："十三五"时期，是我国全面建成小康社会的决战决胜阶段，也是推进新型工业化、信息化、城镇化和农业现代化同步发展的关键时期。加快推进农业供给侧结构性改革，充分发挥农产品加工业引领带动作用，大力发展休闲农业和乡村旅游，促进农村一二三产业融合发展，是拓展农民增收渠道、构建现代农业产业体系、生产体系和经营体系的重要举措，是转变农业发展方式、探索中国特色农业现代化道路的必然要求，是实现"四化同步"、推动城乡协调发展的战略选择。

目前，我国农产品加工业发展十分迅速，已经成为产业融合的重要力量。在已经过去的"十二五"期间，农产品加工业年均增长率超过10%，与农业总产值比由1.7:1提高到约2.2:1，农产品加工转化率达到65%。截止到2015年底，全国规模以上农产品加工企业达7.8万家，完成主营业务收入近20万亿元，家庭农场、农民合作社、农业产业化龙头企业等新型经营主体超过250万家，初步形成了东北地区和长江流域水稻加工、黄淮海地区优质专用小麦加工、东北地区玉米和大豆加工、长江流域优质油菜籽加工、中原地区牛羊肉加工、西北和环渤海地区苹果加工、沿海和长江流域水产品加工等产业聚集区。带动能力增强，建设了一大批标准化、专业化、规模化的原料基地，辐射带动1亿多农户，在大宗农产品生产供给、产前、产中及产后服务和带动农民进入市场等方面提供了重要支撑。

第三节　农产品流通模式现状

综合来看，目前我国农产品流通仍以线下现货交易的传统流通模式为主，农产品线上交易处于刚刚起步阶段。个体商贩、农村经理人、各类合作组织及部分农户等构成了线下经营的主体，是农产品销售的主要力量。批发市场在农产品销售中依然占据重要位置，是农产品的主要存储和集散地之一。农贸市场则以其物美价廉、供应稳定、购买方便等优势，成为农产品、特别是生鲜农产品的主要零售平台。同时，在一些没有大型农贸市场覆盖的区域，露天市场及受时间限制的早市夜市成为了人们购买农产品的又一主要渠道。近几年来，随着人们消费习惯的转变和对食品安全、质量等方面产生的更高诉求，综合超市、生鲜超市及连锁果蔬店成为了农产品消费的新型载体，其市场销售份额呈现逐年攀升的趋势。在这种流通格局的整体作用之下，农产品流通模式呈现线下为主、线上为辅、形式多变、全面发展的新趋势。

---

① 前引 [77]，周峻岗、尚杰论文，第317-321页。

一、农户直销模式

虽然农户在大部分时间里都将注意力专注与农产品生产，农产品的销售和流通基本以委托代理的形式进行，但在某些特定时期或特定条件下，农户（这里主要为单个农户）也会直接面对消费者开展产品销售活动，形成了农产品流通中的农户直销模式。因为在传统环境下，农户直销模式在整个农产品流通中所占比重较小，因此有些学者甚至不把这种直销模式当成独立的流通模式看待。但近年来，随着电子商务的兴起及其向农产品流通领域的渗透，农户直销模式的形式变得更加丰富了，发生的频率也在不断提高，逐渐成为了农产品流通过程中不可忽视的一个组成部分。因为有了电商平台的出现，随着农民素质的不断提升和对新事物的接受能力不断增强，农产品电商平台将会逐渐成为农户直接面向消费者出售农产品的一个重要渠道。如图4-2所示：

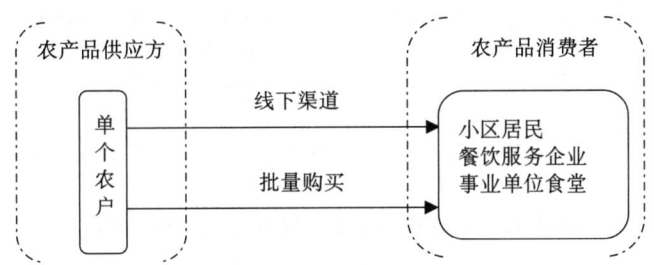

图4-2 农户直销流通模式

农户直销模式是一种最为简单的农产品流通模式，流通环节少，风险控制及利益分配均比较容易实现。总体来看，农户直销模式可以分为两类：第一类为传统线下模式，部分农民会在每天的早、晚时段或其他农闲时间（如秋收后到春耕前），通过早市、夜市、农贸市场、流动摊点等平台或形式，直接面向消费者开展农产品销售活动，其中以土豆、白菜、萝卜、大葱等为主的"秋菜"的流通是这一模式的典型代表；第二类为现代化的线上模式，随着电子商务行为的不断发展和广大农民知识水平的不断提高，越来越多的农户会借助第三方网络交易平台面向终端消费者开展C2C或者B2C的农产品销售，所销售的产品种类倾向于易于储存运输的农产品（如粮食作物、生鲜类产品的加工品等）。

二、以批发市场为主导的流通模式

从批发市场的角度看，参与农产品交易的主体主要由三方构成，分别是农产品供应方、农产品批发方和农产品购买方。农产品的供应方指的是农户及合作社，有时候供应方也会直接充当批发方的角色，但是大部分时候，农产品批发方都是由专门的批发商来充当的。购买方指的是到批发市场进行农产品批发的零售商、各类企事业单位采购人员及进行批量购买的消费者，对于前两种而言，农产品的流通其实还未结束，农产品会沿着流通渠道继续进入下一个流通环节，直至抵达消费者手中为止。其模式结构如图4-3所示。在这里，批发市场更多地充当了中介式平台的角色，它提供了商品交易所需的一切配套服务保障，并提供监督、管理等职能，以保障农产品交易的公平有序进行。在农产品流通模式多样化发展的今天，农产品批发市场在整个农产品流通过程中的地位和作用非但没有降低，反而在不断提升。由此可见，农产品作为一类特殊商品，它在时效性和保鲜性等方面和其他类型的产品有着本质的区别，特别是冷鲜类农产品更是如此。因此，在农产品的流通过程中，线下交易模式只能被发展、融合及完善，但却不会被替代。

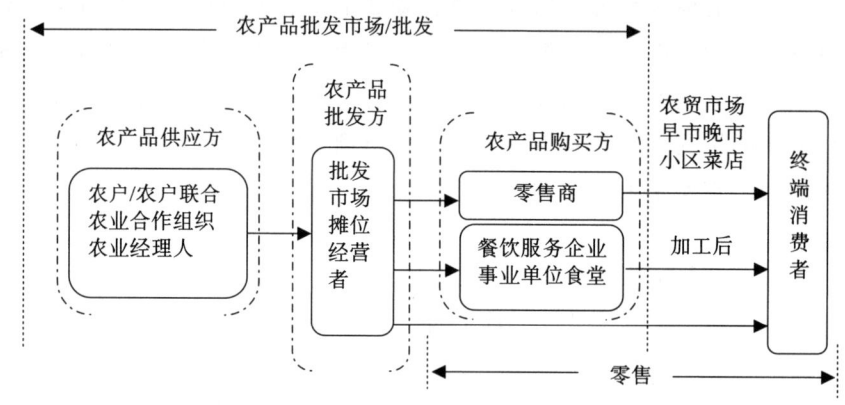

图4-3　以农产品批发市场为主导的流通模式

三、农消对接模式

农产品提供者与大型连锁超市在农产品流通领域形成了最早的"对接"合作关系，也就是我们所说的"农超对接"模式，农超对接最为公认的基本模式为"农户+合作社+超市"。"农超对接"模式的出现、发展，既是农民组织化和农业规模化、产业化、现代化发展的契机，也是连锁超市供应链不断优化的一种必然，还可以为消费者带来更多的实惠，有利于较好地解决流通环节多、成本高、分配不合理等带来的障碍，也为流通体制改革及流通效率提升提供了一种有效的解决思路。

随着时间的推移和农产品流通模式的不断发展变化，能够与农产品供应方进行对接交易者不再仅仅局限于连锁超市，一些学校或者机关单位的食堂、餐饮服务企业及连锁果蔬店等开始逐步利用不同渠道、通过各种形式与农户形成对接形式的农产品供销关系，逐步衍生出"农校对接""农餐对接""农连对接"等新的农产品流通模式。这种"对接"模式所描述的农产品流通过程其实并不完整，它只是指出了主要流通环节的走向，而事实上，无论是超市、食堂、餐厅，还是果蔬零售店，它们都不是农产品的最终消费者，对它们来说，采购的农产品并非是食物，而是商品或原材料。本书为了便于研究，把与农户直接发生采购行为的主体均当作是农产品的消费者来看待，将其归纳为"农消对接"模式，如图4-4所示。

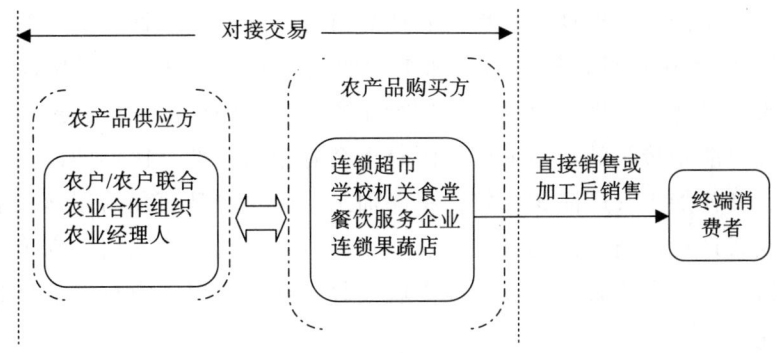

图 4-4 "农消对接"流通模式

在该模式下,农产品交易过程中的风险控制、利益分配及供应链成本管理等方面都由对接的双方事先约定并在整个流程过程中加以执行。参与对接的双方中,一方为农产品的供应者,它可以是农户(包括单个农户和多个农户的联合)、各类农合组织或农业经理人,另一方是农产品或农产品加工品的零售商,它连接着终端消费者,可以由多个种类不同的主体来充当。当流通主体发生变化时,对接的形式各不相同,所形成的流通模式也略有差别。

四、以加工企业为核心的流通模式

进入市场流通的不仅有初级农产品,还包括大量的初加工及精深加工农产品,且其所占比重在逐年增长。当农产品经过加工企业的加工处理之后,这些精深加工农产品会通过多种渠道销售给终端消费者,形成了以加工企业为核心的农产品流通模式,如图 4-5 所示。

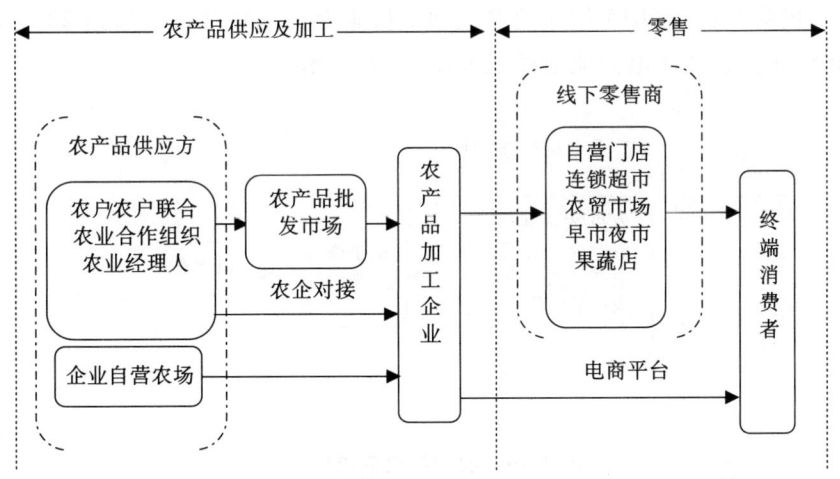

图 4-5 以加工企业为核心的流通模式

农产品精深加工产业的出现，为稳定农产品市场、丰富人们饮食文化等方面均作出了卓越贡献。从图4-5中可见，经过精深加工后的农产品，在进入到后续流通环节时，和其他农产品并没有本质的区别，而是同样进行流通，通过同样的渠道，最后送到消费者手中。后续的渠道可能是传统的零售平台，同时也会有相当一部分比重的产品通过电商平台销售。很显然，和初加工农产品相比较，精深加工后的农产品更加易于运输和保存，也更适合通过在线模式进行流通。由此可见，农产品加工业与农产品电商的深度融合，将对促进我国农村地区一二三产业融合发展、提高农民收入水平、促进农村经济增长等方面起到十分重要的作用。

五、农产品电商模式

从电子商务在中国这样一个农业大国着陆和发展的那一刻开始，农产品流通与电子商务的结合已经注定成为必然。从理论研究角度来看，农产品电商是"互联网+农产品流通"的主要代表形式，二者之间的融合始于20世纪90年代中期（1995年）。目前，我国原有的农产品流通格局正在被逐渐打破，农产品流通正在由纯粹的线下交易向线上交易过渡。特别是当农产品加工业加入之后，再次加速了农产品电商的发展进程，其原因在于精深加工农产品打破了原有农产品不易存储运输、不适合进行在线销售的限制，这为农产品电商的发展提供了前所未有的契机。随着互联网技术的引入，涉农电商、物联网、大数据、云计算、众筹等亮点频出，农产品市场流通、物流配送等服务体系日趋完善，农业生产租赁业务、农商直供、产地直销、食物短链、社区支农、会员配送等新型经营模式不断涌现。截止到2015年底，全国共有各类涉农电商超过3万家，农产品电子商务交易额达到1500多亿元。同时，通过农产品电商平台，推动休闲农业和乡村旅游呈暴发增长态势，"十二五"期间年均增速超过10%，从业人员790万人，其中农民从业人员630万人，带动550万户农民受益；到2015年休闲农业和乡村旅游全国年接待人数达22亿人次，经营收入达4400亿元。农产品电商流通模式如图4-6所示。

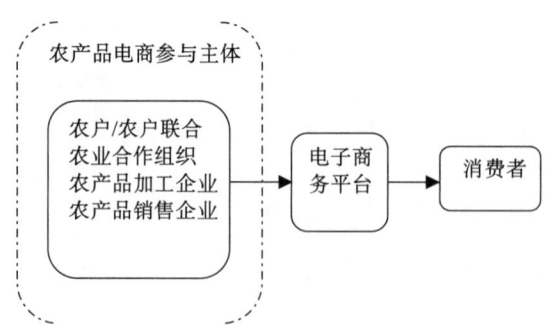

图4-6 农产品电商流通模式

从图4-6中可见，农产品电商模式明显具有参与主体类型较多、流通环节较少等显著特点。

第四节 存在的问题

经过几十年的发展，目前，我国农产品流通建设初步取得了一些成绩，初步形成了较为稳定的供应渠道和流通模式，基本能够保障人们日常生活中对于初级农产品及精深加工农产品的需求。作为农产品的生产者，广大农民的收入水平也在日趋提高。但是，和发达国家比较来看，我国现有的农产品流通体系在流通成本、流通技术、流通主体等方面依然存在很大的不足，机械化、信息化及农产品加工技术落后，农产品流通主体平均素质偏低，流通过程损耗率高，流通成本偏高。这些情况的存在，导致农产品流通效率水平依然处于一个较低的位置，亟待解决。

一、流通成本方面

（一）农产品流通过程中机械化作业程度低，人工成本高

农产品流通是一个非常复杂的过程，环节多、周期长，而从生产到消费，中间需经过采摘、包装、装卸、运输、存储、加工、销售等环节。目前，我国农产品生产及流通的集群化程度低，流通涉及的多个环节作业机械化和自动化程度偏低，劳动密集型导致了较高的人工成本。以农业生产为例，在 2016 年，我国农作物总播种面积为 166650 千公顷，农业机械总动力为 97245.6 万千瓦，平均每公顷耕地拥有机械动力仅为 5.83 瓦；拥有大小型拖拉机共 2317 万台，平均每台拖拉机需要负责 7.19 公顷，全国农作物耕种收综合机械化率为 63.8%，而世界主要发达国家，如美国、加拿大、英国、法国、日本等，在 20 世纪六七十年代就已经全面实现了农业机械化，目前只需动用少于全国人口 5% 的劳动力，就可以支撑本国发达的农业体系。而我国目前的农业劳动相当大一部分还得依靠人工完成，这就导致在上述过程中额外增加了大量的雇工成本。这种主要依靠人工劳动完成工作的现象在整个农产品流通的其他各个环节也是较为明显。

（二）交通运输基础设施建设不够完善，物流成本高

我国的交通运输行业虽然在近年取得了较快的发展，但和美国、日本等发达国家比较而言，仍然处于一个相对落后的位置。我国的农产品运输以公路为主[1]，但从公路建设角度来看，我国乡村公路密度在 2007 年时仅为 $0.33km/km^2$，而同期美国的乡村公路密度为 $0.69km/km^2$，日本更是高达 $3.16km/km^2$。除了公路之外，铁路、水路和航空的运输水平

---

[1] 参见江静：《我国农产品现代化流通模式的智能化趋势分析》，《商业经济研究》2016 年第 3 期。

也都处于较为落后的水平，水、陆、空的立体化交通运输体系直到 2012 年才初步实现[①]。农村交通设施建设水平的落后，给农产品从农村向城市的转移带来了很大的困难，很多农产品的销售只能依靠收购商前来采购，此时农民在农产品议价过程中处于绝对的劣势地位，基本上没有什么话语权，有些时候由于收购价格过低，农民宁愿农产品烂在地里，也不愿进行销售。而在其他物流配套设施建设方面，如集散中心、大型仓储等，都需要进一步完善。除了交通基础设施建设落后之外，其他物流费用也居高不下，其中物流保管费是发达国家的 2 倍，而包括高速公路行驶费在内的各类管理费用也是发达国家的 3 倍至 4 倍，这也就导致了我国农产品流通过程中物流成本居高不下。较高的物流成本直接导致了农产品销售价格的提升，影响了企业效益，损害了消费者福利。

（三）农村地区网络普及率及信息技术水平偏低，供求信息不对称，信息获取成本高

由中国互联网信息中心（CNNIC）于 2017 年 6 月牵头发布的《全国互联网发展统计报告》中显示，截止到 2017 年 6 月，我国共有网民 7.51 亿人，位居世界第一，互联网普及率为 54.3%，互联网发展状况综合评估位居世界第二。其中，农村网民规模为 2.01 亿人，占比为 26.7%；农村地区互联网普及率为 34.0%，远低于城镇地区水平；从应用层面看，农村地区的网络应用主要集中在即时通信、网络音乐、在线视频、网络游戏等休闲娱乐方面，而商务交易、在线支付、信息查询类方面的应用量相对偏低。从报告中我们可以发现，我国农村地区的互联网络基础设施建设还不够完善，网络普及率偏低。农村地区网民数量偏少，已有的网民利用网络进行农业及农产品流通信息检索或是利用网络手段开展农产品在线流通的比率很低，可见农村地区的信息传输仍主要依靠传统模式，信息获取成本高，这不仅直接导致了农业信息流通不畅，农产品供求信息不对称，而且更没有在指导生产中发挥应有的作用。从另一个角度来看，目前互联网上中文版涉农类网站数量大概有 3 万家，其中以提供农产品电商服务类的为主，但真正能够提供真实有效的农业及农产品专业信息、知识普及、技术传播等内容的网站并不多见。

二、流通技术方面

（一）冷链物流相关设施建设匮乏，低温技术及包装技术手段落后，流通损耗大

我国幅员辽阔，农产品流通南北纵横、东西贯通，流通范围十分广泛。在现有的流通基础设施建设水平下，流通速度较为缓慢，流通周期相对较长。农产品特别是生鲜农产品具有容易腐烂、保质期短等显著特点，因此在流通过程中的温度控制及保鲜控制尤为重要。而我国在冷库建设、冷藏运输车使用量等方面要远远落后于发达国家。根据中国冷链物流发展调查报告及全球冷库容量调查报告显示，美国人均冷库容量为 0.365 立方米，荷

---

① 参见张永强、张晓飞等：《中美日农产品流通体系对比及经验借鉴》，《世界农业》2017 年第 4 期。

兰为1.14立方米，日本为0.233立方米，我国却仅有0.056立方米。美国拥有公路冷藏车22万辆，日本有12万辆，而我国只有5.52万辆。在美国、日本等农业发达国家，农产品的冷链流通率可达80%，生鲜农产品冷链流通率达100%，而这一比例在我国只有不到20%。除此之外，在我国现阶段的农产品流通中，大部分农产品都是以裸装或简单包装形式进入流通环节的，对于果蔬类生鲜农产品的包装要精细一些，但大部分也仅是采用纸箱、泡沫箱等一次性包装，不但包装技术较为落后、对农产品的保鲜防腐十分不利之外，这类一次性包装还给农产品流通额外增加了15%—20%的成本。在欧洲及其他发达国家，目前广泛使用标准化周转筐来对果蔬类农产品进行包装，可使包装成本降低到农产品成本的5%，而我国周转筐的使用率仅为美国的10%、日本的20%左右[①]。

总的来看，我国农产品流通中冷链物流比重低，低温技术及包装技术手段落后，一次性耗材使用率高，上述因素的存在再次提升了我国农产品流通的耗材使用成本，并在很大程度上升高了农产品流通损耗率。据不完全统计，我国生鲜农产品流通损耗率高达20%—30%，而发达国家仅为1.7%—5%。

（二）农产品精深加工技术落后

目前，虽然我国农产品加工业的发展十分迅速，已经成为产业融合的重要力量，但总的来看，对于农产品精深加工的研发投入依然不足，相关科技储备弱，技术创新能力不强，其中工艺和装备脱节是主要问题之一[②]。由于技术水平、研发能力和投入的不足，我国精深加工农产品种类少、水平低、重复率高。模仿借鉴多，自主研发少，产品缺乏新意和创造力，产品市场竞争力不强。与此同时，政府对农产品"产、加、销"的扶持方面也需要进一步完善，一是要加强扶持力度，二是要改变扶持方式，应由间接扶持改为直接扶持。

三、流通主体方面

（一）广大农民受教育程度低，对新技术的掌握能力差

农民是农业生产和农产品流通的重要主体，但目前的情况是，农民的主体地位只在生产环节上得以体现，而在流通环节，农民往往成为了旁观者。我国农民平均受教育水平和文化素质偏低是造成这种现象的主要原因之一，由于缺乏必要的学习能力和理解能力，他们对于新资源、新事物和新技术的接受和掌握能力较差，信息获取、产品营销的能力缺失。广大农民没有能力将最新的农业生产及农产品流通技术及时进行应用，这已经成为影响我国农业发展、造成农产品流通效率低下的主要原因之一。

对于我国农民接受教育的情况可以从初始教育和继续教育两个方面去观测。从初始教

---

① 参见彭建真：《中国零售业生鲜筐应用状况调查报告》，2017年6月。
② 参见何安华、秦光远：《中国农产品加工业发展的现状、问题及对策》，《农业经济与管理》2016年第5期。

育角度来看，截至 2012 年底，我国农村居民家庭劳动力中不识字或识字很少的比例为 5.30%，小学文化程度的比例为 26.07%，初中文化程度的比例为 53.03%，高中文化程度的比重为 10.01%，中专文化程度的比重为 2.66%，大专及大专以上文化程度的比重为 2.93%①由此可知，农村劳动力中初中及以下文化程度的比重高达 84.40%。从继续教育角度来看，农民所接受的继续教育以培训类为主，而学历类的继续教育几乎没有人会选择参与。相对而言，美国、日本等发达国家农民接受高等教育的比重可以达到 80% 左右。

我国农业劳动力教育严重不足，主要症结在于农民教育供给不充分不平衡：一是农民教育在国民教育体系中处于弱势地位，与其承担的农村农业现代化的重要历史使命不相匹配。二是农民教育规划与实施不仅与农民需求脱节，而且与市场需求脱节，不能有效满足不同类型农民、对多样化、高质量教育的要求。三是片面强调技术能力，忽视综合素质。四是在教学内容、教学形式和教学方法等方面，没有充分满足农民多元化学习需求，没有充分尊重作为成人的农民的学习特点和规律②。

（二）农民合作社规模小，功能单一，与企业合作不够紧密

近年来，伴随着《中华人民共和国农民专业合作社法》的出台，我国农民专业合作社进入了蓬勃发展阶段，截止到 2017 年 4 月，我国农村地区已注册合作社 188.8 万家，注册总资金达 4.2 万亿元③。然而，在快速、大量发展的同时，我们必须要注意到我国农民合作社存在的问题：一是分散发展，规模小，竞争力低下，没有形成集群效应；二是技术水平落后，专业人才短缺，专业化发展水平低；三是受小农意识影响，众多农民更加专注于眼前既得利益，看不到合作社发展的长远利益，使得农民参与热情度不高；四是受到农民自身素质影响，合作社在机构设置、人员管理、资金管理等方面还比较落后，发展潜力不足；五是在与企业合作方面还不够充分。

（三）农产品批发市场现代化程度低，管理水平落后，公益性作用不强

农产品批发市场是我国现阶段农产品流通市场中当之无愧的主渠道，在稳定农产品供应和维持农产品价格方面发挥了不可替代的作用，但从自身发展建设的角度来看，和美国、日本等发达国家相比较，我国的农产品批发市场还存在很多问题。首先是基础设施建设的现代化程度偏低，具有恒温保鲜作用的冷库建设不足，农产品保鲜期被缩短，从而加大了流通损耗，抬高了农产品价格；其次是市场管理模式落后，从业人员的素质、道德水准等参差不齐，短斤少两、以次充好等现象较为普遍；最后是自身属性方面，我国的农产品批发多以营利性为目的，而理想状态的农产品批发市场应当是以公益性为主。

---

① 中国农村统计年鉴 2017。
② 参见何光全：《现代化视野下的我国农民教育问题》，《现代远程教育研究》2018 年第 1 期。
③ 参见张念玲：《农民专业合作社发展现状及对策研究》，《农村经济与科技》2017 年第 28 期。

第五节 本章小结

本章从分析我国农产品流通特征入手，分别从基础设施、流通主体、流通模式的角度出发，对目前我国农产品流通的发展现状进行了概括性的整理，并分别从流通成本、流通技术和流通主体三个方面展开论述，对我国农产品流通过程中存在的问题和可能的原因进行了归纳性的总结，为下一步针对农产品流通效率的研究工作的展开提供一定的现实依据。

第五章

农产品流通效率评价

通过前文分析可知，由于受到成本偏高、技术落后及主体发展不完善等几个方面因素的影响，农产品流通效率偏低已经成为当前我国农产品流通过程中存在的首要问题。本章将依据上述结论，有针对性地选择农产品流通效率评价指标，并利用我国 2004—2016 年农产品流通的相关数据，分别从横、纵两个方向对全国各省级行政单位农产品流通效率的发展变化情况进行实证分析，从而验证前文得出的农产品流通效率偏低这一结论，并对其形成原因加以分析。

第一节 农产品流通效率的评价方法及模型

流通效率分析是经济学领域研究的核心内容之一，目前学术界对于农产品流通效率进行评价的研究成果十分丰富，研究的对象、参照的标准、建立的指标体系和选择的评价方法呈现多样化发展的趋势，并且不同的学者各自拥有自己独立的见解和分析方案。

一、评价方法概述

能够用于进行流通效率评价的实证方法有很多，不同的方法适用于不同的研究情景。本节将对目前较为常见的几种研究方法加以简单介绍。

1. 因子分析法（Factor Analysis，FA）

因子分析法（FA）隶属于因素分析法，是多元统计中的一种重要方法，它通过降维来提取信息和简化数据并进行分析[①]，它从研究指标相关矩阵内部的依赖关系出发，把一些信息重叠、具有错综复杂关系的变量归结为少数几个不相关的综合因子。1904 年 Charles Spearman 在《对智力测验得分进行统计分析》一文中第一次运用了这种方法，目前该方法在经济学、社会学等多个学科中都得到了成功的运用。它通过研究样本的相关阵

[①] 参见党耀国：《应用多元统计分析》，清华大学出版社 2012 年版，第 79 页。

或协方差阵，找到其内部依赖关系，并且为求得在众多变量中提取的少数几个抽象因子并以此来表现数据的基本结构，所以从这几个抽象的因子中就能看出原有变量的主要信息。使用因子分析法进行指标选取时，往往带有使用者较强的主观判断，可能会导致效率的测量结果存在人为误差。

2. 模糊综合评价法（Fuzzy Comprehensive Evaluation method，FCE）

模糊综合评价法（FCE）是一种基于模糊数学的综合评价方法，模糊数学诞生于 1965 年，它的创始人是美国自动控制专家 L. A. Zadeh。该综合评价法根据模糊数学的隶属度理论把定性评价转化为定量评价，即用模糊数学对受到多种因素制约的事物或对象作出一个总体的评价。该方法具有结果清晰、系统性强的特点，能较好地解决模糊的、难以量化的问题，适合各种非确定性问题的解决。使用 FCE 进行效率评价时，往往需要事先设定评价指标及其权重，这一点和因子分析法类似，使用者在进行评价指标设定时往往会从自己已有的研究成果出发，带有较强的主观性，可能会使评价结果有失公正。

3. 层次分析法（Analytic Hierarchy Process，AHP）

层次分析法（AHP）是美国著名运筹学家 Thomas L. Saaty 教授于 20 世纪 70 年代提出的一种简便、灵活而又实用的多准则决策方法，它把一个复杂问题分解成多个组成因素，并按其相互间的支配关系形成层次结构，然后利用两两比较法确定决策方案的相对重要性[①]。AHP 特别适用于系统中某些因素缺乏定量数据或难以用完全定量分析方法处理的政策性较强或带有个人偏好的决策问题，它将定性判断与定量分析相结合，用数量形式表达和处理人的主观偏好，从而为科学决策提供依据。AHP 从本质上讲也是一种专家参与的决策方法，但由于它采取了层次结构与相对标度，因而比其他的决策方法更为灵活，可以解决的问题也更复杂，其结果也更具说服力。本书在第 6 章农产品流通效率影响因素分析阶段采用了 AHP 方法，但该方法并不适合用于具有定量数据的多投入、多产出的效率评价。

4. 距离函数法（Distance Function method，DF）

在 20 世纪中叶，Malmquist（1953）和 Shephard（1953）就曾先后提出距离函数（DF）的概念，但直到最近几十年距离函数才得以广泛应用[②]。距离函数采用非参数线性规划技术，计算某地区（往往以一个地区作为一个评价单元）在某一时间截面相对于当期生产前沿面（技术水平）的距离，通过对距离的分析，得出当前的效率水平（一般来说，距离越大，反映出当前效率越低）。在使用距离函数对投入产出关系及效率进行测度时，不需指明特定的行为对象和具体的生产函数表达式，也无须对所研究样本的非效率分布作出先定假设，但在样本数据采集的过程中可能需要较大的工作量，对所采集的数据往往需要经过复杂计算之后才可以使用。

---

① 孙宏才、田平、王莲芬：《网络层次分析法与决策科学》，国防工业出版社 2011 年版，第 6 – 7 页。
② 欧阳小迅、黄福华：《我国农产品流通效率的度量及其决定因素：2000 – 2009》，《农业技术经济》2011 年第 2 期。

5. 随机前沿法（Stochastic Frontier Approach，SFA）

随机前沿法（SFA）由 Meeusen 和 Broeck[①]、Aigner[②]、Battese 和 Corra[③] 等在 1977 年提出，它是通过建立计量模型对前沿生产函数的参数进行统计估算，并在此基础上对技术效率进行测定。SFA 方法将实际产出分为生产函数、随机因素和技术无效率，考虑了随机因素对于产出的影响，利用生产函数和随机扰动项构造出随机生产前沿，并通过极大似然法估计出各个参数的数值，然后将技术无效率项的条件期望作为技术效率值，其结果便于对所有决策单元进行评价。在使用 SFA 进行效率评估时，受异常点的影响较小，计算结果趋于稳定[④]。SFA 方法主要用于多投入、单产出的效率评价过程，当所建立的评价指标为多投入、多产出体系时，SFA 并不特别适合。

6. 数据包络分析法（Data Envelopment Analysis，DEA）

数据包络分析法（DEA）主要用于多投入和多产出的效率评价分析，笔者经过实践检验，归纳出 DEA（和其他方法相比较而言）有如下特点：

一是可同时计算多种输入和输出指标；二是输入及输出的指标数据可以使用不同的计量单位，无须进行无量纲化处理；三是无须预定指标间权重，无须事先对指标进行赋权；四是无须预估生产函数的参数，只需依靠分析实验观测数据、采用局部逼近的方式构造生产函数模型，即可对评价单元展开相对有效性评价；五是致力于对每个评价单元的优化而不是对整个集合的统计回归优化。

鉴于不同评价分析方法的各自特点，结合本书的研究视角和研究目的，拟采用数据包络分析法（DEA）对农产品流通效率展开实证分析。

二、数据包络分析法（DEA）

数据包络分析（Data Envelopment Analysis，DEA）隶属于数学、运筹学、数理经济学和管理学的交叉领域，它的思想起源于 Farrell 在 1957 年对英国农业生产力分析中提到的包络概念[⑤]，由 A. Charnes 和 W. W. Cooper 等人于 1978 年开始创建[⑥]。DEA 使用包括线性规划、多目标规划、具有锥结构的广义最优化、半无限规划及随机规划等在内的数学规划模型对具有多个输入和多个输出的部门或单位之间的相对有效性展开评价，其中，被评价

[①] Meeusen, W., Vanden Broeck, J. Efficiency estimation from Cobb – Douglas production functions with composed error [J]. International Economic Review, 1997, 18 (2): 435 – 444.

[②] Aigner, D., Lovell, G. A. L., Schmidt, P. Formulation and estimation of stochastic frontier production function models [J]. Journal of Econometrics, 1977, 6 (1): 21 – 37.

[③] Battese, G. E., Corra, G. S. Estimation of a production frontier model: with application to the pastoral zone of Eastern Australia [J]. Australian Journal of Agricultural and Resource Economics, 1977, 21 (3): 169 – 179.

[④] 参见汪旭晖、文静怡：《我国农产品物流效率及其区域差异——基于省际面板数据的 SFA 分析》，《当代经济管理》2015 年第 1 期。

[⑤] M. J. Farrell. The Measurement of Productive Efficiency. Journal of the Royal Statistical Society Series A (General), 1957, 120 (3): 253 – 290.

[⑥] Charnes A, Cooper W W and Rhodes E. Measuring the efficiency of decision making units. European Journal of Operational Research, 1978, 2: 429 – 444.

的"部门"或"单位"被称为"决策单元"(Decision Making Unit, DMU)。在进行评价之前,需要事先抽取能够反映 DMU 发展现状的若干指标以建立评价指标体系,通过对各个 DMU 进行观测可以获取相应的指标数据,通过对这些数据进行运算进而判断 DMU 是否为 DEA 有效,即判断 DMU 是否位于生产可能集的"生产前沿面"上,在这个过程中,所采用的指标数据可以使用各自不同的量纲,当然也可以使用无量纲数据,由此可见,数据包络属于一种典型的非参数分析方法。由于 DEA 具有天然的经济背景,它在避免主观因素、简化算法、减少误差等方面有着不可忽视的优越性,依据 DEA 方法、模型和理论,可以直接利用输入和输出数据建立非参数的 DEA 模型进行经济分析。同时,使用 DEA 对 DMU 进行效率评价时,还可以得到很多管理信息。因此,DEA 领域的研究吸引了众多学者的关注[1],极大地丰富了微观经济中的生产函数理论及其应用技术,现在已经成为管理学、系统工程、决策分析和评价技术等领域中一种常用且非常重要的分析工具和研究手段[2]。

1978 年,Charnes 等以单输入、单输出的工程效率概念为基础提出了第一个 DEA 模型,即 C^2R 模型。C^2R 模型是 DEA 方法的第一个模型,是学习 DEA 方法必须首先掌握的基础知识,它从公理化的模式出发,刻画了生产的规模与技术有效性。这个模型的产生不仅扩大了人们对生产理论的认识,也为评价多目标问题提供了有效的途径,使得研究生产函数理论的主要技术手段由参数方法发展成为参数与非参数方法并重;1982 年,Cave,Christensen 等将 Malmquist 指数与 DEA 相结合,提出了 DEA – Malmquist 指数分析并广泛应用;1984 年,Banker 和 Charnes 等针对生产可能集中率和生产率评价中得到了的锥性假设不成立,给出了另一个评价生产技术相对有效性的 DEA 模型,即 BC^2 模型[3][4];随后,Fare 和 Grosskopf 也给出了满足规模收益非递增的 DEA 模型,FG 模型[5];1990 年,Seiford 和 Thrall 给出了满足规模收益非递减的 ST 模型[6];在随后的应用中,诸多学者又陆续给出

---

[1] Seiford L M. Data envelopment analysis: The Evolution of State of the Art (1978 – 1995), Journal of Production Analysis, 1996, 7: 99 – 137.

[2] 参见魏权龄:《评价相对有效性的 DEA 方法》,中国人民大学出版社 1988 年版,第 59 页。

[3] Banker R. D., Charnes A., Cooper W. W.. Some models for estimating technical and scale inefficiencies in data envelopment analysis [J]. Management Science, 1984, 30 (9): 1078 – 1092.

[4] Charnes A., Cooper W. W., Golany B, et al. Foundations of data envelopment analysis for pareto – koopmans efficient empirical production [J]. Journal of Econometrics, 1984, 30 (1): 91 – 107.

[5] Fare R, Grosskopf S. A nonparametric cost approach to scale efficiency [J]. Scandinavian Journal of Economics, 1985, 87 (4): 594 – 604.

[6] Seiford L M, Thrall R M. Recent development in DEA. The mathematical programming approach to frontier analysis [J]. Journal of Econometrics, 1990, 46 (1, 2): 7 – 38.

了含有偏好的 C^2WH 模型①、具有无限多个决策单元的 C^2W 模型②及 C^2WY 综合模型③等。

本章将以全国及 31 个省级行政单位农产品流通效率为评价对象，拟通过对综合效率、技术效率、规模收益、全要素生产率变化等指标的观测，来分析目前我国农产品流通效率的发展现状及存在的问题，因此，计划选取 DEA 方法中的 C^2R、BC^2 模型和 Malmquist 指数模型，分别从横、纵两个方向开展实证研究。

三、C^2R 模型

（一）决策单元

盛昭瀚、朱乔、吴广谋④（1996）指出，无论是生产过程还是经济系统，均可以看作是一个单位在一定时间范围内，通过投入相应的生产要素进而得到一定量产出的过程，这个过程的内容可能各不相同，但都具有一个共同的目标，即努力实现自身收益的最大化。为了实现这一目标，整个生产过程的每一次要素投入都需要领导者慎重考虑后方可作出最终决策，从这一角度来看，可以说产出其实是决策的结果，所以我们把这样的单位称为决策单元（Decision Making Units，DMU），每个决策单元都具有若干的输入和输出变量，各自代表不同的经济意义，它们在将输入转化为输出的过程中，实现自己的决策目标。

（二）C^2R 模型的产生背景⑤

C^2R 模型是数据包络分析（DEA）方法的第一个重要模型，它是由美国著名运筹学家 Charnes、Cooper 和 Rhodes 等人在 1978 年以相对效率为基础提出的一种新的系统分析方法⑥，该方法将工程效率的概念推广到多输入输出系统的相对效率评价中，为不同决策单元（DMU）之间的相对效率评价提供了一种可行的方法和有效的工具。

C^2R 的求导过程中使用了 Charnes 和 Cooper 在 1962 年给出的 C^2 变换理论（即 Charnes – Cooper 变换），将分式转化为一个与其等价的线性规划问题，再由线性规划的对偶理论，可以得到 C^2R 模型的对偶模型。当我们将非阿基米德无穷小量引入该对偶模型时，就可以很容易判断出决策单元是否有效以及决策单元的投入规模是否恰当。此外，可

---

① Charnes A., Cooper W. W., Wei Q L, et al. Cone ratio data envelopment analysis and multi – objective programming [J]. International Journal of Systems Science, 1989, 20 (7): 1099 – 1118.
② Charnes A., Cooper W. W., Wei Q L. A semi – infinite multi – criteria programming approach to data envelopment analysis with infinitely many decision making units [R]. The University of Texas at Austin, Center for Cybernetic Studies Report, CCS 551, September, 1986.
③ Charnet A., Cooper W. W., Wei Q L, et al. Compositive data envelopment analysis and multi – objective programming [R]. The University of Texas at Austin, Center for Cybernetic Studies Report, CCS 633, June 1989.
④ 参见盛昭瀚、朱乔、吴广谋：《理论、方法与应用》，科学出版社 1996 年版，第 2 – 5 页。
⑤ 参见马占新：《数据包络分析模型与方法》，科学出版社 2010 年版，第 3 – 52 页。
⑥ Charnes A, Cooper W W and Rhodes E. Measuring the efficiency of decision making units. European Journal of Operational Research, 1978, 2: 429 – 444.

通过对偶模型来讨论 DEA 有效与相应的多目标规划 Pareto 有效之间的关系，为应用 DEA 方法描述生产函数理论提供了可能性。

（三）C^2R 模型的推导过程

假设有 n 个决策单元，每个决策单元有 m 种类型的输入和 s 种类型的输出，各决策单元的输入和输出数据如表 5-1 所示。

表 5-1　　　　　　　　　　决策单元的输入和输出数据
Chart 5-1　　　　　　　　Imput and output data of DMU

决策单元		1	2	…	J	…	N			
v_1	1 →	x_{11}	x_{12}	…	x_{1j}	…	x_{1n}			
v_2	2 →	x_{21}	x_{22}	…	x_{2j}	…	x_{2n}			
⋮	⋮	⋮	⋮		⋮		⋮			
v_m	M →	x_{m1}	x_{m2}	…	x_{mj}	…	x_{mn}			
		y_{11}	y_{12}	…	y_{1j}	…	y_{1n}	→	1	u_1
		y_{21}	y_{22}	…	y_{2j}	…	y_{2n}	→	2	u_2
		⋮	⋮		⋮		⋮		⋮	⋮
		y_{s1}	y_{s2}	…	y_{sj}	…	y_{sn}	→	s	u_s

在表 5-1 中：

x_{ij} 为第 j 个决策单元对第 i 种输入的投入量，$x_{ij}>0$；

y_{rj} 为第 j 个决策单元对第 r 种输出的产出量，$y_{rj}>0$；

v_i 为对第 i 种输入的一种度量（或称权）；

u_r 为对第 r 种输出的一种度量（或称权）；

其中，$i=1, 2, \cdots, s, j=1, 2, \cdots, n$. 为方便起见，记为：

$$x_j=(x_{1j}, x_{2j}, \cdots, x_{mj})^T, j=1, 2, \cdots, n, \tag{5.1}$$

$$y_j=(y_{1j}, y_{2j}, \cdots, y_{sj})^T, j=1, 2, \cdots, n, \tag{5.2}$$

$$v=(v_1, v_2, \cdots, v_m)^T, \tag{5.3}$$

$$u=(u_1, u_2, \cdots, u_s)^T. \tag{5.4}$$

对于权系数 $v \in E^m$ 和 $u \in E^s$（即 v 为 m 维实数向量，u 为 s 维实数向量），决策单元 j 的效率评价指数为：

$$h_j=\frac{\sum_{r=1}^{s} u_r y_{rj}}{\sum_{i=1}^{m} v_i x_{ij}}. \tag{5.5}$$

总可以适当地选取权系数 v 和 u，使其满足：

$$h_j \leqslant 1, \quad j = 1, 2, \cdots, n. \tag{5.6}$$

当对第 j_0（$1 \leqslant j_0 \leqslant n$）个决策单元的效率进行评价时，以权系数 v 和 u 为变量，以第 j_0 个决策单元的效率指数为目标，以所有决策单元的效率指数

$$h_j \leqslant 1, \quad j = 1, 2, \cdots, n \tag{5.7}$$

为约束，构成如下的 C^2R 模型：

$$(\overline{P}_{C^2R}) \begin{cases} \max \dfrac{u^T y_0}{v^T x_0} = V_{\overline{P}}, \\ s.t. \quad \dfrac{u^T y_j}{v^T x_j} \leqslant 1, \quad j = 1, 2, \cdots, n, \\ v \geqslant 0, \\ u \geqslant 0. \end{cases} \tag{5.8}$$

为方便起见，记 $(x_0, y_0) = (x_{j_0}, y_{j_0})$。"$\leqslant$"表示每个分量都小于或等于，"$\leqslant$"表示每个分量都小于或等于并且至少有一个分量不等于，"$<$"表示每个分量都小于并且不等于。

四、BC^2 模型

（一）C^2R 模型与 BC^2 模型

C^2R 模型与 BC^2 模型是目前国内在作 DEA 分析时使用较多的两个模型，其中，C^2R 模型主要用于评价决策单元（DMU）是否同时达到规模有效和技术有效的情况，BC^2 模型则主要用于评价决策单元的技术有效性。

从生产理论来看，C^2R 模型对应的生产可能集满足平凡性、凸性、锥性、无效性和最小假设性，但在某些情况下，用凸锥来描述生产可能集在一定程度上可能会缺乏准确性。于是，我们会根据分析需要把锥性假设从 C^2R 模型中去掉，于是就得到了 DEA 的另一个重要模型，即 BC^2 模型。应用 BC^2 模型可以评价部门间的相对技术有效性，与之对应的生产可能集满足平凡性、凸性、无效性和最小假设性，此时的生产前沿面可以看作是生产函数概念在具有多个输入输出情况下的推广。

（二）BC^2 模型的定义[①]

假设 n 个决策单元对应的输入数据和输出数据分别为：

$$x_j = (x_{1j}, x_{2j}, \cdots, x_{mj})^T, \quad j = 1, 2, \cdots, n, \tag{5.9}$$

$$y_j = (y_{1j}, y_{2j}, \cdots, y_{sj})^T, \quad j = 1, 2, \cdots, n, \tag{5.10}$$

其中，$x_j \in E^m$，$y_j \in E^s$，$x_j > 0$，$y_j > 0$，$j = 1, 2, \cdots, n$，则 BC^2 模型可以定义为：

[①] 魏权龄：《数据包络分析》，科学出版社 2004 年版，第 1—58 页。

$$(P_{BC^2}) \begin{cases} \max\ (\mu^T y_0 + \mu_0) = V_P, \\ s.t.\ \omega^T x_j - \mu^T y_j - \mu_0 \geqq 0,\ j = 1, 2, \cdots, n, \\ \omega^T x_j = 1, \\ \omega \geqq 0,\ \mu \geqq 0. \end{cases} \tag{5.11}$$

上述模型的对偶模型为：

$$(D_{BC^2}) \begin{cases} \min \theta = V_D, \\ s.t.\ \sum_{j=1}^{n} x_j \lambda_j + s^- = \theta x_0, \\ \sum_{j=1}^{n} y_j \lambda_j - s^+ = y_0, \\ \sum_{j=1}^{n} \lambda_j = 1, \\ x^- \geqq 0, x^+ \geqq 0, \lambda_j \geqq 0, j = 1, 2, \cdots, n. \end{cases} \tag{5.12}$$

若线性规划（P_{BC^2}）存在最优解 ω^0，μ^0，μ_0^0，并且满足：

$$V_P = \mu^{0T} y_0 + \mu_0^0 = 1 \tag{5.13}$$

则称决策单元 j_0 为弱 DEA 有效。若还能满足：

$$\omega^0 > 0,\ \mu^0 > 0 \tag{5.14}$$

则称决策单元 j_0 为 DEA 有效。

（三）BC^2 模型的常用定理

如果对于线性规划问题（D_{BC^2}）的任意最优解：

$$\lambda_0,\ s^{-0},\ s^{+0},\ \theta^0 \tag{5.15}$$

都满足以下两个条件：

若 $\theta^0 = 1$，则决策单元 j_0 为弱 DEA 有效（BC^2）；

若 $\theta^0 = 1$，并且 $s^{-0} = 0$，$s^{+0} = 0$，则决策单元 j_0 为 DEA 有效（BC^2）。

则当引进非阿基米德无穷小量 ε 后，可以得到下面的线性规划问题：

$$(\overline{P}_\varepsilon) \begin{cases} \max\ (\mu^T y_0 + \mu_0) = V_{P_\varepsilon}, \\ s.t.\ \omega^T x_j - \mu^T y_j - \mu_0 \geqq 0,\ j = 1, 2, \cdots, n, \\ \omega^T x_0 = 1, \\ \omega \geqq \varepsilon \hat{e}, \\ \mu \geqq \varepsilon e. \end{cases} \tag{5.16}$$

则（$\overline{P}_\varepsilon$）的对偶模型（$\overline{D}_\varepsilon$）如下：

$$(\overline{D}_\varepsilon) \begin{cases} \min\theta - \varepsilon(\hat{e}^T s^- + e^T s^+), \\ s.t. \sum_{j=1}^n x_j \lambda_j + s^- = \theta x_0, \\ \sum_{j=1}^n y_j \lambda_j - s^+ = x_0, \\ \sum_{j=1}^n \lambda_j = 1, \\ s^- \geqq 0, s^+ \geqq 0, \lambda_j \geqq 0, j = 1, 2, \cdots, n. \end{cases} \tag{5.17}$$

其中,

$$\hat{e}^T = (1, 1, \cdots, 1) \in E^m, e^T = (1, 1, \cdots, 1) \in E^s. \tag{5.18}$$

五、Malmquist TFP 指数

（一）TFP 指数

TFP 是指全要素生产率，对于一个多投入多产出的公司，我们用全要素生产率来表示该公司在一定时期内的生产率改变。假设某公司从时期 s 到时期 t 的产出量未变、投入量成比例减少，或者是投入量不变、产出量成比例增加，则该公司的 TFP 指数必然会相应增加。假定用函数 $F(x_t、q_t、x_s、q_s)$ 表示从时期 s 到时期 t 作为投入和产出向量的 TFP 指数，则任何有意义的指数必然满足以下属性：

$$F(\lambda x_s, \mu q_s, x_s, q_s) = \mu/\lambda, \mu, \lambda > 0 \tag{5.19}$$

这表示 TFP 指数与 q 为完全正线性相关，与 x 为完全负线性相关。

（二）Malmquist TFP 指数

Malmquist TFP 指数于 1982 年由 Caves、Christensen 和 Diewert（以下简称 CCD）引入效率评价中。CCD 用 Malmquist 投入距离函数和产出距离函数来定义 TFP 指数，所以其结果指数被命名为 Malmquist TFP 指数。Malmquist TFP 指数的类型十分丰富，可以分别用于评价不同的内容，下文对其中几个主要指数加以简单介绍[①]。

1. 面向产出的 Malmquist TFP 指数

面向产出的 Malmquist TFP 指数主要用于测量在已知投入水平和技术条件下的产出水平的最大值。在时期 s 的 Malmquist 生产率指数表示为：

$$m_0^s(q_s, q_t, x_s, x_t) = \frac{d_0^s(q_t, x_t)}{d_0^s(q_s, x_s)} \tag{5.20}$$

假设公司在两个时期都满足技术有效，那么 $d_0^s(q_s, x_s) = 1$，因此有：

---

① ［美］Timothy J. Coelli, D. S. Prasada Rao, Christopher J. O'Donnell, George E. Battese：《效率和生产率分析导论》，刘大成译，清华大学出版社 2009 年版，第 31-57 页。

$$m_0^s (q_s, q_t, x_s, x_t) = d_0^s (q_t, x_t) \tag{5.21}$$

同理，我们可以定义在时期 t 面向产出的 Malmquist 生产率指数：

$$m_0^t (q_s, q_t, x_s, x_t) = \frac{d_0^t (q_t, x_t)}{d_0^t (q_s, x_s)} \tag{5.22}$$

由于 Malmquist 生产率指数可以用时期 s 技术和时期 t 技术定义，那么 Malmquist TFP 指数可以定义为基于时期 t 技术和时期 s 技术的两个指数的几何平均数，所以，面向产出的 Malmquist 生产率指数由下式给出：

$$m_0 (q_s, q_t, x_s, x_t) = [m_0^s (q_s, q_t, x_s, x_t) m_0^t (q_s, q_t, x_s, x_t)]^{0.5} \tag{5.23}$$

2. 面向投入的 Malmquist TFP 指数

面向投入的生产率关注于一定参考技术下，能生产出产出向量 q_s 和 q_t 所需要的投入水平。加入我们用时期 s 的技术作为参照技术，那么时期 s 面向投入的 Malmquist 生产率指数在时期 s 和时期 t 的定义为：

$$m_i^s (q_s, q_t, x_s, x_t) = \frac{d_i^s (q_t, x_t)}{d_i^s (q_s, x_s)} \tag{5.24}$$

如果假定 DMU 在两个时期都是技术有效的，则 $d_i^s (q_s, x_s) = 1$，并得到：

$$m_i^s (q_s, q_t, x_s, x_t) = d_i^s (q_t, x_t) \tag{5.25}$$

同样可以定义基于时期 t 技术的面向投入的 Malmquist 生产率指数为：

$$m_i^t (q_s, q_t, x_s, x_t) = \frac{d_i^t (q_t, x_t)}{d_i^t (q_s, x_s)} \tag{5.26}$$

如果 DMU 在时期 t 为技术有效，则有 $d_i^t (q_t, x_t) = 1$。

由于 Malmquist 面向投入的指数可以用参考技术同样在时期 s 或时期 t 的技术定义，CCD 将面向投入的 Malmquist TFP 指数定义为：

$$m_i (q_s, q_t, x_s, x_t) = [m_i^s (q_s, q_t, x_s, x_t) m_i^t (q_s, q_t, x_s, x_t)]^{0.5} \tag{5.27}$$

3. Malmquist TFP 指数和技术无效率

当描述 Malmquist TFP 指数时，可观察到公司在时期 s 和时期 t 均为技术有效时很容易描述，但当公司为技术无效时，Malmquist TFP 指数反映的可观察生产率水平提高（或改变）有可能来自技术效率的提高和生产技术的改进。所以，可以将 Malmquist TFP 指数分解为两个部分，一是测量效率的改变，二是测量技术进步。于是，前文中式（5.23）可以转变为：

$$m_0 (q_s, q_t, x_s, x_t) = \left[\frac{d_0^s (x_t, q_t)}{d_0^s (x_s, q_s)} \times \frac{d_0^t (x_t, q_t)}{d_0^t (x_s, q_s)} \right]^{0.5} \tag{5.28}$$

对于大部分 DMU 都能观察到一定程度的技术无效，因此，假设 $d_0^s (x_s, q_s) \leq 1$，$d_0^t (x_t, q_t) \leq 1$，于是式（5.28）中面向产出的 Malmquist TFP 指数可以改写为：

$$m_0 (q_s, q_t, x_s, x_t) = \frac{d_0^t (x_t, q_t)}{d_0^s (x_s, q_s)} \left[\frac{d_0^s (x_t, q_t)}{d_0^t (x_t, q_t)} \times \frac{d_0^s (x_s, q_s)}{d_0^t (x_s, q_s)} \right]^{0.5} \tag{5.29}$$

式（5.29）中方括号外的比值反映了从时期 s 到时期 t 过程中技术效率面向产出的测

量中对变化的测量，方括号内的两个比值反映了两个时期内技术的变化，用x_s和x_t来评价。也就是说，技术进步等同于时期t的法雷尔技术效率与时期s的法雷尔技术效率之比，式（5.29）中指数的剩余部分就是技术进步的测量，是这两个时期之间用x_t也用x_s评价的技术水平变化的几何平均数。所以，式（5.29）中的两个指数分别为：

$$效率变化 = \frac{d_0^t(x_t, q_t)}{d_0^s(x_s, q_s)} \tag{5.30}$$

$$技术进步 = \left[\frac{d_0^s(x_t, q_t)}{d_0^t(x_t, q_t)} \times \frac{d_0^s(x_s, q_s)}{d_0^t(x_s, q_s)}\right]^{0.5} \tag{5.31}$$

4. 技术进步

通过观察一个 DMU 时期t用给定投入向量能生产多少的产出与时期s可行的水平作比较，就可以测量出该 DMU 的技术进步。可以通过产出和投入向量测量技术进步。如果将 TC 记为技术进步计量，则其定义为：

$$TC_0^{s,t} = \frac{d_0^t(x, q)}{d_0^s(x, q)} \tag{5.32}$$

技术进步的测量是关于x和q的选择函数，最明显的选择是时期s和时期t的可观察的投入和产出向量。这两个选择引出了两种技术进步的测量，很难比较哪个更好一些，因此经常采用这两种方法的平均数作为最终的结果。假定生产率变化的测量用比率的形式表达，那么用这两个方法的几何平均值作为技术进步的测量结果，具体为：

$$TC_0^{s,t}(x_s, q_s, x_t, q_t) = \left[\frac{d_0^t(x_s, q_s)}{d_0^s(x_s, q_s)} \times \frac{d_0^t(x_t, q_t)}{d_0^s(x_t, q_t)}\right]^{0.5} \tag{5.33}$$

5. 技术效率改变

从面向产出来看，可观察的产出和投入相对的技术效率是由与投入向量相关的、可延伸到生产可能集边界的、可观察的产出向量测量的。假设$d_0^s(x_s, q_s)$和$d_0^t(x_t, q_t)$分别为时期s和时期t中技术效率的测量，则技术效率的测量 TEC 为：

$$TEC_0^{s,t}(x_t, q_t, x_t, q_t) = \frac{d_0^t(x_t, q_t)}{d_0^s(x_s, q_s)} \tag{5.34}$$

这个对技术效率变化的测量等同于 Malmquist TFP 指数中对各部分的测量，距离的计算包含在时期t和时期s观察到的生产技术中。

6. 规模效率改变

DMU 的规模效率，可以通过与规模报酬可变（VRS）前沿面相关的产出距离函数和锥体技术，或由可观察的规模报酬可变技术转化来的规模报酬不变（CRS）技术等来测量。因此，在时期t面向产出的规模效率测量定义为：

$$SE_0^t(x, q) = \frac{TE_t^*(x, q)}{TE_t(x, q)} = \frac{d_0^{*t}(x, q)}{d_0^t(x, q)} \tag{5.35}$$

式（5.35）中，TE^*表示与锥体技术相关的技术效率测量。规模效率的测量是已知投入-产出组合(x, q)，得到基于时期t的技术，规模效率的是指总为 0-1，如果值为 1，则 DMU 达到规模有效。

用式（5.35）中的规模效率测量，可以将面向产出的规模效率改变定义为用投入向量 x_s，x_t 和相关的产出向量 q 组合的规模效率测量的比率，所以，可以将面向产出的规模效率变化（SEC）定义为：

$$SEC_0^t(x_s, x_t, q) = \frac{SE_0^t(x_t, q)}{SE_0^t(x_s, q)} \tag{5.36}$$

如果这个比率大于 1，则可以得出投入向量 x_t 与时期 s 的投入向量 x_s 相比更接近于技术最优规模点。

式（5.36）中 SEC 测量依赖于产出向量的选择和式（5.35）中计算相关距离函数的参照技术。自然的选择可能是选择以时期 s 的技术水平和时期 t 的技术水平分别作为参照技术和产出向量 q_s，q_t，这种选择会得到两个不同的规模效率变化的数值测量，并且可以用几何平均数作为最佳测量值。因此，得到以下 SEC 的测量为：

$$SEC_0^{s,t}(x_s, x_t, q_s, q_t) = [SEC_0^s(x_s, x_t, q_s) \times SEC_0^t(x_s, x_t, q_t)]^{0.5} \tag{5.37}$$

这个对规模效率变化的测量与规模效率的测量保持一致，并且与技术变化和技术效率变化线性相关。

第二节 农产品流通效率评价的指标选取和数据来源

本章首先利用数据包络分析法（DEA）对我国农产品流通效率展开整体评价，评价过程主要由两部分组成：一是选取全国 31 个省级行政单位 2004—2016 年度的截面数据，选择 C^2R 及 BC^2 模型，从综合效率、纯技术效率、规模效率及规模报酬变化等几个角度出发，按年度横向观测各地区（即 DMU）在观测时间范围内的流通效率发展情况；二是选取全国 31 个省级行政单位的面板数据（2004—2016 年）进行 Malmquist 指数分析，从技术效率变动、纯技术效率变动、规模效率变动及全要素生产率变动等角度，纵向观测各个行政区域流通效率的变化情况，并进行横向比对。

DEA 为多投入多产出的效率评价方法，评价指标的选取十分重要，要能够充分、恰当地反映流通模式的发展现状。本着整体性、科学性、客观性、可操作性及可比性等指标遴选原则，确定如下评价指标。

一、输入指标选取及数据来源

（一）农村地区农产品流通固定资产投资（X_1）

农村地区农产品流通固定资产投资是指在农村地区用于购买或兴建与农产品流通相关的设备、设施、器械、工具等所投入的资金总金额，是农产品流通投入成本的一个重要组成部分。固定资产投资与流通基础设施建设有直接关联，通过这一指标可以侧面反映我国农产品流通的成本状况。我们在描述成本投入时常用"人力物力"来表示，"固定资产投资"即可以看作是其中的"物力"成本。为了能够更加精确地体现这一观测值，本书选取批发和零售业、交通运输业、仓储和邮政业、住宿和餐饮业、信息传输业、软件和信息技术服务业等与商品流通相关的行业数据表示，具体计算方式为：

用上述行业的全社会固定资产投资额（y_1）减去固定资产投资额（不含农户）（y_2）的结果来表示，即：

$$X_1 = y_1 - y_2 \tag{5.38}$$

但是，在实际应用中，大部分与流通有关的社会资源会被全社会各个行业的所有商品的流通所共同使用，并非属于农产品流通的专用资源，所以，对于该指标而言，经过上述计算后的得到的指标数据会比实际指标数据偏大，因此需要修正。具体修正方法如下：

在农村地区，商品流通以农产品流通为主，这里，用P_1代表农业总产值，用P_2代表农村居民数量，用P_3代表农村居民农产品类人均年消费①，用P_4代表农村居民非农产品类人均年消费②，用Q代表农村地区非农产品流通占整个商品流通的比重，则有：

$$Q = \frac{P_4}{(P_1/P_2) + P_3 + P_4} \tag{5.39}$$

所以，输入指标X_1的最终取值为：

$$X_1 = (y_1 - y_2) \times (1 - Q) \tag{5.40}$$

将式（5.38）代入式（5.39），可得：

$$X_1 = (y_1 - y_2) \times \left[1 - \frac{P_4}{(P_1/P_2) + P_3 + P_4}\right] \tag{5.41}$$

以 2016 年全国数据为例，其中：$P_1 = 63670.7$（单位：亿元），$P_2 = 58973.0$（单位：万人），$P_3 = 3266.1$（单位：元），$P_4 = 2531.0$（单位：元），$y_1 = 84359.0$（单位：亿元），$y_2 = 83833.7$（单位：亿元），将这些数值代入式（5.41），可求得X_1指标在 2016 年的全国数据值为 445.2（单位：亿元）（因为 DEA 方法对数据量纲不敏感，在进行运算时也无须进行无量纲处理，所以，指标X_1的最终数量单位并无实际意义，以下其他指标数据均如此），其中Q值为 0.1525。按照这一方法，可求得X_1指标各年度、地区的数据值，这里不再一一重复计算③。

（二）农产品流通人力资源投入（X_2）

人力资源是指在一个国家或地区中，处于劳动年龄、未到劳动年龄和超过劳动年龄但具有劳动能力的人口之和，也指一定时期内组织中人或拥有的能够被企业所用、且能够对

---

① 这里用农村居民在食品烟酒方面的年均消费额表示。
② 这里用农村居民在衣着、生活用品及服务、交通通信等方面的人均年消费金额表示。
③ y_1、y_2及$P_1 - P_4$的原值见《中国统计年鉴》2005 - 2017，指标x_1的具体取值详见附录 A，表 A - 1。

价值创造起贡献作用的教育、能力、知识、技能、经验、体力等的总和。农产品流通人力资源投入则是指在农产品各个流通环节的全体从业者及他们所拥有的综合工作能力的总和。通过这一指标，能够反映我国农产品流通人力资源投入成本，这既包括数量，也包括素质。

对于农产品流通的人力资源投入并没有专门的统计数据，本书拟采用流通相关行业从业人员数量来表示，按照《中国统计年鉴2016》中的统计口径，这些行业和人员主要由两部分组成：第一部分是指城镇单位中交通运输、仓储和邮政业，批发和零售业，住宿和餐饮业，信息传输、计算机服务和软件业四个行业的从业人员；第二部分是指全社会私营企业及个体业中交通运输、仓储和邮政业，批发和零售业，住宿和餐饮业三个行业的从业人员。

上述行业的从业人员总和，基本覆盖了流通行业的从业人员。但很明显，如果仅仅进行简单的加法，最终得到的结果一定远远超出农产品流通相关行业的实际从业人员，因为全社会商品流通的范畴要比农产品大得多，所以要对经过加法计算后的数据进行修正。本书采取的具体方法为：

假设用 Q 代表各地区各年度的国民生产总值，用 Q' 代表各地区各年度的农业生产总值，用 P 代表当前地区和年度整个流通相关行业从业人员总数，则有：

$$X_2 = P \times \frac{Q'}{Q} \tag{5.42}$$

也就是说，本书用农业生产总值占国民生产总值的比例，代替农产品流通行业从业人员数量占整个流通行业从业人员数量的比例。按照这一思路，将相关数据代入式（5.42），即可得到 X_2 指标在不同地区和不同年度的具体观测值[①]。

二、产出指标选取及数据来源

（一）一般人均农业总产值（Y_1）

农业总产值，是指以货币形式表现的农林牧渔行业的全部产品和对农林牧渔行业生产活动进行的各种支付性服务活动的价值总量，它反映一定时期内农业生产总规模和总成果。农业总产值的计算方法通常是按农林牧渔业产品及其副产品的产量分别乘以各自单位产品价格求得；少数生产周期较长，当年没有产品或产量不易统计的，则采用间接方法匡算其产值；然后将农林牧渔业产品产值及农林牧渔服务业相加即为农业总产值。

农产品生产过程结束后，除了少数留存自用外，大部分都会进入流通环节，因此，农业总产值是反映农产品流通产出的一项非常具有说服力的重要指标。根据数据包络分析法的特性，所选取的指标若为均值或相对值，则其实证结果将更准确，所以，本书选取一般人均农业总产值作为指标体系的第一个产出指标。一般人均农业总产值是用农业总产值除

---

① P、Q 及 Q' 原值见《中国统计年鉴》2005-2017，指标 x_1 的具体取值详见附录A，表A-2.

以人口总数，这里之所以用人口总数做除数而不是用农村人口总数做除数，是因为农产品是所有人的共同需求，每个人都是农产品流通的参与者，而不仅仅只有农村人口。用全部人口总数做除数，则更能够真实反映农产品流通的发展现状。

一般人均农业总产值（Y_1）指标的数据获取相对比较简单，只需用当前观测年度的地区农业总产值除以地区人口总数即可。本书所确定的评价对象由全国及31个省级行政单位共32个DMU组成，观测时间区间为2004—2016年。根据前文拟定的计算口径，通过查找数据并加以运算，可求得相应的指标数据①。

（二）农产品生产者人均年收入（Y_2）

在各类统计文献中，并没有"农产品生产者人均年收入"这一统计口径，与之比较接近的统计数据为"农村居民年均可支配收入"。二者之间的主要区别在于：

第一，本书所定义的"农产品生产者人均年收入"这一概念指的是农民通过进行农业生产并销售所生产的农产品而获得的年收入的平均值，它是一个相对狭义的概念。这一数据能够充分反映农产品流通的发展现状：农产品流通做得好、流通效率高，则这部分的收入值就会增加；农产品流通做得不好、流通效率低，则这部分的收入值就会减少。但这并不是农民收入的全部，除此之外，农民还可以有其他形式的收入，但只有这部分收入是和农产品流通过程息息相关的。

第二，从农民收入角度来看，"农村居民年均可支配收入"是一个广义的概念，它包含了农村居民的所有收入来源。主要由四部分组成，分别为：工资性收入、经营性收入、财产性收入和转移性收入。其中，工资性收入是指就业人员通过各种途径得到的全部劳动报酬和各种福利，包括受雇于单位或个人、从事各种自由职业、兼职和零星劳动得到的全部劳动报酬和福利；经营性收入是指住户或住户成员从事生产经营活动所获得的净收入，是全部经营收入中扣除经营费用、生产性固定资产折旧和生产税之后得到的净收入，计算公式为：经营净收入＝经营收入－经营费用－生产性固定资产折旧－生产税；财产性收入是指住户或住户成员将其所拥有的金融资产、住房等非金融资产和自然资源交由其他机构单位、住户或个人支配而获得的回报并扣除相关的费用之后得到的净收入。财产净收入包括利息净收入、红利收入、储蓄性保险净收益、转让承包土地经营权租金净收入、出租房屋净收入、出租其他资产净收入和自有住房折算净租金等；转移性收入是指国家、单位、社会团体对住户的各种经常性转移支付和住户之间的经常性收入转移，包括养老金或退休金、社会救济和补助、政策性生产补贴、政策性生活补贴、救灾款、经常性捐赠和赔偿、报销医疗费、住户之间的赡养收入，本住户非常住成员寄回带回的收入等。

从上述分析中可见，"农村居民年均可支配收入"中的"经营性收入"与本书所定义的"农产品生产者人均年收入"含义一致，观测角度相同，因此，本书用农村居民年均可

---

① 求解所需观测数据见《中国统计年鉴》2005–2017，指标Y_1的具体取值详见附录A，表A–3。

支配收入中经营性收入作为产出指标（Y_2）的观测数据值①。

（三）地区农业总产值（Y_3）

产出指标（Y_1）为一般人均农业总产值，这里，新增一个产出指标地区农业总产值（Y_3），获取各个省级行政单位在不同年度的本地区农业总产值，目的是从整体产出角度，侧面反馈农产品流通效率在该地区的发展水平，二者线性相关。该项指标数据比较容易获取，直接查找统计年鉴即可②。

第三节 农产品流通效率评价的实证分析

DEAP 是一款非常实用的 DEA 分析软件，具有操作简单、运算速度快、结果显示清晰明了等诸多优点。本节将利用 DEAP 软件对我国当前模式下农产品流通效率进行实证分析。

一、基于 BC^2 模型的全国各地区横向分析

这里所说的横向分析，就是指利用观测年限范围内的全国各省级行政单位各年度截面数据展开实证分析。为了便于运算和分析结果，每次以 1 个年度的数据作为数据源开展分析，因此，同样的分析将重复进行 13 次，每次采用不同年度的数据作为运算数据源。

（一）截面数据来源

截面数据（cross-section data）是指某一主体在同一时间或同一时间段界面上反映主体一个或一批具有同一特征的变量观测值，也称静态数据，这是样本数据中常见的数据类型之一，它和时序数据的区别在于组成数据列的各个数据的排列标准不同，时序数据按时间顺序排列，截面数据按统计单位排列。

在本次分析中，从本书附录 A 里的表 A-1 至 A-5 中按年度抽取各地区指标数据，组建 2004—2016 年各年度截面数据。以 2004 年为例，该年度评价指标截面数据如附录 B 表 B-1 所示③。总的来看，本书所选取的观测年度为 2004—2016 年，时间范围囊括了"十五"末期、"十一五""十二五"及"十三五"开局四个阶段。

---

① 所需数据见《中国统计年鉴》2005-2017，指标 Y_2 的具体取值详见附录 A，表 A-4。
② 所需数据见《中国统计年鉴》2005-2017，指标 Y_2 的具体取值详见附录 A，表 A-5。
③ 考虑到篇幅问题，这里仅以附录形式列出一年的截面数据作为范例，其他年度截面数据不予一一列举。在后文进行面板数据分析时，同样也以全国为例列出一个地区的面板数据，其他数据不予一一列举。

（二）软件运行命令脚本

为了达到本书对农产品流通效率评价的目的，对 DEAP 软件的执行命令（ins 文件）加以调整（以 2004 年截面数据为例），具体如下：

```
2004.dta              DATA FILE NAME
2004.out              OUTPUT FILE NAME
32                    NUMBER OF FIRMS
1                     NUMBER OF TIME PERIODS
3                     NUMBER OF OUTPUTS
2                     NUMBER OF INPUTS
0                     0 = INPUT AND 1 = OUTPUT ORIENTATED
1                     0 = CRS AND 1 = VRS
0                     0 = DEA（MULTI – STAGE），
                      1 = COST – DEA，2 = MALMQUIST – DEA，3 = DEA（1 –
                      STAGE），4 = DEA（2 – STAGE）
```

上述命令说明，本次评价选择了投入主导型，为了追求更加精确的运算结果，使用多阶段算法。

每一次对不同年度的截面数据进行计算，都需要对执行命令进行简单的调整，考虑到篇幅关系，这里不再一一陈列。当所观测年度数据全部执行完毕后，将得到的计算结果进行整理分析。

（三）综合效率分析

综合效率是从 DEA – C^2R 模型中得到的技术效率，即是不考虑规模收益时的技术效率。综合效率是对决策单元的资源配置能力、资源使用效率等多方面能力的综合衡量与评价。综合效率的评定值 ≤1，其评定值越接近 1，则综合效率越高，如果综合效率等于 1，则说明 DMU 处于生产前沿的条件下，那么评价单元所代表的对象是技术有效的，如表 5 – 2 所示。

表 5 – 2　　　　　　　　　　综合效率测评结果汇总表

Chart 5 – 2　　　Summary sheet of comprehensive effciency analysis result

	2004	2005	2006	2007	2008	2009	2010	2011	2012	2013	2014	2015	2016
全国	0.488	0.506	0.425	0.530	0.439	0.449	0.454	0.432	0.451	0.446	0.450	0.468	0.457
北京	0.080	0.077	0.076	0.094	0.077	0.060	0.061	0.081	0.128	0.048	0.071	0.093	0.112
天津	0.321	0.349	0.358	0.372	0.410	0.499	0.473	0.420	0.397	0.434	0.426	0.497	0.647
河北	0.639	0.648	0.652	0.818	0.662	0.483	0.811	0.756	0.815	0.912	0.843	0.894	0.932
山西	0.254	0.279	0.231	0.218	0.169	0.285	0.276	0.266	0.258	0.276	0.269	0.278	0.301

续表

	2004	2005	2006	2007	2008	2009	2010	2011	2012	2013	2014	2015	2016
内蒙古	0.818	1.000	0.918	0.835	0.640	0.731	0.649	0.611	0.619	1.000	0.693	0.845	0.914
辽宁	0.328	0.452	0.366	0.415	0.370	0.381	0.418	0.413	0.460	0.471	0.457	0.654	0.747
吉林	0.718	0.732	0.693	0.856	0.646	0.679	0.574	0.614	0.604	0.651	0.819	0.764	0.857
黑龙江	0.559	0.669	0.614	0.574	0.488	0.553	0.534	0.549	0.619	0.765	0.852	0.869	0.945
上海	0.064	0.049	0.043	0.050	0.042	0.042	0.036	0.121	0.116	0.089	0.084	0.010	0.009
江苏	0.533	0.521	0.426	0.520	0.382	0.405	0.368	0.373	0.448	0.374	0.789	0.723	0.839
浙江	0.358	0.362	0.315	0.337	0.250	0.268	0.276	0.263	0.267	0.295	0.267	0.746	0.812
安徽	0.501	0.525	0.429	0.585	0.546	0.608	0.531	0.565	0.573	0.584	0.532	0.634	0.684
福建	0.891	0.845	0.769	0.841	0.604	0.537	0.525	0.461	0.461	0.542	0.513	0.576	0.650
江西	0.624	0.538	0.487	0.607	0.496	0.510	0.446	0.396	0.442	0.481	0.430	0.487	0.499
山东	0.606	0.600	0.559	0.702	0.608	0.630	0.571	0.526	0.533	0.527	0.480	0.672	0.723
河南	0.749	0.772	0.753	0.886	0.780	0.770	0.746	0.643	0.655	0.813	0.725	0.792	0.814
湖北	0.730	0.865	0.542	0.694	0.603	0.563	0.570	0.916	0.498	0.439	0.401	0.609	0.785
湖南	0.696	0.787	0.706	0.899	0.770	0.785	0.732	0.656	0.724	0.705	0.647	0.701	0.822
广东	0.448	0.455	0.279	0.293	0.245	0.262	0.278	0.273	0.277	0.279	0.424	0.460	0.532
广西	0.677	0.833	0.668	0.819	0.656	0.660	0.614	0.668	0.664	0.695	0.672	0.745	0.790
海南	0.089	0.109	0.086	0.149	0.097	0.084	0.201	0.126	0.182	0.276	0.325	0.325	0.36
重庆	0.592	0.664	0.423	0.465	0.360	0.371	0.377	0.320	0.952	0.312	0.290	0.355	0.427
四川	0.728	0.688	0.548	0.767	0.650	0.609	0.597	0.577	0.582	0.560	0.595	0.665	0.771
贵州	0.583	0.619	0.557	0.637	0.564	0.573	0.563	0.485	0.473	0.465	0.529	0.570	0.657
云南	0.603	0.679	0.579	0.556	0.472	0.520	0.447	0.453	0.490	0.532	0.522	0.581	0.674
西藏	0.062	0.097	0.06	0.145	0.081	0.095	0.129	0.129	0.194	0.282	0.319	0.336	0.406
陕西	0.233	0.308	0.247	0.381	0.317	0.364	0.483	0.433	0.455	0.463	0.463	0.483	0.521
甘肃	0.452	0.614	0.489	0.590	0.477	0.494	0.502	0.458	0.494	0.482	0.473	0.588	0.545
青海	0.380	0.383	0.415	0.554	0.612	0.601	0.659	0.656	0.690	0.855	0.809	0.866	0.884
宁夏	0.518	0.541	0.540	0.658	0.636	0.585	0.563	0.480	0.520	0.652	0.546	0.610	0.655
新疆	0.631	0.703	0.590	0.778	0.628	0.769	0.987	0.930	1.000	1.000	1.000	1.000	1.000

从表5-2中我们不难发现（所有结论均指在评估年限，即2004—2016年之间，后文将不再单独强调）如下结论：

（1）全国及各个省份综合效率值均小于1，这说明目前我国农产品流通效率没有工作在生产前沿面上，特别是全国平均水平不容乐观，流通效率需要进一步提升。从各个省级发展情况来看，新疆、内蒙古、河南、河北、湖南、吉林、广西7个省份的综合效率指标相对较为靠前，平均值在0.700以上，这说明上述省份在流通技术发展、流通资源分配及流通体系规模等方面做得相对较好，但依然存在一些问题。

（2）北京、上海两个地区的农产品流通综合效率最低，说明这两地区对于农产品流通相关资源的建设和利用等方面做得不好，农产品流通技术发展不够完善，农产品供应情况较差。北京、上海两座城市具有一些共同点：都是全国的经济中心，贸易、商业十分发达，高新技术产业蓬勃发展；本地农业发展较为落后，农产品需求主要依靠外部产区供应；近些年城市规模不断发展，城市占地面积不断扩大，城镇化发展较为迅速，也进一步迫使周边农产品流通产业发展萎缩。通过上述分析可知，北京和上海的农产品流通综合效率较低也是在情理之中，理所应当。

（3）除去上述地区之外，其他省份的农产品流通综合效率均在合理区间范围内波动，平均发展水平不高，但从整体角度来看，各省市大都呈现曲折向上的发展趋势，这说明自"十五"规划末期至今，我国各省份对于农产品流通资源的配置和使用虽然还存在很多问题，流通效率水平普遍不高，但总体却正在向着不断合理化、高效化的方向发展。这一发展趋势和国家连续多年在中央1号文件中重点强调要搞好农产品流通工作这一指示精神是吻合的，也说明我们国家在最近的十几年里已经陆续作出了大量的工作，特别是进入"十三五"之后，农产品流通领域得到了更多的关注，这也是国家实施惠民工程的一项重要体现。

如果以观测时间区间内的综合效率平均值为参照标准，对所有地区进行排序的话，其结果如表5-3所示。

表 5-3　　　　　　　　综合效率平均值排名
Chart 5-3　　　Mean value of the comprehensive effciency ranking

序号	地区	综合效率平均值	序号	地区	综合效率平均值	序号	地区	综合效率平均值	序号	地区	综合效率平均值
1	新疆	0.847	9	青海	0.643	17	云南	0.547	25	陕西	0.396
2	内蒙古	0.790	10	四川	0.641	18	江苏	0.515	26	浙江	0.370
3	河南	0.761	11	福建	0.632	19	甘肃	0.512	27	广东	0.347
4	河北	0.759	12	湖北	0.632	20	江西	0.496	28	山西	0.258
5	湖南	0.741	13	山东	0.595	21	全国	0.461	29	海南	0.185
6	吉林	0.708	14	宁夏	0.577	22	辽宁	0.456	30	西藏	0.180
7	广西	0.705	15	安徽	0.561	23	重庆	0.454	31	北京	0.081
8	黑龙江	0.661	16	贵州	0.560	24	天津	0.431	32	上海	0.058

从表5-3中可见，综合效率平均值在0.500以上的省份有19个，占全部地区的61.3%，这说明我国三分之二的省份农产品流通效率处于全国中等偏上水平，有三分之一的省份农产品流通效率处于中等偏下水平，整体水平不高，亟待改进。为了进一步明确造成我国农产品流通效率整体偏低的细分因素，下文将综合效率拆分为纯技术效率和规模效率，并分别进行分析，从而进一步明确问题产生的根源。

(四) 纯技术效率及规模效率分析

综合效率可以进一步细分为纯技术效率和规模效率。纯技术效率是指考虑规模收益时的技术效率，它通过利用 BC^2 模型运算后获取。纯技术效率是衡量制度和管理水平的效率，是企业由于管理和技术等因素影响的生产效率。若纯技术效率 = 1，表示在目前的技术水平上，其投入资源的使用是有效率的；规模效率是受企业规模因素影响的生产效率，是指在制度和管理水平一定的前提下，企业实际生产规模与最优生产规模的差距。

在这里，综合效率与纯技术效率、规模效率三者之间存在如下关系：

综合效率 = 纯技术效率 × 规模效率　　　　　　　　　　　　　　　　(5.43)

也就是说，当综合效率为 1 时（处于生产前沿面），其纯技术效率和规模效率都必须为 1，即技术和规模需同时有效。而当技术有效和规模有效只有一项满足或两项均不满足时，即二者的取值只有一个为 1、或者二者的取值均不为 1 时，综合效率则一定不是有效的，其效率值一定是 0 和 1 之间的某一个小数。

所以我们也可以这样认为：纯技术效率和规模效率的取值在 0 到 1 之间波动，可以为 1。当取值越接近 1 时，说明效率值越高。

在多数情况下，由于受到不完全竞争和财务约束等因素的影响，企业往往没有在最合适的规模上运作。全国各地区农产品流通纯技术效率和规模效率测评结果汇总及均值见表 5-4、表 5-5（按平均值降序排序）。

表 5-4　　　　纯技术效率测评结果及平均值汇总表（按平均值降序排列）

Chart 5-4　Analysis result and summary sheet of mean value on pure technical efficency (descending order according to mean value)

年份	2004	2005	2006	2007	2008	2009	2010	2011	2012	2013	2014	2015	2016	平均值
全国	1.000	1.000	1.000	1.000	1.000	1.000	1.000	1.000	1.000	1.000	1.000	1.000	1.000	1.000
河南	1.000	1.000	1.000	1.000	1.000	1.000	1.000	1.000	1.000	1.000	1.000	1.000	1.000	1.000
吉林	1.000	1.000	1.000	0.991	1.000	1.000	1.000	1.000	1.000	1.000	1.000	1.000	1.000	0.999
黑龙江	1.000	1.000	1.000	1.000	0.981	1.000	1.000	0.921	1.000	1.000	1.000	1.000	1.000	0.992
内蒙古	1.000	1.000	1.000	1.000	1.000	1.000	0.919	1.000	1.000	1.000	0.880	1.000	1.000	0.985
浙江	1.000	1.000	1.000	1.000	1.000	1.000	1.000	1.000	0.714	1.000	1.000	1.000	1.000	0.978
山东	0.996	1.000	1.000	1.000	1.000	1.000	0.935	0.943	0.905	0.785	0.778	0.985	1.000	0.948
湖南	0.980	1.000	1.000	1.000	1.000	1.000	0.998	0.882	0.767	0.765	0.789	0.892	1.000	0.929
湖北	1.000	1.000	1.000	1.000	1.000	1.000	1.000	1.000	0.522	0.642	0.897	1.000	1.000	0.928
河北	0.857	0.825	0.922	0.925	0.838	0.693	1.000	1.000	1.000	1.000	1.000	1.000	1.000	0.928
新疆	0.766	0.786	0.688	0.826	0.706	0.877	1.000	1.000	1.000	1.000	1.000	1.000	1.000	0.896
天津	1.000	1.000	1.000	1.000	0.530	1.000	1.000	0.823	1.000	0.671	0.648	0.798	1.000	0.882
广西	0.949	0.976	0.943	1.000	0.882	0.835	0.780	0.841	0.786	0.738	0.759	0.812	0.836	0.857

续表

年份	2004	2005	2006	2007	2008	2009	2010	2011	2012	2013	2014	2015	2016	平均值
四川	1.000	0.911	0.903	1.000	1.000	0.782	0.733	0.904	0.736	0.616	0.741	0.787	0.845	0.843
福建	1.000	1.000	1.000	1.000	0.798	0.742	0.687	0.747	0.654	0.621	0.597	0.659	0.714	0.786
青海	0.484	0.434	0.434	0.629	0.737	0.727	0.782	0.831	0.863	0.918	0.896	0.947	0.925	0.739
江苏	0.892	0.764	0.639	0.610	0.484	0.520	0.471	0.548	0.651	0.756	1.000	0.898	1.000	0.710
安徽	0.610	0.642	0.618	0.668	0.724	0.759	0.724	0.721	0.661	0.620	0.599	0.694	0.715	0.673
宁夏	0.752	0.722	0.640	0.670	0.644	0.602	0.585	0.544	0.597	0.732	0.613	0.679	0.714	0.653
辽宁	0.478	0.545	0.539	0.507	0.507	0.821	0.949	0.651	0.679	0.582	0.557	0.795	0.832	0.649
云南	0.814	0.744	0.776	0.620	0.648	0.732	0.549	0.552	0.561	0.551	0.564	0.612	0.689	0.647
广东	1.000	0.897	0.501	0.370	0.352	0.334	0.365	0.513	0.921	0.638	0.544	0.678	0.745	0.604
江西	0.696	0.643	0.609	0.698	0.649	0.615	0.522	0.576	0.551	0.552	0.560	0.597	0.568	0.603
贵州	0.600	0.654	0.585	0.654	0.602	0.606	0.565	0.493	0.483	0.498	0.538	0.579	0.658	0.578
甘肃	0.452	0.617	0.492	0.596	0.486	0.506	0.503	0.460	0.504	0.536	0.477	0.589	0.545	0.520
重庆	0.707	0.665	0.479	0.481	0.395	0.402	0.379	0.406	0.479	0.313	0.341	0.389	0.428	0.451
陕西	0.259	0.308	0.283	0.403	0.394	0.418	0.562	0.500	0.497	0.466	0.512	0.488	0.521	0.432
海南	0.274	0.321	0.298	0.401	0.384	0.359	0.487	0.501	0.541	0.425	0.552	0.479	0.503	0.425
西藏	0.213	0.308	0.203	0.441	0.365	0.321	0.413	0.447	0.498	0.379	0.459	0.498	0.509	0.389
山西	0.258	0.280	0.242	0.235	0.194	0.288	0.276	0.268	0.269	0.318	0.294	0.287	0.302	0.270
北京	0.099	0.119	0.106	0.125	0.077	0.078	0.082	0.082	0.131	0.092	0.086	0.098	0.112	0.099
上海	0.064	0.052	0.061	0.079	0.083	0.083	0.084	0.094	0.089	0.112	0.124	0.103	0.098	0.087

表 5 – 5　　规模效率测评结果及平均值汇总表（按平均值降序排列）

Chart 5 – 5　　Evalution results and summary sheet of mean value on scale efficiency（ascending order according to mean value）

年份	2004	2005	2006	2007	2008	2009	2010	2011	2012	2013	2014	2015	2016	平均值
甘肃	0.999	0.996	0.994	0.991	0.982	0.976	0.997	0.995	0.981	0.898	0.991	0.998	1.000	0.984
贵州	0.972	0.947	0.954	0.973	0.936	0.946	0.997	0.984	0.979	0.933	0.984	0.984	0.999	0.968
山西	0.987	0.996	0.957	0.926	0.871	0.989	0.999	0.990	0.960	0.869	0.915	0.968	0.997	0.956
新疆	0.824	0.895	0.858	0.942	0.890	0.877	0.987	0.930	1.000	1.000	1.000	1.000	1.000	0.939
重庆	0.838	0.999	0.884	0.965	0.910	0.921	0.995	0.787	0.952	0.995	0.849	0.912	0.997	0.923
陕西	0.901	1.000	0.872	0.947	0.803	0.871	0.859	0.865	0.915	0.994	0.904	0.989	1.000	0.917
宁夏	0.689	0.749	0.842	0.983	0.987	0.971	0.963	0.882	0.871	0.891	0.891	0.899	0.917	0.887
青海	0.785	0.882	0.955	0.880	0.830	0.827	0.843	0.790	0.799	0.932	0.903	0.914	0.956	0.869
云南	0.740	0.913	0.746	0.897	0.728	0.710	0.814	0.820	0.874	0.964	0.925	0.949	0.978	0.851
安徽	0.822	0.818	0.695	0.875	0.754	0.802	0.733	0.785	0.867	0.941	0.887	0.913	0.957	0.835
广西	0.713	0.853	0.709	0.819	0.744	0.790	0.787	0.793	0.844	0.941	0.885	0.918	0.945	0.826

续表

年份	2004	2005	2006	2007	2008	2009	2010	2011	2012	2013	2014	2015	2016	平均值
江西	0.897	0.837	0.800	0.870	0.763	0.828	0.854	0.689	0.803	0.870	0.768	0.815	0.879	0.821
北京	0.804	0.643	0.715	0.753	0.991	0.770	0.745	0.989	0.977	0.514	0.822	0.948	0.997	0.821
河北	0.745	0.785	0.707	0.884	0.790	0.697	0.811	0.756	0.815	0.912	0.843	0.894	0.932	0.813
湖南	0.710	0.787	0.706	0.899	0.770	0.785	0.732	0.657	0.820	0.919	0.845	0.889	0.921	0.803
福建	0.891	0.845	0.769	0.841	0.757	0.723	0.764	0.618	0.705	0.872	0.860	0.874	0.911	0.802
内蒙古	0.818	1.000	0.918	0.833	0.640	0.731	0.649	0.665	0.619	1.000	0.787	0.845	0.914	0.801
四川	0.728	0.755	0.607	0.767	0.650	0.779	0.814	0.638	0.790	0.909	0.803	0.845	0.913	0.769
河南	0.749	0.772	0.753	0.886	0.780	0.770	0.746	0.643	0.655	0.813	0.725	0.792	0.814	0.761
江苏	0.598	0.682	0.666	0.854	0.789	0.778	0.782	0.680	0.688	0.495	0.789	0.805	0.839	0.727
吉林	0.718	0.732	0.693	0.864	0.646	0.679	0.574	0.614	0.604	0.651	1.000	0.764	0.857	0.723
辽宁	0.687	0.830	0.679	0.819	0.730	0.464	0.440	0.634	0.677	0.810	0.819	0.823	0.898	0.716
湖北	0.730	0.865	0.542	0.694	0.603	0.563	0.570	0.916	0.498	0.840	0.624	0.679	0.785	0.685
黑龙江	0.559	0.669	0.614	0.574	0.497	0.553	0.534	0.596	0.619	0.765	0.852	0.869	0.945	0.665
山东	0.609	0.600	0.559	0.702	0.608	0.630	0.611	0.557	0.589	0.671	0.617	0.682	0.723	0.628
广东	0.448	0.507	0.557	0.792	0.698	0.784	0.763	0.533	0.301	0.437	0.780	0.678	0.714	0.615
天津	0.321	0.349	0.358	0.372	0.773	0.499	0.473	0.511	0.397	0.647	0.658	0.623	0.647	0.510
全国	0.488	0.506	0.425	0.530	0.439	0.449	0.454	0.432	0.451	0.446	0.450	0.468	0.457	0.461
浙江	0.358	0.362	0.315	0.337	0.250	0.268	0.276	0.263	0.374	0.873	0.698	0.746	0.812	0.456
西藏	0.289	0.314	0.297	0.329	0.223	0.297	0.312	0.288	0.389	0.745	0.694	0.674	0.798	0.435
海南	0.326	0.341	0.296	0.372	0.248	0.234	0.274	0.251	0.336	0.649	0.589	0.679	0.715	0.408
上海	0.997	0.951	0.707	0.625	0.508	0.511	0.434	0.121	0.116	0.112	0.084	0.098	0.087	0.412

当农产品流通规模无效时，说明整个流通系统的规模与其投入产出不匹配，此时应当对整个流通系统规模进行调整（增加或减少），而具体是应该增加还是减少，则需要参考各个地区的规模报酬变化情况，如表5-6所示：

表5-6 规模报酬变化情况汇总表

Chart 5-6 Summary sheet on changes of returns to scale

年份	2004	2005	2006	2007	2008	2009	2010	2011	2012	2013	2014	2015	2016
全国	Drs	drs	drs	Drs	drs	Drs	drs	drs	Drs	drs	Drs	drs	Drs
北京	Drs	drs	drs	drs	drs	Drs	Irs	irs	irs	Drs	irs	Irs	irs	Drs
天津	Drs	drs	drs	drs	drs	drs	drs	drs	Drs	drs	Drs	drs	Drs
河北	Drs	drs	drs	drs	drs	drs	drs	drs	Drs	drs	Drs	drs	Drs
山西	Irs	irs	irs	Irs	Irs	Drs	-	irs	Irs	Irs	Irs	irs	Irs
内蒙古	Drs	-	drs	drs	Drs	Drs	Drs	Drs	Drs	-	Drs	Drs	Drs
辽宁	Drs	drs	drs	drs	drs	drs	drs	drs	Drs	drs	Drs	drs	Drs

续表

年份	2004	2005	2006	2007	2008	2009	2010	2011	2012	2013	2014	2015	2016
吉林	Drs	drs	drs	Drs	drs	Drs	drs	drs	Drs	drs	—	drs	Drs
黑龙江	Drs	drs	drs	Drs	drs	Drs	drs	drs	Drs	drs	drs	drs	Drs
上海	—	irs	irs	Irs	irs	Irs	irs	drs	Drs	drs	drs	drs	drs
江苏	Drs	drs	drs	Drs	drs	Drs	drs	drs	Drs	drs	drs	drs	Drs
浙江	Drs	drs	drs	Drs	drs	Drs	drs	drs	Drs	drs	drs	drs	Drs
安徽	Drs	drs	drs	Drs	drs	Drs	drs	drs	Drs	drs	drs	drs	Drs
福建	Drs	drs	drs	Drs	drs	Drs	drs	drs	Drs	drs	drs	drs	Drs
江西	Drs	drs	drs	Drs	drs	Drs	drs	drs	Drs	drs	drs	drs	Drs
山东	Drs	drs	drs	Drs	drs	Drs	drs	drs	Drs	drs	drs	drs	Drs
河南	Drs	drs	drs	Drs	drs	Drs	drs	drs	Drs	drs	drs	drs	Drs
湖北	Drs	drs	drs	Drs	drs	Drs	drs	drs	Drs	drs	drs	drs	Drs
湖南	Drs	drs	drs	Drs	drs	Drs	drs	drs	Drs	drs	drs	drs	Drs
广东	Drs	drs	drs	Drs	drs	Drs	drs	drs	Drs	drs	drs	drs	Drs
广西	Drs	drs	drs	Drs	drs	Drs	drs	drs	Drs	drs	drs	drs	Drs
海南	Drs	drs	drs	Drs	drs	Drs	drs	drs	Drs	drs	drs	drs	Drs
重庆	Drs	—	drs	Drs	drs	Drs	drs	drs	Drs	drs	drs	drs	Drs
四川	Drs	drs	drs	Drs	drs	Drs	drs	drs	Drs	drs	drs	drs	Drs
贵州	Drs	drs	drs	Drs	drs	Drs	drs	drs	Drs	irs	drs	drs	Drs
云南	Drs	drs	drs	Drs	drs	Drs	drs	drs	Drs	drs	drs	drs	Drs
西藏	Drs	drs	drs	Drs	drs	Drs	drs	drs	Drs	drs	drs	drs	Drs
陕西	Drs	—	drs	Drs	drs	Drs	drs	drs	Drs	drs	drs	drs	Drs
甘肃	—	irs	irs	Drs	drs	Drs	drs	drs	Drs	irs	Irs	drs	Drs
青海	Drs	drs	irs	Irs	Irs	Irs	irs	irs	Irs	irs	Irs	irs	Irs
宁夏	Drs	drs	drs	Drs	Irs	Irs	irs	irs	Irs	irs	Irs	irs	Irs
新疆	Drs	drs	drs	Drs	drs	Drs	drs	drs	—	—	—	—	—

选择纯技术效率为参照主线，结合各地区农产品流通综合效率（见表5-3）的情况，对表5-4、表5-5及表5-6开展较为细致的联动分析，我们可以发现：

（1）河南省纯技术效率在各个省份中排名第1位，在各个观测年度均为1，即达到了技术有效，说明在当前的技术水平下，河南省现有农产品流通模式较为合理，在现有的农产品流通技术水平下，对农产品流通投入资源的使用是有效率的，能够适应当地的市场环境。而河南省的规模效率的平均值为0.761，在全国各省排名中位于第9位，且规模报酬递减，这说明河南省农产品流通规模偏大，产生了一定的冗余，应当考虑减小规模以提升效率，所以其综合效率没有位于生产前沿面上，流通发展建设与当地市场环境的契合度有待优化。因此，河南省农产品流通发展中存在的最大问题是整个流通规模建设过大，高于流通产出，需要进行调整。

（2）吉林、黑龙江、内蒙古、浙江、山东、湖南、湖北、河北 8 个省份农产品流通纯技术效率在省级行政单位中排名分列 2—9 名，属第 2 梯队，纯技术效率平均值均在 0.900—1.000 之间，大部分年份纯技术效率均为 1，能够达到技术有效，这说明在这 8 个省份的农产品流通过程中，技术能力与资源配置较为合理，能够为提升流通效率起到积极推进作用；但这 8 个省份的规模效率却恰恰相反，平均值排名全部位列后 50% 范围内，其中河北、湖南、内蒙古、吉林均值位于 0.700—0.850 之间，其他 4 个省均低于 0.700，特别是浙江省，仅为 0.456，位列倒数第 4 位，同时，这 8 个省份全部处于规模报酬递减范畴，说明这 8 个省份的流通规模过于庞大，这意味着它们的流通环节过多、流通周期过长，这是影响它们农产品流通效率水平的主要因素，需要通过降低流通规模、缩减流通环节、加快流通速度等渠道来完善流通模式发展。比较而言，在这 8 个省份中，流通规模的不合理是造成流通效率低下的主要负面因素。

（3）新疆、天津、广西、四川、福建、青海、江苏、安徽、宁夏、辽宁、云南、广东、江西 13 个省份农产品流通模式综合效率均小于 1，说明它们的农产品流通均没有处于生产前沿面上。其中，纯技术效率平均值在 0.600—0.900 之间，在各省份排名中处于中档水平，属于第 3 梯队，这说明此 13 个省份农产品流通的技术水平与流通资源的配备存在一些问题，在现有的技术水平下，所投入的流通资源分配和使用效率不高。同时，这 13 个省份的规模效率也都小于 1，其中青海和宁夏呈现规模报酬递增趋势，其他省份呈现规模报酬递减趋势，这说明青海和宁夏两省农产品流通规模偏小，而其他省份流通规模偏大，都需要向最优模式调整。综合来看，技术、资源和规模成为了这 13 个省份农产品流通过程中存在的共同问题。

（4）贵州、甘肃、重庆、陕西、海南、西藏、山西、北京、上海 9 个省市位列第 4 梯队，它们的农产品流通纯技术效率平均值均低于 0.600，特别是北京和上海两个直辖市平均指数最低，分别为 0.099 和 0.087，这说明在这 9 个省市中农产品流通的技术水平和流通资源配置存在较大的问题，流通技术水平亟待提高，流通资源需要重新进行合理化配置。与此同时，此 9 个省市中，除了海南、西藏、上海之外，其他 6 个省市的规模效率均位于全国较高水平，从平均规模效率排名上看，贵州、甘肃、重庆、陕西、山西、北京分列 4、3、7、8、5 及 15 名，也就是说，这 6 个省市虽然没有达到流通规模最优化，但距离最优化并不遥远，除山西为规模报酬递增外，其他均为规模报酬递减，农产品流通过程中存在的问题，主要还是由于流通技术水平低下和流通资源配置不够合理造成的。海南、西藏和上海这 3 个地区的纯技术效率和规模效率均排在全国各省市的末尾，这说明它们的农产品流通存在很大的问题，流通发展不够合理，流通过程中成本较高、环节较多、损耗较大，农产品流通技术水平需要进一步加强，基础设施建设需要进一步完善。

二、基于 Malmquist 指数的分地区纵向分析

在上一节中，利用截面数据，从技术水平、资源配置和规模效率三个方面，对全国 31

个省级行政单位农产品流通效率展开了分析。本节将采用相同的指标体系,从纵向发展的角度,利用 Malmquist 指数对同一对象再次展开分析,对观测对象的全要素生产率的发展情况给予评定,进一步分析因成本、技术和主体建设不足而引发的流通效率问题。

这里所说的纵向分析,就是指利用全国各省级行政单位各自在观测年限范围内的各年度数据展开实证分析,这种针对样本单位的某些特点在一定时间上的连续观测数据被称为面板数据,它是对总体系统中给定样本在一定时间内多重观察的数据集。农业和天文是最早应用面板数据的领域,Mundlak、Balestra 和 Nerlove 等人在 20 世纪 90 年代初期开始将其应用于经济学研究领域。目前,利用面板数据进行实证分析已经成为计量经济学的重要手段之一。和截面数据或时间序列数据相比较,面板数据具有时间和空间的二维属性,可以通过分析特异性来体现个体之间的差异。此外,面板数据通过选取更多的原始信息来尽量避免多重共线性的出现,并可通过前后时间的比较来分析在一段时间内经济现象的变化趋势,对经济现象的动态特征更好地展开研究。

(一)面板数据来源

在本次分析中,从附录 A 里的表 A-1 至表 A-5 中按地区抽取各地区年度指标数据,组建不同地区 2004—2016 年度面板数据。以全国数据为例,全国农产品流通效率 2004—2016 年度面板数据如附录 B,表 B-2 所示。

(二)软件运行命令脚本

为了达到本书对农产品流通效率评价的目的,对 DEAP 软件的执行命令(ins 文件)加以调整(以全国面板数据为例),具体如下:

```
quanguo. dta          DATA FILE NAME
quanguo. out          OUTPUT FILE NAME
1                     NUMBER OF FIRMS
13                    NUMBER OF TIME PERIODS
3                     NUMBER OF OUTPUTS
2                     NUMBER OF INPUTS
0                     0 = INPUT AND 1 = OUTPUT ORIENTATED
1                     0 = CRS AND 1 = VRS
2                     0 = DEA(MULTI - STAGE),
                      1 = COST - DEA,2 = MALMQUIST - DEA,3 = DEA(1 -
                      STAGE),4 = DEA(2 - STAGE)
```

上述命令说明,本次评价选择了投入主导型,对指标数据进行 Malmquist 分析。

每一次对不同地区的面板数据进行运算,都需要对执行命令进行简单的调整,考虑到篇幅关系,这里不再一一陈列。当所观测地区面板数据全部执行完毕后,将得到的计算结果进行整理分析。

(三) 全要素生产率变动分析

全要素生产率 (Total Factor Productivity) 是指一个系统的总产出量与全部生产要素的真实投入量的比值。全要素生产率增长 (变动) 率也叫技术进步率, 是新古典学派经济增长理论中用来衡量纯技术进步在生产中作用的一个指标, 是指全部生产要素 (包括资本、劳动、土地等) 的投入量都没有发生变化时, 生产量仍能增加的部分, 这是一个相对值, 通常都是本年度相对于上一年度的变化率。

全要素生产增长率并非是指所有要素的生产率, 在这里, "全" 的意思是经济增长中不能分别归因于有关有形生产要素增长的那部分, 因而它只能用来衡量除去所有有形生产要素以外的纯技术进步生产率的增长[1]。在本书的实证分析中, 全要素生产率变动即为农产品流通效率的变化率。当前观测年度的数据值若大于1, 则说明当前年度的农产品流通效率高于上一年度, 反之, 若当前观测年度的数据值若小于1, 则说明当前年度的农产品流通效率低于上一年度, 具体数据值如表 5-7 所示。

表 5-7　　　　　　　全要素生产率变动汇总表

Chart 5-7　　　Summary sheet on changes of total factor productivity

	2005	2006	2007	2008	2009	2010	2011	2012	2013	2014	2015	2016
全国	0.898	0.864	1.044	1.02	0.876	0.977	2.538	1.032	1.058	1.01	1.099	1.176
北京	0.923	0.864	0.807	1.04	0.828	1.051	1.392	1.653	0.206	2.487	0.612	2.083
天津	1.003	0.859	0.799	1.034	1.167	0.837	2.775	2.222	0.678	1.017	0.905	0.557
河北	0.95	1.044	1.17	0.916	0.763	1.285	2.428	1.433	1.039	0.865	0.712	1.435
山西	1.002	1.117	1.116	0.752	1.055	0.978	1.363	0.896	1.038	0.951	0.976	0.977
内蒙古	0.978	0.933	1.078	1.031	1.057	0.666	1.573	1.571	3.214	0.354	0.735	1.362
辽宁	1.038	0.831	0.995	1.02	1.335	1.018	1.764	1.097	0.941	0.989	1.051	1.008
吉林	0.573	1.056	0.81	1.078	1.087	0.772	2.451	0.92	1.937	2.317	0.385	0.812
黑龙江	0.85	0.863	1.039	1.024	0.868	0.794	1.84	1.119	1.938	0.44	1.836	1.504
上海	0.539	0.81	1.009	0.967	0.953	0.748	1.039	0.932	1	1.028	0.861	0.922
江苏	0.682	0.712	1.007	0.88	0.878	0.945	2.629	1.132	1.497	3.371	0.822	0.494
浙江	1.115	0.886	1.081	1.022	0.774	0.968	3.877	0.98	1.18	0.997	2.328	0.474
安徽	1.095	0.987	1.016	1.197	0.948	0.987	1.902	0.933	1.285	0.801	1.475	0.993
福建	0.79	1.359	0.773	0.951	0.919	0.95	2.725	0.83	1.103	0.926	1.131	1.195
江西	0.979	0.991	1.452	0.986	0.83	0.852	3.053	1.02	1.348	0.75	1.366	0.927
山东	0.91	0.877	1.048	0.911	0.941	0.915	2.618	1.019	0.967	0.982	0.969	0.94
河南	0.932	0.798	1.283	1.05	0.894	0.954	2.756	1.011	1.093	0.918	0.962	0.535
湖北	1.163	0.495	1.143	1.114	0.695	0.934	7.334	0.316	0.599	1.241	1.433	1.121

---

[1] 参见石枕：《怎样理解和计算"全要素生产率"的增长——评一个具体技术经济问题的计量分析》,《数量经济技术经济研究》1988 年第 12 期。

续表

	2005	2006	2007	2008	2009	2010	2011	2012	2013	2014	2015	2016
湖南	0.924	0.955	0.89	1.102	0.965	0.966	2.207	1.002	0.973	0.855	0.987	1.938
广东	0.711	0.45	0.835	1.059	0.813	1.031	5.469	0.866	0.899	2.151	0.819	1.781
广西	1.055	0.829	1.08	0.889	0.87	0.936	1.916	1.337	0.947	0.99	1.045	1.027
海南	0.62	0.795	0.832	0.958	0.784	0.991	1.012	0.696	1.022	0.877	1.239	1.942
重庆	0.823	0.731	0.904	1.079	0.811	0.974	4.456	2.437	0.241	0.957	0.807	1.292
四川	0.819	0.833	1.077	1.161	0.617	0.953	3.529	0.916	0.945	0.988	1.456	0.785
贵州	0.957	1.094	1.017	1.323	0.756	0.989	1.267	1.207	0.846	1.449	1.238	0.731
云南	0.887	0.96	0.744	1.236	1.086	0.701	1.901	1.06	0.993	1.015	2.371	0.624
西藏	0.969	1.028	1.675	0.427	0.391	0.822	1.296	1.007	1.029	1.004	0.875	1.034
陕西	1.212	0.863	1.108	1.248	0.838	1.343	1.328	1.088	1.045	1.414	0.935	1.127
甘肃	1.093	0.992	0.809	1.241	0.929	0.826	2.257	1.122	0.952	0.979	0.986	0.982
青海	1.066	1.482	0.592	0.823	0.901	1.2	2.118	1.205	0.797	1.381	0.76	1.383
宁夏	1.06	0.892	1.076	0.875	0.728	0.99	1.75	1.052	1.084	1.008	2.196	0.478
新疆	0.788	0.992	1.003	0.926	1.038	1.16	1.405	0.982	2.913	0.64	2.067	0.972

在具体操作中，我们可以把观测年限范围内的第一年度的全要素生产率变动值看作是1，从第2年度开始，每一年度的变化值都是相对于上一年度而言的。

在表5-7中，所观测年限的第1年为2004年，这里将其数据值假设为1，因为并无实际意义，所以表内略去了2004年的数据，而是从2005年数据开始记录。

在观测年限内，从全国发展水平来看，在2010年之前，农产品流通效率有涨有跌，但跌幅大于涨幅，呈现震荡向下的走势，而在2011年则出现了一个大的转折，效率值涨幅达到153.8%，并且从这一年开始，始终呈现小幅上涨的发展趋势，截止到2016年，全要素生产率总涨幅为155.9%。全国及其他各省市农产品流通模式全要素生产率最近13年涨幅情况如表5-8所示：

表5-8　　　　全要素生产率13年总涨幅汇总表（按降序排列）

Chart 5-8　　　Summary sheet of total increase of total factor productivity in 13 years（descending order）

序号	地区	全要素生产率	序号	地区	全要素生产率	序号	地区	全要素生产率	序号	地区	全要素生产率
1	新疆	4.518	9	黑龙江	2.608	17	云南	1.791	25	湖北	1.317
2	浙江	4.033	10	全国	2.558	18	贵州	1.787	26	河南	1.230
3	江西	3.916	11	青海	2.457	19	广西	1.762	27	重庆	1.210
4	陕西	3.662	12	辽宁	2.270	20	四川	1.730	28	山西	1.114
5	河北	3.330	13	江苏	2.177	21	山东	1.514	29	北京	0.875
6	安徽	3.290	14	福建	2.151	22	天津	1.490	30	海南	0.464
7	广东	3.168	15	内蒙古	2.009	23	吉林	1.403	31	西藏	0.279
8	湖南	2.839	16	甘肃	1.909	24	宁夏	1.355	32	上海	0.240

从表 5-8 中可见，在全国 31 个省级行政单位中，除了北京、海南、西藏、上海 4 个省市涨幅下降之外，其他 27 个省份的全要素生产率 13 年总体发展均呈现上涨趋势。在呈现上涨趋势的 27 个省份中，新疆和浙江 2 省涨幅最大，分别为 351.8% 和 303.3%，江西、陕西、河北、安徽及广东 5 省涨幅均超过 200%，另外还有 7 个省份涨幅超过 100%，13 个省份涨幅在 100% 以里。

通过分析可知，全要素生产率的发展趋势与前文得出的农产品流通综合效率呈现缓慢增长的结论是一致的。总的来看，在当前流通环境下，我国农产品流通效率正处于从一个较低水平缓慢提高的变化过程中，效率水平的提升，和农产品流通技术不断发展、农产品流通资源不断丰富、农产品流通技术设施不断完善以及农产品流通规模不断优化等因素是息息相关的。在这个不断发展过程中，由于各个省级行政单位在地理位置、政策导向、经济发展水平、产业结构、基础设施建设及文化教育水平等多个方面存在大量差异化，也就导致了农产品流通的发展形式各不相同，呈现多样化的发展格局。

第四节　本章小结

本章选取了农村地区农产品流通固定资产投资、农产品流通人力资源投入为输入指标、一般人均农业总产值、农业生产者人均年收入和地区农业总产值等投入和产出指标，采集了全国及 31 个省级行政单位 2004—2016 年度的截面数据和面板数据，利用数据包络分析法，选用 C^2R、BC^2 和 Malmquist TFP 指数三个数据模型，从横向和纵向两个角度，对我国农产品流通效率的发展变化展开整体评价。经过实证分析可知，在我国农产品流通的发展历程中，虽然流通过程在不断的发展变化，但农产品流通技术不强、流通资源配置不合理、流通规模整体偏大的问题始终没有得到妥善解决，这导致了我国农产品流通效率始终在一个较低的层次发展，虽然整体呈现上升趋势，但依然存在很多不足，流通效率水平低下。

总的来看，本章中指标建立较为合理，数据采集真实有效，模型应用比较得当，分析结果可信度高，基本完成了本章的预定目标。所得出的分析结论进一步佐证了第 4 章提出的观点，即流通成本高、流通技术落后及流通主体建设不完善是造成我国农产品流通效率偏低的主要因素，同时也为下一步的研究指明了方向、提供了依据。

第六章

农产品流通效率影响因素分析

在第五章中，利用数据包络分析法对我国当前农产品流通效率进行了评价分析，得出了目前我国农产品流通效率正处于从一个较低水平缓慢提高的变化过程中的结论，同时也分别针对不同的省级行政单位，对影响该地区农产品流通效率发展的因素作了较为宏观的探讨，认为在当前技术水平下流通资源配置的不合理性以及流通规模的不恰当性（偏大或偏小）是影响流通效率的两大诱因，而流通成本高、流通技术落后及流通主体建设不完善恰恰是这两大诱因的具体表现形式。

在实际应用中，我们除了需要对现有农产品流通的效率水平和影响机理有一个较为宏观和清楚的认识之外，还应该对农产品流通效率的微观影响因素进行深入了解，以期透过现象看本质，精确把握农产品流通效率发展现状的内在因素，为从整体上提升我国农产品流通效率、改善流通环节利益分配比例、切实提高农民收入水平确定抓手，找准切入点。在第五章中曾经对目前经济学领域常用的研究方法作了简单的阐述，结合本章的研究内容，拟选取层次分析法（AHP）来对我国农产品流通效率的影响因素进行论证解析。层次分析法（AHP）是一种简便灵活的多准则决策方法，自20世纪80年代初传入我国后，迅速得到了较为广泛的应用。近年来，利用AHP方法针对农业发展领域开展研究的行为也比较常见。黄晓慧、崔茂森（2014）建立了农产品品牌竞争力评价指标体系，并运用层次分析法和模糊综合评价法对农产品品牌竞争力进行了测评，认为企业可以通过建立品牌定位来加强农产品品质[①]。肖亮（2014）选择了物流能力、信息能力、盈利能力、管理能力、服务能力5个一级指标和13个二级指标，应用AHP方法构建了农产品营销渠道成员能力评价决策模型，对农产品营销渠道主要成员能力进行了综合评价[②]。赵晏林、李琴等（2017）利用将AHP与Floyd相结合，通过指标选取和分析，为攀枝花地区设计了物流中心选址方案[③]；李韫繁（2017）结合企业农产品物流金融模式中的产品价值属性，构建了

[①] 参见黄晓慧、崔茂森：《基于AHP和模糊综合评价的农产品品牌竞争评价及实证研究》，《江苏农业科学》2014年第42期。

[②] 参见肖亮：《农产品营销渠道成员能力评价与渠道优化设计》，《统计与决策》2014年第23期。

[③] 参见赵晏林、李琴：《基于AHP和Floyd算法的农产品物流中心选址研究》，《成组技术与生产现代化》2017年第34期。

农产品物流金融风险评估模型,并引入 AHP 分析法对企业农产品物流金融风险进行定性分析[①]。

本章将在第五章的研究基础之上,采用 AHP 方法,对我国农产品流通效率的影响因素开展进一步的分析和评价,进而为提升我国农产品流通效率提供有力的理论支撑。影响因素的选取主要来自两个方面的依据:一是按照第四章的结论,从成本、技术和主体角度入手,在分析技术提升、主体建设与成本投入的辩证关系基础上,充分考虑到第五章分析中所采纳的农产品流通资产投入和人力资源投入 2 个指标,从农产品流通链条中选取具有代表性的操作环节;二是通过知网检索大量相关文献,利用数据处理软件采集并整理关键词,将出现的高频词汇汇总排序后备用。通过上述过程,最终确定本书采用的影响因素指标,并以此建立递阶层次结构模型。

第一节 层次分析法(AHP)简介

层次分析法(AHP)是美国运筹学家萨迪教授于 20 世纪 70 年代提出的一种简便、灵活而又实用的多准则决策方法。它把复杂问题分解成组成因素,并按支配关系形成层次结构,然后用两两比较方法确定决策方案的相对重要性。1971 年,萨迪用 AHP 为美国国防部研究了"应急计划",随后又分别在 1972 年为美国国家科学基金研究了电力在工业部门的分配问题、在 1973 年为苏丹政府研究了苏丹运输问题。1977 年,萨迪在第一届国际数学建模会议上发表了"无结构决策问题的建模——层次分析法"的演讲,从而引起了人们的注意。在 1982 年召开的中美能源、资源、环境学术会议上,萨迪教授的学生高兰尼柴(H. Gholamnezhed)将这一方法介绍给了中国学者,从此以后,AHP 开始在我国得到了广泛应用,在理论和实践方面均得到了长足的发展和提高[②]。

从本质上讲,AHP 也是一种专家参与的决策方法,但由于它采取了层次结构与相对标度,因而比其他的决策方法更为灵活、便捷,可以解决的问题也更加复杂,其结果更具说服力。层次分析法的整个过程体现了人的决策思维的基本特征,即分解、判断和综合,通过一定模式使决策思维过程规范化。它将定性判断和定量分析相结合,用数量形式表达和处理人的主观偏好,从而为科学决策提供依据。运用层次分析法易于在决策分析者与决策制定者之间进行沟通,在大部分情形下,决策者可直接使用 AHP 进行决策,从而大大提高了决策的有效性、可靠性与可行性。

---

① 参见李韫繁:《基于层次分析法(AHP)的农产品物流金融风险评估》,《金融理论与实践》2017 年第 8 期。
② 孙宏才、田平、王莲芬:《网络层次分析法与决策科学》,国防工业出版社 2011 年版,第 6—9 页。

第二节　基于 AHP 的农产品流通效率影响因素分析

一、构建系统递阶层次结构模型

当我们面临一个复杂问题时，为了更好地开展分析工作，我们往往会将其分解为多个因素，如目标、约束、准则、方案等，再按照这些因素的不同属性进行分类，将同类因素放置在同一个层次上，层次之间互不相交，且上一层次元素会对下一层次元素起支配作用（有时也可能形成包含关系）。通过分层结构，将一个杂乱无章的研究对象变得有序化，按照这一逻辑所形成的自上而下的逐层支配关系被称为"递阶层次"。递阶层次是 AHP 分析法的核心思想，作为决策思维的一种方式，AHP 突出反映了思维的递阶层次特点。在这个递阶层次中，层次之间呈现自上而下的顺序支配关系，且整个结构中所能拥有的层次数量不受限制，只取决于决策分析的需要。处于同一层次的各个元素彼此之间互相独立，位置灵活。

根据上述递阶层次结构思想，按照我国现阶段农产品流通模式的环节和特点，结合本章问题研究的目的，搭建我国农产品流通效率影响因素分析的递阶层次结构模型。如图 6-1 所示：

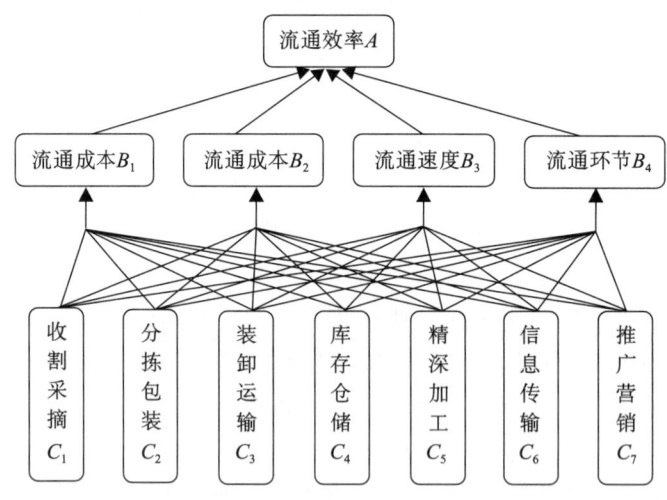

图 6-1　农产品流通效率影响因素分析的递阶层次结构模型图

该结构模型共由 3 个层次组成，其中目标层为流通效率（A），也就是说，整个研究工作的开展以提高流通效率为最终目标；准则层由 4 个因素组成，分别为流通成本（B_1）、流通技术（B_2）、流通速度（B_3）和流通环节（B_4）；方案层由 7 个因素组成，分别为收割采摘（C_1）、分拣包装（C_2）、装卸运输（C_3）、库存仓储（C_4）、精深加工（C_5）、信息传输（C_6）和推广营销（C_7）。

（一）准则层及方案层影响因素选取依据

在选取准则层影响因素时，主要参考了本书第四章及第五章的分析结论，初步确定了流通成本、流通技术和流通主体3个因素。但由于在进行AHP分析时，流通主体这一因素很难直接进行量化，而流通主体的发展建设情况却能够对流通速度和流通环节产生直接影响。因此，为了更好地分析流通主体建设对流通效率的影响程度，这里将流通主体这一因素拆分为流通速度和流通环节2个因素，最终将准则层影响因素确定为4个，即流通成本、流通技术、流通速度和流通环节。

在选取方案层影响因素时，采取了广泛学习和借鉴的方法，即从知网中查阅了大量的相关文献，并利用软件对文献中选取的影响因素进行整理和分析，按照出现的频次进行排序后，再根据本书研究的需要，最终确定了方案层的7个影响因素，并将这些因素按照在流通过程中出现的先后顺序进行排序，即：收割采摘、分拣包装、装卸运输、库存仓储、精深加工、信息传输、推广营销。

通过上述过程，最终确定本书采用的影响因素指标，并以此建立了前文所描述的递阶层次结构模型。接下来，将逐一对各个层次的影响因素进行进一步的说明。

（二）目标层

目标层只有1个因素，它是所有下层因素的共同目的，在这里为流通效率（A），本质是要通过下层因素的合理配置，以达到提高流通效率的目的。

（三）准则层

准则层中的因素是目标层的分目标或子目标，属于实现目标层的中间环节，每一个准则因素都可能包含一个或多个下级子因素。本模型所定制的准则层共包含4个因素，分别为流通成本（B_1）、流通技术（B_2）、流通速度（B_3）和流通环节（B_4）。

1. 流通成本（B_1）

农产品流通成本是指农产品在生产及经营过程中所耗费的生产资料转移的价值和劳动者为自己劳动所创造的价值的货币表现，是农产品流通各环节中所耗费的资金总和。一方面，我国物流成本较高，其中物流保管费是发达国家的2倍，管理费用可达3—4倍；另一方面，我国农产品流通环节较多，多级批发、零售现象普遍存在。有研究表明，每增加一个环节，成本提高5%—10%。目前，我国农产品流通成本一般占总成本的30%—40%，而对于诸如蔬菜、水果类的鲜活农产品来说，这个比例则高达60%以上。

流通成本是流通效率最重要的影响因素，流通成本增加，必然导致销售价格的提升，进而增加人们的生活成本，降低农产品流通效率。但是，农产品作为一类特殊的商品，有些时候，消费者对于其品质的要求可能会超越价格的限制，人们可能愿意花费较高的价钱来购买新鲜度更高的食物，在这种心理作用下，流通成本的增加（比如更多地使用冷链物流以保障农产品的新鲜度）未必就会导致流通效率的下降。同时，流通成本往往也不是一个独立的概念，提升流通技术、加快流通速度、减少流通环节，这些举措也会在一定程度上降低流通成本。

2. 流通技术（B_2）

农产品流通技术是指在农产品流通的各个环节中对信息传输、信号识别、自动控制、机械化作业、恒温制冷等现代技术的综合应用。与发达国家相比较，我国农产品流通技术还处于较为落后的位置。以冷链物流为例，目前我国系统化、规模化的冷链物流体系还远未成型，其中，果蔬产品和肉禽冷链物流运输率仅为5%—15%，发达国家则高达95%—100%。除此之外，在冷链流通率、冷藏运输率、物流损耗、冷链基础设施及第三方冷链物流参与率等方面都和发达国家存在较大差距。由此可见，我国农产品流通技术水平还有较大的提升空间。

对于流通技术与流通效率的关系，我们需要用辩证的眼光去分析。一方面，流通技术的不断进步，必然会缩短流通周期、加快流通速度、降低流通损耗，进而提高流通效率；另一方面，流通技术的研发，也一定会带来额外的投入成本。技术进步带来的成本下降、与技术研发带来的成本增加，二者是一个博弈过程。当然，有些时候我们也不可以这么简单地去进行比较，还必须把消费者需求和市场行为考虑进来，当人们更倾向于追求技术进步带来的高效快捷和健康时，他们往往愿意为此而付出更大的代价，目前农产品市场中对于绿色有机食品的需求量逐年增加，恰好可以说明这一点，此时，技术研发成本将会被人们所忽略。

3. 流通速度（B_3）

流通速度亦称周转速度，用来表示商品周转的快慢。流通速度代表了生产过程更新和重复的速度，能够决定余额价值量的大小和实际加入生产过程的资金量，是评价商业经营水平的质量指标之一。流通速度一方面可以表示为完成一定量商品周转所需时间的多少；另一方面可表示为流通商品所需资本周转率的多少。流通速度的改善对于实现社会再生产、重新配置流通资源及优化产业结构等方面都具有十分重要的意义。

农产品流通速度即农产品的周转速度，和其他商品相比较，农产品流通的过程更为复杂，从采摘、包装、运输、存储直至销售，每个环节都存在多种形式，因此，对流通速度能够产生影响的因素也就更为繁多。从农产品流通速度角度分析流通各个环节的发展现状，对于优化现有流通模式、提高流通效率而言，均具有十分重要的意义。

4. 流通环节（B_4）

商品流通环节，是指商品在流通过程中形成的商品价值转换和实体运动的具体表现形式。在我国现阶段的商品流通中，以商业为媒介的发达商品流通形式处于主导地位，商品流通过程在很大程度上表现为商业组织或商人所推动的商品由生产领域向消费领域的转移过程。

和其他种类商品相比较，农产品本身的自然属性决定了它的流通环节更为烦琐。从流通进程角度出发，可以将农产品流通环节划分为交易前、交易中和交易后三个部分，其中交易前主要包括生产、采摘、分拣包装、存储、运输等细分环节，交易中主要包括存储、批发、零售等细分环节，交易后的环节受交易形式的影响而各不相同，可以是自行携带或配送，还包括售后保障及可追溯体系等配套服务措施。其中，批发环节可能不止一次，经常会有多级批发的环节出现。本书定义了5种农产品流通模式，不同的模式之间的流通环节无论是形式还是数量上都会有较大差别。除此之外，农产品流通环节还会受到国家宏观政策、交通运输状况、运输及存储技术手段、农产品批发市场及零售终端建设等诸多因素的影响。

(四) 方案层

方案层位于递阶层次结构的最低层，具体内容是为了实现目标层（A）中规定的目标时可供选择的各种措施、方案、步骤和手段。按照农产品流通过程中各事件发生的先后次序，本递阶层次模型在方案层定义了7个因素，分别为收割采摘（C_1）、分拣包装（C_2）、装卸运输（C_3）、库存仓储（C_4）、精深加工（C_5）、信息传输（C_6）和推广营销（C_7）。

1. 收割采摘（C_1）

收割采摘是农产品所特有的流通因素，农产品的生产过程为自然生长过程，收割采摘代表着农产品生产过程的结束和流通过程的开始。对于小规模的农业生产，往往采用人工收割采摘的方式进行，当人手不够时会采取雇工的方式加以解决，当农业生产规模进一步扩大时，农业生产者会将机械化作业引入到收割采摘环节。无论是雇佣人员还是采取机械化作业，都会在一定程度上增加采摘的金钱成本，但是会节省采摘的时间成本、加快采摘速度，进而对提高整个流通效率起到一定的促进作用。

2. 分拣包装（C_2）

分拣包装是收割采摘的后续环节，在很多时候，分拣包装和收割采摘往往会连续进行，农产品生产者会将收割采摘的农作物直接进行分拣和包装。视农作物的种类不同，分拣、特别是包装的形式和成本也会有很大差别。对于如玉米、大豆、马铃薯等农作物，只需经过简单包装即可进入下一环节，而对于诸如水果、蔬菜等易于腐烂、损耗的生鲜类农作物，它们的包装则需要做得更为细致，所需投入的成本也将会更高。分拣包装对于农产品流通效率影响的双面性体现在：一方面，分拣包装增加了流通环节和包装费用，必然会提高流通成本、延缓流通速度；另一方面，经过包装后的农产品，其抗损耗性得到了很大程度上的增强，特别是对于某些易碎易损农产品而言，包装更是在运输之前不可或缺的步骤，从这一角度来看，分拣包装又对提高流通效率具有一定的促进作用。

3. 装卸运输（C_3）

装卸运输是农产品流通全过程的重要组成部分，在农产品流通的整个链条中可能会多次反复出现，在农产品流通的两个子节点之间，往往都会出现这一环节。耗时、方式、技术水平、作业方式、速度等因素都会对装卸运输产生一定影响，进而对整个农产品流通效率产生作用。在这一环节，现代农业发展提倡提高装卸运输的现代化技术水平，最具代表性的当属冷链运输技术的应用。然而在我国，相关的物流技术还处于较为落后的位置，技术研发需要额外增加投入成本，但技术水平的提升也会缩减作业时间、降低流通损耗，从这一角度来看，装卸运输环节同样会从正反两个方面对整个农产品流通效率产生影响。

4. 库存仓储（C_4）

和装卸运输因素一样，库存仓储在农产品流通的全过程中也会多次出现在不同的环节，如采摘后、运输前、运输后、销售前等。农产品种类不同，特性也各异，有的怕干、有的怕潮、有的怕冻、有的易腐，所以，不同类别的农产品，对存储环境在温度、湿度等方面的要求也各不相同，而科学、合理的储存环境可以有效延长农产品的保质期，这一点对于生鲜类的农产品来说尤为重要。以哈密瓜为例，西州密 17 号和西州密 25 号在 6 摄氏度的温度下储藏效果最佳，可将储存期延长至 3 个月[1]，这已经是现有技术条件下的最长储存期，这一研究结果为保障哈密瓜的反季供应、维持市场稳定具有非常重要的现实意义，也充分表明了库存仓储因素对农产品流通效率的营销效果。

5. 精深加工（C_5）

精深加工这一因素并没有出现在所有的农产品流通过程中，对于某些农产品，如稻谷、玉米等，可以在经过简单的初加工（筛检、去皮、研磨等）后就进入消费市场，也可以在初加工的基础上进行深加工，然后再进入消费市场；对于保鲜性要求较高的农产品，如果蔬、生鲜类，由于初加工后的产品不易保存、库存成本高且保质期短、流通损耗大，此时往往需要进行精深加工，如脱水、制干、酿汁、腌制、合成等，使农产品以另外一种形式（比如食品）进入消费市场，既可以有效延长其供应期，又可满足市场消费者多样化的消费需求。近年来，从事农产品精深加工的企业数量在不断增多，精深加工农产品所占据的市场份额也在不断增大，截至 2015 年底，我国拥有规模以上农产品加工企业 7.8 万家，完成主营业务收入近 20 万亿元，农产品加工业与农业总产值达到 2.2∶1，农产品加工转化率达到 65%[2]。精深加工因素对于农产品流通的影响依然也需要从正反两个方面去探讨。

6. 信息传输（C_6）

信息传输与农产品本身没有直接关系，但是它却是市场上所有流通商品所必不可少的一个影响因素。特别是在贸易全球化、信息化发展程度不断提升的今天，有效的信息传输对于商品流通来说至关重要。长期以来，农产品信息量大，但信息传输渠道一直是农产品流通领域的短板，这既是受到我国流通体系整体发展水平滞后影响的结果，更是和农产品生产者和经营者自身的教育水平偏低有很大关系，广大的农产品生产及流通从业者并不擅长使用现代化技术来实现信息的有效传输，从而使得在农产品流通领域，信息不对称的现象频发，农产品"供大于求"和"供不应求"交替出现，在一定程度上降低了农产品流

---

[1] 杜娟、杨军、廖新福、腾国玲、沙勇龙：《不同贮藏温度对哈密瓜品质及腐烂率的影响》，《新疆农业科技》2013 年第 6 期。

[2] 数据摘自 2016 年 11 月农业部下发的《全国农产品加工业与农村一二三产业融合发展规划（2016—2020 年）》。

通效率，严重损害了广大从业者以及消费者的切身利益。本书将信息传输因素纳入农产品流通效率影响因素范畴，就是想从发展现代农业的角度入手，挖掘现代信息技术对农产品流通模式的影响程度。

7. 推广营销（C_7）

推广营销也可以看作是分销，它主要包括批发和零售两种形式，所采用的模式和渠道十分灵活。不同的营销模式决定了不同的渠道和环节，也带来了不同的成本和效益。推广营销的具体细节往往掌握在批发商及零售商手里，特别是零售商，角色和经营环境都十分灵活，农产品的类别不同、加工程度不同，也都会对营销过程产生很大的影响。推广营销是整个农产品流通的最后一个环节，是流通的终点，也是难点，这一因素对整个农产品流通效率的影响至关重要，因此，本书将其纳入到评价体系中，在后文进行评价和分析。

二、构造两两比较判断矩阵

（一）两两比较的比例标度评判方法及过程

层次分析法（AHP）从决策角度提出了社会经济因素的测度方法，因此，递阶层次因素的测度对决策分析具有十分重要的意义。

在测度过程中存在两种标度：一种是规定性标度，它是指在事先规定的某种准则或属性下，对同一层次的因素进行两两比较以测度其相对重要性，这一标度属于比例标度；另一种标度属于导出性标度，用于被比较因素相对强度数值的测度。这里主要介绍的是前一种比例标度，它采用 1—9 的整数及其倒数作为标度值，最后形成一个将测量结果表示为正的互反矩阵。1—9 标度的具体含义如表 6-1 所示。

表 6-1　　　　　　　　　　1—9 标度值的具体含义

Chart 6-1　　　　　　　1-9 Concrete implication of scale value

标度	含义
1	表示两个元素 i 和 j 相比，i 和 j 具有同等重要性
3	表示两个元素 i 和 j 相比，i 比 j 稍微重要
5	表示两个元素 i 和 j 相比，i 比 j 明显重要
7	表示两个元素 i 和 j 相比，i 比 j 强烈重要
9	表示两个元素 i 和 j 相比，i 比 j 极端重要
2, 4, 6, 8	表示以上相邻判断的中间标度值
倒数	若元素 i 与元素 j 的重要性之比为 a_{ij}，则元素 j 与元素 i 的重要性之比为 $\frac{1}{a_{ij}}$

选择 1—9 的标度方法是因为它比较符合人的判断习惯，因为 AHP 的测度是通过两两比较给出的，所以当我们在作出判断时，被比较的对象对于它们所从属的性质或准则应有较为接近的数量级，否则比较判断的定量化就没有太大的意义，也缺乏必要的精度。

本书采用专家群体综合评价法，利用访谈法和调查问卷法①，邀请农产品流通领域的5位专家，在我国现有农产品流通模式的格局限定下，对本递阶层次因素进行分值评价。待数据采集结束后，根据1—9标度的原理，对数据进行转换，最终给出具体的评判分值，进而形成两两比较判断矩阵。在5位专家给出具体评判分值之前，先进行了一次深入交流，明确了本书的研究背景和目的，以及对我国农产品流通模式的理解和定义，从而为更准确的对指标进行判定提供保障。

（二）形成两两比较判断矩阵

在对农产品流通效率进行测评时，主要会涉及成本、技术、速度和环节等相关因素，而这些因素在农产品的收割采摘、分拣包装、装卸运输、库存仓库、精深加工、信息传输、推广营销等过程中都会发挥各自的作用。

根据这一思想，本书构造了3层结构的递阶结构模型，其中目标层（A）为流通效率，意思是要以提高流通效率为最终目标；准则层（B）包含4个因素，方案层（C）包含7个因素（详见6.2.1节）。在进行两两比较时，采取分层进行的方式，即先对准则层中的4个因素进行两两比较，再分别从准则层4个因素的视角出发，对方案层中的7个因素依次进行4次两两比较。最后，在对5位专家的比较结果进行综合处理后，得到判断矩阵 $A - B_i$ 及判断矩阵 $B_i - C_j$，分别如表6－2至表6－6所示。

表6－2　　　　　　　　判断矩阵 $A - B_i$
Chart 6－2　　　　　　　Judgment matrix $A - B_i$

	B_1	B_2	B_3	B_4
B_1	1	1/3	3	5
B_2	3	1	5	7
B_3	1/3	1/5	1	3
B_4	1/5	1/7	1/3	1

表6－3　　　　　　　　判断矩阵 $B_1 - C_j$
Chart 6－3　　　　　　　Judgment matrix $B_1 - C_j$

	B_1C_1	B_1C_2	B_1C_3	B_1C_4	B_1C_5	B_1C_6	B_1C_7
B_1C_1	1	1/3	1/5	1/7	1/5	1/4	1/3
B_1C_2	3	1	1/3	1/5	1/4	1/3	1/3
B_1C_3	5	3	1	1/5	2	2	3
B_1C_4	7	5	5	1	3	5	5
B_1C_5	5	4	1/2	1/3	1	2	3
B_1C_6	4	3	1/2	1/5	1/2	1	3
B_1C_7	3	3	1/3	1/5	1/3	1/3	1

---

① 调查问卷见附录C。为了方便打分，这里将两两对比打分法更改为绝对值打分法，对获取的数据后期再进行单独处理。

表 6-4　　　　　　　　　　　判断矩阵 $B_2 - C_j$
Chart 6-4　　　　　　　　　Judgment matrix $B_2 - C_j$

	B_2C_1	B_2C_2	B_2C_3	B_2C_4	B_2C_5	B_2C_6	B_2C_7
B_2C_1	1	1/3	1/2	1/4	1/7	1/5	1/6
B_2C_2	3	1	2	1/3	1/6	1/4	1/5
B_2C_3	2	1/2	1	1/4	1/7	1/5	1/6
B_2C_4	4	3	4	1	1/4	1/2	1/3
B_2C_5	7	6	7	4	1	3	3
B_2C_6	5	4	5	2	1/3	1	1/3
B_2C_7	6	5	6	3	1/3	3	1

表 6-5　　　　　　　　　　　判断矩阵 $B_3 - C_j$
Chart 6-5　　　　　　　　　Judgment matrix $B_3 - C_j$

	B_3C_1	B_3C_2	B_3C_3	B_3C_4	B_3C_5	B_3C_6	B_3C_7
B_3C_1	1	1/3	1/2	1/4	1/5	1/7	1/6
B_3C_2	3	1	2	1/3	1/4	1/6	1/5
B_3C_3	2	1/2	1	1/2	1/5	1/7	1/6
B_3C_4	4	3	2	1	1/3	1/5	1/4
B_3C_5	5	4	5	3	1	1/3	1/2
B_3C_6	7	6	7	5	3	1	2
B_3C_7	6	5	6	4	2	1/2	1

表 6-6　　　　　　　　　　　判断矩阵 $B_4 - C_j$
Chart 6-6　　　　　　　　　Judgment matrix $B_4 - C_j$

	B_4C_1	B_4C_2	B_4C_3	B_4C_4	B_4C_5	B_4C_6	B_4C_7
B_4C_1	1	1/3	1/5	1/6	1/4	2	1/2
B_4C_2	3	1	1/3	1/4	1/2	4	2
B_4C_3	5	3	1	1/2	2	6	4
B_4C_4	6	4	2	1	3	7	5
B_4C_5	4	2	1/2	1/3	1	5	3
B_4C_6	1/2	1/4	1/6	1/7	1/5	1	1/3
B_4C_7	2	1/2	1/4	1/5	1/3	3	1

其中，表 6-2 为判断矩阵 $A - B_i$，描述的是准则层 4 个因素的两两对比情况。

表 6-3 为判断矩阵 $B_1 - C_j$，表 6-4 为判断矩阵 $B_2 - C_j$，表 6-5 为判断矩阵 $B_3 - C_j$，表 6-6 为判断矩阵 $B_4 - C_j$，这 4 个判断矩阵分别为流通成本视角下、流通效率视角下、流通环节视角下和流通速度视角下方案层 7 个因素的两两对比情况。

最后，利用得到的数据，进行下一步的权重计算，并且要对结果进行一致性检验。

三、权重计算及一致性检验

（一）单一准则下相对权重计算方法

通过专家评价得到相关数据后，要根据 n 个元素 u_1，u_2，$\cdots$，u_n 对于准则 C 的判断矩阵求出对于准则 C 的相对排序权重 w_1，w_2，$\cdots$，w_n。转换向量形式为：

$$w = (w_1, w_2, \cdots, w_n)^T \tag{6.1}$$

目前，常用的权重计算方法主要有：

1. 和法

对于一个一致的判断矩阵，它的每一列归一化后就是相应的权重向量，当 A 不一致时，它们是近似权重向量。和法采用这 n 个列向量的的算术平均作为权重向量，具体计算公式为：

$$w_i = \frac{1}{n} \sum_{j=1}^{n} \left[\frac{a_{ij}}{\sum_{k=1}^{n} a_{kj}} \right] (i = 1, 2, \cdots, n) \tag{6.2}$$

2. 根法

将 A 的各个列向量几何平均后，再进行归一化处理，利用上述过程求得权重向量的方法就是根法，其计算公式为：

$$w_i = \frac{\left[\prod_{j=1}^{n} a_{ij} \right]^{\frac{1}{n}}}{\sum_{k=1}^{n} \left[\prod_{j=1}^{n} a_{kj} \right]^{\frac{1}{n}}} \tag{6.3}$$

3. 对数最小二乘法（LLSM）

用拟合方法确定权重向量 $w = (w_1, w_2, \cdots, w_n)^T$，使残差平方和

$$\sum_{1 < i < j < n} (\log a_{ij} - \log \frac{w_i}{w_j})^2 \tag{6.4}$$

为最小。这就是对数最小二乘法，可以证明利用对数最小二乘法计算得到的结果与根法相同。

4. 最小二乘法（LSM）

确定权重向量 $w = (w_1, w_2, \cdots, w_n)^T$，使残差平方和

$$\sum_{1 < i < j < n} \left(a_{ij} - \frac{w_i}{w_j} \right)^2 \tag{6.5}$$

为最小的方法称为最小二乘法。因为最小二乘法需要解一组非线性方程，故在实际中应用很少。

5. 特征根法（EM）

设 $w = (w_1, w_2, \cdots, w_n)^T$ 是由 H 阶判断矩阵得到的权重向量，当 A 是一致性矩阵

时，即：

$$A = \begin{pmatrix} \dfrac{w_1}{w_1} & \dfrac{w_1}{w_2} & \cdots & \dfrac{w_1}{w_n} \\ \dfrac{w_2}{w_1} & \dfrac{w_2}{w_2} & \cdots & \dfrac{w_2}{w_n} \\ \vdots & \vdots & \vdots & \vdots \\ \dfrac{w_n}{w_1} & \dfrac{w_n}{w_2} & \cdots & \dfrac{w_n}{w_n} \end{pmatrix} \tag{6.6}$$

该矩阵的秩为1，满足：

$$AW = nW \tag{6.7}$$

这里 n 是 A 的最大特征值，W 是 A 的属于特征值 n 的特征向量，A 的其他特征值均为零。对于判断矩阵 A 一般是不一致的，但它是正矩阵，用 A 的最大特征值 $\lambda_{\max}$ 对应的特征向量，即满足：

$$AW = \lambda_{\max} W \tag{6.8}$$

的特征向量 W 作为近似排序向量，这种方法称为特征根法。

（二）权重计算

根据数据采集的实际情况，本书采用根法进行权重计算。计算步骤为：

（1）用根法求列向量 $\vec{w}$；

（2）将向量 $\vec{w} = (\vec{w}_1, \vec{w}_2, \cdots, \vec{w}_m)^T$ 进行归一化处理，得到层次单排序权向量 $\vec{w}$。

下面以判断矩阵 $A - B_i$ 为例，说明权重计算的具体步骤。

对于判断矩阵 $A - B_i$，将矩阵值代入式（6.9），

$$\vec{w}_i = \left(\prod_{i}^{m} u_{ij} \right)^{1/n} \tag{6.9}$$

则有：

$$\vec{w}_i = \begin{bmatrix} \sqrt[4]{1 \times 1/3 \times 3 \times 5} \\ \sqrt[4]{3 \times 1 \times 5 \times 7} \\ \sqrt[4]{1/3 \times 1/5 \times 1 \times 3} \\ \sqrt[4]{1/5 \times 1/3 \times 1/7 \times 1} \end{bmatrix} = \begin{bmatrix} 5.000 \\ 75.000 \\ 0.200 \\ 0.010 \end{bmatrix} \tag{6.10}$$

然后将 $\vec{w}_i$ 的矩阵值代入式（6.11），

$$\vec{w}_i = \dfrac{\vec{w}_i}{\sum\limits_{i}^{m} \vec{w}_i} \tag{6.11}$$

则有：

$$\vec{w}_i = \begin{bmatrix} \dfrac{5.000}{5.000+75.000+0.200+0.010} \\ \dfrac{75.000}{5.000+75.000+0.200+0.010} \\ \dfrac{0.200}{5.000+75.000+0.200+0.010} \\ \dfrac{0.010}{5.000+75.000+0.200+0.010} \end{bmatrix} = \begin{bmatrix} 0.276 \\ 0.543 \\ 0.123 \\ 0.058 \end{bmatrix} \quad (6.12)$$

由式（6.12）可知，判断矩阵 $A-B_i$ 的权重依次为 0.276、0.543、0.123、0.058，同理可求得：

判断矩阵 B_1-C_j 的权重依次为 0.030、0.050、0.174、0.403、0.160、0.113、0.070；

判断矩阵 B_2-C_j 的权重依次为 0.029、0.055、0.038、0.109、0.372、0.154、0.243；

判断矩阵 B_3-C_j 的权重依次为 0.029、0.055、0.042、0.087、0.173、0.362、0.252；

判断矩阵 B_4-C_j 的权重依次为 0.031、0.068、0.159、0.104、0.241、0.352、0.045。

（三）一致性检验

通过以下步骤，完成判断矩阵的一致性检验：

（1）计算矩阵的最大特征值 λ_{max}

最大特征值计算公式为：

$$\lambda_{max} = \frac{1}{m} \sum_{i=1}^{m} \frac{a_i \vec{w}_i}{\vec{w}} \quad (6.13)$$

其中 a_{ij} 为判断矩阵。

以判断矩阵 $A-B_i$ 为例，经运算得出 $\lambda_{max} = 4.1223$。

（2）计算一致性指标 $C.I.$

一致性指标 $C.I.$ 计算公式为：

$$C.I. = \frac{1}{m-1}(\lambda_{max} - m) \quad (6.14)$$

利用式（6.14），经运算得出判断矩阵 $A-B_i$ 的一致性指标 $C.I. = 0.0407$。

（3）查找平均随机一致性指标 $R.I.$

1-15 阶正互反矩阵平均随机一致性指标如表 6-7 所示：

表 6-7　　　　　　　　　平均随机一致性指标

Chart 6-7　　　　　　Averge random consistency index

矩阵阶段	1	2	3	4	5	6	7	8	9	10	11	12	13	14	15
$R.I.$	0	0	0.52	0.89	1.12	1.26	1.36	1.41	1.46	1.49	1.52	1.54	1.56	1.58	1.59

经查表，判断矩阵 $A-B_i$ 的平均随机一致性指标为 0.89。

（4）计算一致性比例 $C.R.$

因为，

$$C.R. = \frac{C.I.}{R.I.} \tag{6.15}$$

所以，只有当 $C.R. < 0.1$ 时，可认为判断矩阵具有满意的一致性，表明权重分配合理，否则该判断矩阵不成立，需要重新调整，直到取得满意的一致性为止。

根据上述步骤，分别完成判断矩阵 $A-B_i$、B_1-C_j、B_2-C_j、B_3-C_j、B_4-C_j 的 $C.R.$ 值计算，结果如表 6-8 所示。

表 6-8　　　　　　　　　　判断矩阵的 $C.R.$ 值

Chart 6-8　　　　　The C. R. value of judgment matrix

矩阵名	$A-B_i$	B_1-C_j	B_2-C_j	B_3-C_j	B_4-C_j
$C.R.$ 值	0.045	0.066	0.049	0.041	0.024

从表 6-8 中可见，各矩阵的 $C.R.$ 值均小于 0.1，说明该 5 组判断矩阵均通过一致性检验。为了节省篇幅，其他判断矩阵的计算过程在本书中略去。

四、计算评价指标权重

前文利用根法，对递阶层次结构模型中准则层的 4 个因素（这里为一级指标）及方案层的 7 个因素（这里为二级指标）的权重分别进行了计算，结果如表 6-9 所示。

表 6-9　　　　　　　流通效率影响因素各级指标权重汇总表

Chart 6-9　　　　　Summary sheet of all index weights of circulation effciency influence factor

总目标（A）	一级指标（B_i）	局部权重（AB_i）	二级指标（C_j）	局部权重（B_iC_j）	全局权重（AB_iC_j）
流通效率 A	流通成本（B_1）	0.276	收割采摘（C_1）	0.030	0.008
			分拣包装（C_2）	0.050	0.014
			装卸运输（C_3）	0.174	0.048
			库存仓储（C_4）	0.403	0.111
			精深加工（C_5）	0.160	0.044
			信息传输（C_6）	0.113	0.031
			推广营销（C_7）	0.070	0.019
流通效率 A	流通技术（B_2）	0.543	收割采摘（C_1）	0.029	0.015
			分拣包装（C_2）	0.055	0.030
			装卸运输（C_3）	0.038	0.021
			库存仓储（C_4）	0.109	0.059
			精深加工（C_5）	0.372	0.202
			信息传输（C_6）	0.154	0.084
			推广营销（C_7）	0.243	0.132

续表

总目标（A）	一级指标（B_i）	局部权重（AB_i）	二级指标（C_j）	局部权重（B_iC_j）	全局权重（AB_iC_j）
流通效率 A	流通速度（B_3）	0.123	收割采摘（C_1）	0.029	0.004
			分拣包装（C_2）	0.055	0.007
			装卸运输（C_3）	0.042	0.005
			库存仓储（C_4）	0.087	0.011
			精深加工（C_5）	0.173	0.021
			信息传输（C_6）	0.362	0.045
			推广营销（C_7）	0.252	0.031
流通效率 A	流通环节（B_4）	0.058	收割采摘（C_1）	0.045	0.003
			分拣包装（C_2）	0.104	0.006
			装卸运输（C_3）	0.241	0.014
			库存仓储（C_4）	0.352	0.020
			精深加工（C_5）	0.159	0.009
			信息传输（C_6）	0.031	0.002
			推广营销（C_7）	0.068	0.004

从表6-9中可见，经过计算后，得到了一级指标的局部权重（AB_i）、二级指标的局部权重（B_iC_j）及二级指标的全局权重（AB_iC_j），其中，一级指标的局部权重（AB_i）是指准则层的4个因素相对于总目标流通效率而言的权重，二级指标的局部权重（B_iC_j）是方案层的7个因素分别相对于每个准则层因素而言的权重，二级指标的全局权重（AB_iC_j）是指方案层的7个因素分别相对于总目标流通效率而言的权重，三者之间存在如下关系：

$$AB_iC_j = AB_i \times B_iC_j \tag{6.16}$$

将方案层（C）中同一个因素的4个全局权重相加，可以得到该因素的综合权重。假设用Q_{C_j}代表C_j的综合权重，则：

$$Q_{C_j} = \sum_{i=1}^{4} AB_iC_j (j = 1,2,3,4,5,6,7) \tag{6.17}$$

根据表6-9和式（6.17），可以得到方案层7个因素（二级指标）的综合权重，具体如表6-10所示：

表6-10　　　　　　　方案层因素的综合权重（Q_{C_j}）

Chart 6-10　　　Comprehensive weight of scheme layer factor（Q_{C_j}）

A	C_1	C_2	C_3	C_4	C_5	C_6	C_7
三级指标的综合权重	0.030	0.057	0.088	0.201	0.276	0.162	0.186

第三节　结果分析

本节将对上文得到的权重结果进行分析讨论，这一过程将分别从局部权重（AB_i）、局部权重（B_iC_j）、全局权重（AB_iC_j）以及方案层因素综合权重（Q_{C_j}）四个方面进行。

一、局部权重（AB_i）结果分析

从表 6-9 中可知，局部权重（AB_i）的值分别为：流通成本（AB_1）= 0.276，流通技术（AB_2）= 0.543，流通速度（AB_3）= 0.123，流通环节（AB_4）= 0.058。也就是说，从准则层 4 个因素的角度出发，对于农产品流通效率影响最大的因素为流通技术，所占权重值为 0.543，其次为流通成本，所占权重值为 0.276，流通速度、流通环节因素分列 3、4 名，权重值分别为 0.123 和 0.058，而速度与环节的和值，可以反映流通主体对流通效率的影响程度。准则层 4 个因素对流通效率影响的权重比例如图 6-2 所示：

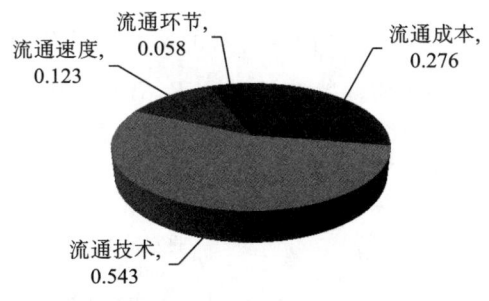

图 6-2　准则层因素权重比例分布示意图

从上述权重比例中我们可以得知，目前对农产品流通效率最大的影响因素是流通全过程中的技术水平（所占比重高达 54.3%），而目前，我国在现有的技术水平上对于流通资源的利用还不够合理和充分，在第五章的分析中，我国绝大部分省份农产品流通的综合效率和纯技术效率均小于 1，这充分说明我国农产品流通技术暂时还处于一个较低的发展水平上，而大部分地区的农产品流通规模效率均小于 1、且呈现规模报酬递增的趋势，这再次说明我国的农产品供应依然主要依靠人工和资源的投入，规模庞大而效率低下，属于典型的劳动力和资本密集型发展现状，所以说，迅速提升农产品的流通技术水平，使农产品流通产业向技术密集型方向转变，这是当前提升农产品流通效率的首要任务。

流通成本在整个流通效率中的影响比重为 27.6%，位居第 2 名，和位居第 1 名的流通技术相比，差距较大。这一分析结果和之前的一些研究结论有所不同，在此之前，很多学者的研究结果都表明，流通成本才是影响流通效率的最大因素，之所以出现这样不同的结果，和当前人们的生活水平及对农产品需求的消费心理和消费习惯变化有着很大的关联。

在我国经济发展达到一定高度、并已经进入新常态的今天，更多的农产品消费者将关注的焦点聚集在质量、污染和新鲜度等方面，而不是价格。也就是说，人们愿意付出更高的代价来换取饮食的健康，比如对于有机绿色食品的追捧，在这种消费习惯的影响下，流通成本对于流通效率的影响力逐渐降低。

在流通速度和流通环节的比较中，流通速度略胜一筹。流通速度决定了流通周期，而对于农产品这一类对保质期有着严格要求的商品而言，速度在很大程度上还决定了商品的品质和损耗。较多的流通环节会造成流通速度的下降和流通成本的增加，但显然，这种成本的增加与保障有效供应及降低流通损耗相比较而言，对农产品流通效率的影响是最低的。因为速度和环节是由主体拆分而来，二者的和值依然位列第3，这也说明流通主体的建设情况相对而言对流通效率的影响作用最小。

二、局部权重（B_iC_j）结果分析

局部权重（B_iC_j）是指分别对于流通成本、流通技术、流通速度和流通环节4个不同观测点而言，方案层的7个因素各自的影响权重。

（一）局部权重（B_1C_j）结果分析

从流通成本视角分析，方案层7个因素各自的影响权重分别为：收割采摘（B_1C_1）= 0.030，分拣包装（B_1C_2）= 0.050，装卸运输（B_1C_3）= 0.174，库存仓储（B_1C_4）= 0.403，精深加工（B_1C_5）= 0.160，信息传输（B_1C_6）= 0.113，推广营销（B_1C_7）= 0.019。这7个局部权重的比例构成如图6-3所示。

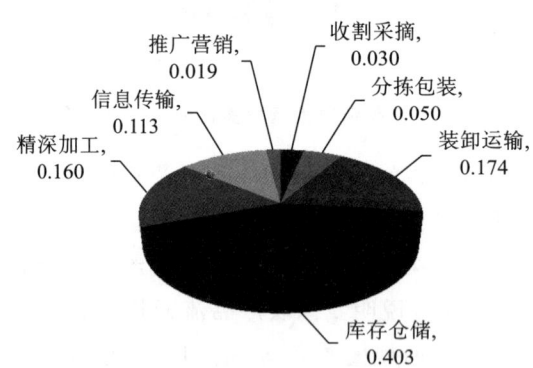

图6-3　流通成本视角下方案层因素的权重比例分布示意图

由图6-3中可见，从流通成本角度来看，在农产品流通的全过程里，用于农产品库存仓储的成本比重是最高的，装卸运输紧随其后，成本比重位居第2，这2个因素所占比重之和高达57.7%，而它们刚好构成了商品流通中的物流过程。精深加工和信息传输的成本比重分列3、4名，占据了27.3%的份额。分拣包装、收割采摘及推广营销3个因素所占比重较小。

由此，我们可以得出如下结论：

（1）在当前我国农产品流通过程中，以运输、仓储为代表的物流环节所耗费的流通成本是最高的，这和农产品本身的特点密不可分。一方面，作为一类特殊商品，农产品在防腐、保鲜等方面有着较高的要求，因此对运输及存储环境的湿度、温度等方面都有着特殊的需求，而冷链运输、恒温仓库等现代化物流设施的短缺刚好是我国农产品流通中存在的主要问题之一。同时，即便能够按照最科学的标准开展农产品物流，这些农产品的保质期也是比较短暂的，所以物流速度也很关键。另一方面，物流成本之所以在整个流通成本中占据如此之高的比重，除了物流过程所投入的人力、物力等成本外，农产品的损耗也必须考虑在内。有统计数据显示，我国每年农产品物流损耗超过 3000 亿元，是发达国家的 5 倍，物流损耗已经成为增加流通成本、降低农民收入的主要原因[①]。

（2）精深加工因素所占比重为 16.0%。精深加工的作用主要体现在两个方面：一是拓展农产品加工种类，使人们的饮食种类更加多样化，满足不同人群的需求；二是通过精深加工，将农产品保质期极大延长，有效保障食品供应。近年来，我国农产品精深加工企业发展十分迅速，市场上对精深加工农产品的需求也在不断增长。精深加工虽然会带来流通成本的提升，但未必会降低农产品流通效率，因为消费者往往很容易接受精深加工农产品的高价格。

（3）信息传输因素占总成本的比重为 11.3%，这说明信息的传播对于农产品流通而言，也有着非常重要的作用。长期以来，农业及农产品需求信息的不对称是我国"小生产、大市场"的典型特征，也是"供不应求"和"供大于求"交替出现的主要原因，因此，加大信息传输基础设施建设力度是我国农产品流通下一步需要完成的又一主要任务。

（二）局部权重（B_2C_j）结果分析

从流通技术视角分析，方案层 7 个因素各自的影响权重分别为：收割采摘（B_2C_1）= 0.029，分拣包装（B_2C_2）= 0.055，装卸运输（B_2C_3）= 0.038，库存仓储（B_2C_4）= 0.109，精深加工（B_2C_5）= 0.372，信息传输（B_2C_6）= 0.154，推广营销（B_2C_7）= 0.243。上述 7 个局部权重的比例构成如图 6-4 所示。

可见，从流通技术角度来看，按照影响权重比例由高到低，方案层 7 个因素的排序为：精深加工、推广营销、信息传输、库存仓储、分拣包装、装卸运输、收割采摘。由此我们可以得到如下结论：

（1）在农产品流通的全过程中，精深加工所需的技术含量最高，也就是说，精深加工是技术投入最高的环节。这是因为精深加工对农产品的处理最为精细，这里需要食品学、营养学、中药学及物理、化学、机械、计算机等多个学科的交叉融合，对生产所需的原材

---

① 参见高洁华、何鹏飞：《农产品物流损耗原因分析》，《物流工程与管理》2015 年第 5 期。

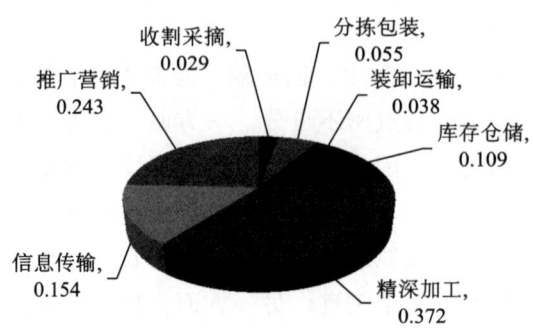

图 6-4 流通技术视角下方案层因素的权重比例分布示意图

料、环境、设备、技术人员等都有较高的要求，更为重要的是，农产品的精深加工还会涉及食品安全这一道德、法律层面的非技术内容。农产品精深加工是提高食品质量、丰富饮食文化、保障营养供应的社会需求，也是振兴农村经济、促进农村一二三产业融合发展的必由之路，更是完善供给侧改革的一项重要举措。目前，我国农产品加工行业虽然已经得到了较大发展，但与发达国家相比较，还存在很多不足，需要进一步予以完善。

（2）推广营销及信息传输在农产品流通过程中的关系十分密切，从技术角度观测，这2个因素所占权重比例分别为 24.3% 和 15.4%，排序分列 2、3 名。推广营销是农产品流通的手段，信息传输伴随着流通的全过程，产品的宣传和营销的技术投入需要进一步加强。近年来，以电子商务为代表的农产品在线宣传和交易平台发展迅速，2016 年，我国涉农电商数量超过 3 万家，农产品电商交易额达 2200 亿元，但是，和农产品批发市场 4.7 万亿元的年交易额相比较而言，农产品电商还有很长的路要走①。

（3）库存仓储、分拣包装、装卸运输、收割采摘，这 4 个因素涵盖了农作物由农产品转变为商品的过程。从技术角度观测，上述过程均在一定程度上以机械自动化代替了手工劳动，以技术研发、农机制造的成本增加为代价，换取时间成本和人工成本的降低，进而提高农产品流通效率。目前，我国农业从业者呈现数量少、老龄化严重等现象，以智能化和无人驾驶为目标的农业自动化为我们提供了一个有效的解决办法，而我国在这一领域的发展要落后于英、法、德、美等发达国家，农业技术的投入力度还需要进一步加强。

（三）局部权重（B_3C_j）结果分析

从流通速度视角分析，方案层 7 个因素各自的影响权重分别为：收割采摘（B_3C_1）= 0.029，分拣包装（B_3C_2）= 0.055，装卸运输（B_3C_3）= 0.042，库存仓储（B_3C_4）= 0.087，精深加工（B_3C_5）= 0.173，信息传输（B_3C_6）= 0.362，推广营销（B_3C_7）= 0.252。这 7 个局部权重的比例构成如图 6-5 所示。

---

① 数据摘自由城市农贸中心联合会于 2017 年 2 月发布的抽样调查报告。

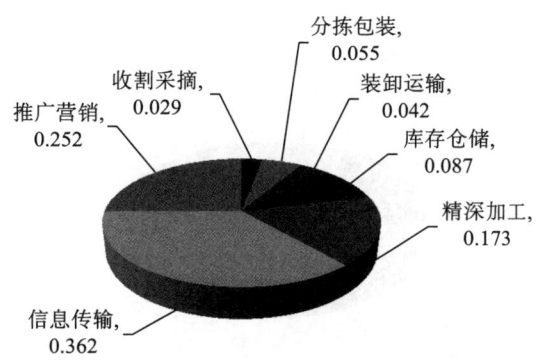

图 6-5 流通速度视角下方案层因素的权重比例分布示意图

可见,从流通速度角度来看,按照影响权重比例由高到低,方案层 7 个因素的排序为:信息传输、推广营销、精深加工、库存仓储、分拣包装、装卸运输、收割采摘。从此 7 个因素权重比例分布及排序中我们可以看出:

(1) 农产品流通信息的传输是否及时、通畅和对称,不光对于农产品流通速度有着至关重要的影响,还对调整农产品种植结构有着很强的指导作用。近年来,农产品市场中出现的大幅价格波动,以及"供大于求"和"供不应求"现象的交替出现,这些都和信息传输不畅有着直接关系。所以,目前在我国农产品流通市场中,信息在流通中的指导和枢纽作用发挥得并不好。

(2) 推广营销和精深加工在流通速度视角的权重比例排在信息传输之后,位列 2、3 名。其中推广营销是农产品直接面对消费者的窗口,它主要体现在批发和零售两个方面,精深加工则是销售之前的中间环节,它的出现极大地丰富了农产品供应的种类。因此,这 2 个因素的速度保障与满足农产品供应的时效性有着直接关系。

(3) 库存仓储、分拣包装、装卸运输、收割采摘 4 个因素代表着农产品转变为商品之前的全部环节,它们在速度方面的表现与农产品流通周期有着直接关系,同时也在一定程度上影响着农产品的损耗。相对而言,这 4 个因素在流通速度角度的权重较低,但也不可忽视它们的重要作用。

(四) 局部权重 ($B_4 C_j$) 结果分析

从流通环节视角分析,方案层 7 个因素各自的影响权重分别为:收割采摘 ($B_4 C_1$) = 0.045,分拣包装 ($B_4 C_2$) = 0.104,装卸运输 ($B_4 C_3$) = 0.241,库存仓储 ($B_4 C_4$) = 0.352,精深加工 ($B_4 C_5$) = 0.159,信息传输 ($B_4 C_6$) = 0.031,推广营销 ($B_4 C_7$) = 0.068。这 7 个局部权重的比例构成如图 6-6 所示。

可见,从流通环节角度来看,按照影响权重比例由高到低,方案层 7 个因素的排序为:库存仓储、装卸运输、精深加工、分拣包装、推广营销、收割采摘、信息传输。从这 7 个因素权重比例分布及排序中我们可以看出:

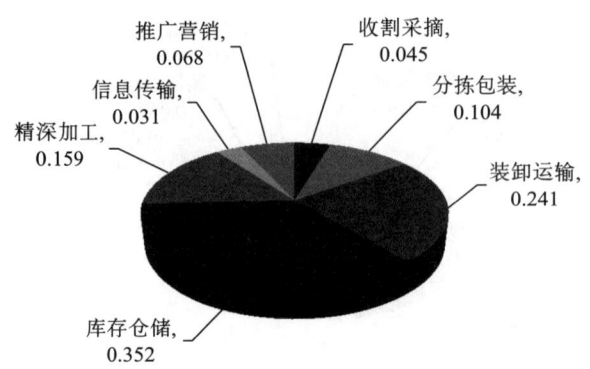

图 6-6 流通环节视角下方案层因素的权重比例分布示意图

（1）库存仓储因素对流通环节的影响最大（35.2%），其次为装卸运输（24.12%），分拣包装（10.4%）位列第 4。我国农产品流通有三大特点：一是北方地区农作物种植期短，农产品南产北调现象频繁，运输频次高、距离长；二是农产品流通过程中存在多层批发，转手率高；三是农产品种类丰富、品级多样化。这三个特点决定了我国农产品在流通过程中分拣、装入、运输、卸载、入库、出库等动作频繁，如此频繁重复操作也反过来继续增加了流通环节，扩大了流通成本的投入，而且也会带来额外的流通损耗。可见，缩减流通环节、降低农产品倒手率，这是提高农产品流通效率的一项有力举措。

（2）精深加工因素权重比例为 15.9%，在方案层 7 个因素中位列第 3。精深加工是农业发展的一个新的方向，是促进一二三产业融合的有效途径，能够迅速提升农产品产值，提高流通产出。与此同时，精深加工也额外增加了流通环节，进而延长了流通周期，提高了流通投入。因此，精深加工对于流通效率的影响作用，仍需辩证看待。

（3）其他 3 个因素对于流通环节的影响作用并不十分明显。

三、全局权重（AB_iC_j）及综合权重（Q_{cj}）结果分析

全局权重（AB_iC_j）是指位于方案层（C_j）的 7 个因素，分别通过准则层（B_i）的 4 个因素对目标层（A）产生影响的权重比例，其计算公式见式（6.16），具体的计算结果见表 6-9。根据表 6-9 绘制影响因素比例分布如图 6-7 所示。

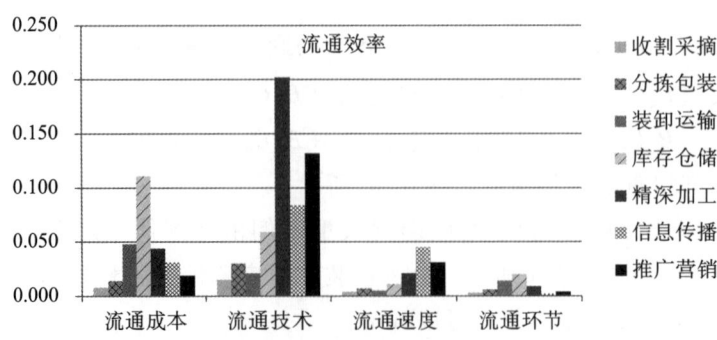

图 6-7 基于准则层视角的方案层因素影响权重比例分布示意图

将 B_1C_j、B_2C_j、B_3C_j 及 B_4C_j 分别累加在一起，得到方案层因素综合权重 Q_{C_j}，其数据值见表 6.10，方案层 7 个因素对流通效率影响的综合权重比例如图 6-8 所示。

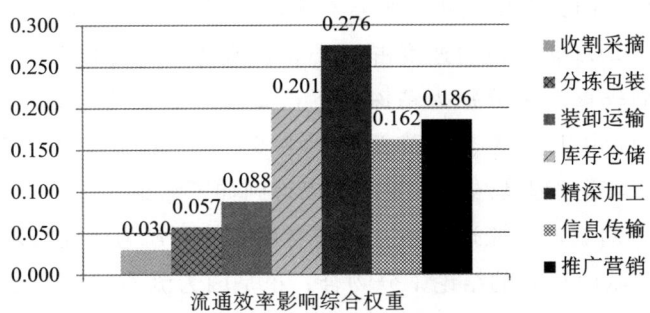

图 6-8　方案层因素对流通效率影响的综合权重比例分布示意图

从图 6-8 可见，经过综合计算分析，方案层中 7 个因素对农产品流通效率影响权重按照比例由高到低的顺序分别为：精深加工（27.6%）、库存仓储（20.1%）、推广营销（18.6%）、信息传输（16.2%）、装卸运输（8.8%）、分拣包装（5.7%）、收割采摘（3.0%）。

从上文计算结果中我们可以发现，流通技术和精深加工这 2 个因素分别从不同的视角成为了对农产品流通效率影响最大的因素，这也充分表明了当前我国农产品流通的发展现状和未来发展趋势，即要利用现代化的流通手段和渠道来满足广大消费者对高品质农产品及精深加工农产品日益发展的多样化的需求。在目前的农产品流通过程中，精深加工农产品的市场需求量和所占市场交易份额均在逐年增加，这是促进农村一二三产业融合发展和供给侧改革的必由之路。同时，结合上一节的研究结论，我们可以认定，在上述这些过程中，流通技术发挥了重要的作用，技术水平的高低会对精深加工等 7 个因素的效率产生最大的影响，这是从两个不同视角来观测流通效率之后而得出的共同结论，因此，有效提高我国农产品流通效率的方式，就是不断提高农产品在加工、运输、存储、信息发布、推广营销等环节的技术水平，用机械化作业代替手工劳作，用数字化手段开展信息传播，用互联网+技术搭建更为广阔、便捷和高效的网络虚拟电子交易市场，不断地推进现代化农业的长远发展。

第四节　本章小结

在本章中，选取了层次分析法（AHP）作为研究方法，建立了以流通效率为目标层，以流通成本、流通技术、流通速度、流通环节为准则层，以收割采摘、分拣包装、装卸运输、库存仓储、精深加工、信息传输、推广营销为方案层的递阶层次结构模型。随后，利用专家访谈和问卷调查等方法，对递阶层次因素进行两两对比评价，并根据1—9标度的原理，给出具体的评判分值，最后形成两两比较判断矩阵。然后利用AHP对矩阵数据展开运算得出最后结果，即：准则层4个因素对流通效率的影响权重比例分别为流通技术占54.3%、流通成本占27.6%、流通速度占12.3%、流通环节占5.8%；方案层7个因素对流通效率的综合影响权重比例分别为精深加工占27.6%、库存仓储占20.1%、推广营销占18.6%、信息传输占16.2%、装卸运输（8.8%）、分拣包装（5.7%）、收割采摘（3.0%）。通过上述运算过程及结果，我们可以得到如下结论：

（1）在准则层，对农产品流通效率直接影响最大的因素为流通技术，这与前文分析我国农产品流通发展现状时得到的结论十分吻合，正是因为流通技术的落后，使我国农产品流通各个环节均存在一些相关问题：一是播种、采摘及分拣过程中的自动化技术水平落后，农机使用率低，因此只能通过增加劳动力数量的方式加以弥补，额外增加了人工成本；二是冷链运输车辆、低温冷库等基础设施建设投入不足，在运输、存储过程中低温控制及保鲜技术应用程度偏低，流通过程中农产品损耗率大，额外增加了流通成本；三是农产品精深加工技术水平落后，产品创新力不强、重复率高，导致品牌效应不明显，竞争力低，以加工企业为核心的流通模式发展不到位；四是信息传输技术水平落后，农业信息传播平台建设不完善，农产品流通主体信息获取难度大、成本高；五是农民继续教育水平落后，没有从根本上解决农民整体素质低下的问题，导致一些农业科技的推广应用困难重重。

在技术水平落后的情况下，只能通过追加投入来对流通过程加以弥补，因此在落后的流通技术背后，是居高不下的流通成本。从AHP分析结果中也可以对这一结论加以印证，因为对农产品流通效率影响力排在第2位的就是流通成本，所以我们可以发现，流通成本的高低与流通技术水平的发展是有着直接关系的，二者成反比，而流通技术水平与流通效率之间成正比。

（2）在方案层，对农产品流通效率直接影响最大的因素是精深加工，也就是说，在现有农产品各个流通环节中，加快提升农产品精深加工水平，能够给农产品流通效率带来最为明显的改善。对农产品开展精深加工，一是可以有效延长农产品保质期，保障食品的反季供应；二是可以丰富人们的饮食种类，带来更好的生活体验；三是可以满足人们对食品安全保障的渴望和诉求，让人们真正享受健康饮食；四是可以塑造农产品品牌效应，提高我国农业自主品牌的国际市场竞争力；五是可以提升农产品品质，提高农产品销售价格，刺激消费升级，进而全面提高农产品流通效率，切实提升农民收入水平。目前，大力发展农产品加工业，并加速农产品加工业与农产品电商的合作，这已经成为我国农村地区一二三产业融合发展的必由之路。在农业发达的国家，如日本，农村地区的农产品加工业发展十分完善，而我国在这一方面的工作还不够到位。

库存仓储对流通效率的间接影响效果仅次于精深加工，位列第2，这充分说明了存储环节对农产品流通的重要作用。我国农产品产量和流通量均十分庞大，农产品收割季节高度集中，但流通过程相对缓慢，大量的已收割农作物在被销售之前，要么是在运输途中，要么是在仓库存储，其中后者所占的时间比例更高。一个好的存储和保管环境，直接关系到农产品的保鲜期和损耗率。以西甜瓜为例，居家环境下西甜瓜的保鲜期最长大概为3—5天，而在科学环境下可将保鲜期延长至30天。因此，库存仓库的优劣，将直接对农产品流通效率产生较大的影响。

第七章

农产品流通效率提升对策

本书在学习和吸收流通理论、交易成本理论、分工合作理论、消费升级理论及差异化理论等学术理论的基础上，综合运用文献研究、调查研究、定性分析、定量分析、比较研究及系统分析等多种方法，沿着分析农产品流通效率发展现状及提升方案这一脉络，在梳理我国主要农产品流通体制历史演进过程及借鉴国外先进经验的基础上，对当前我国农产品流通的发展现状及存在的问题进行了分析和整理。随后，分别利用数据包络分析法（DEA）和层次分析法（AHP），先后对我国现有农产品流通效率的发展现状及农产品流通效率的影响因素进行了实证分析，并将实证结果与前文的现状及问题分析一一加以印证。

DEA 分析的结果显示，我国农产品流通发展起步较晚，各省份农产品流通技术水平不高，对流通资源的配置和分配不够合理，农产品流通规模整体偏大。农产品流通的实际产出与要素投入不成比例，农产品流通没有工作在生产前沿面上，全国及 31 个省级行政单位的农产品流通体系建设参差不齐，呈不均衡发展态势，流通规模分布不合理，农产品流通效率水平整体偏低。

AHP 分析的结果显示，准则层 4 个因素对流通效率的影响权重比例分别为流通技术占 54.3%，流通成本占 27.6%，流通速度占 12.3%，流通环节占 5.8%（流通速度及流通环节由流通主体拆分而来）；方案层 7 个因素对流通效率的综合影响权重比例分别为精深加工占 27.6%、库存仓储占 20.1%、推广营销占 18.6%、信息传输占 16.2%、装卸运输（8.8%）、分拣包装（5.7%）、收割采摘（3.0%）。由此可知，降低流通成本、提高流通技术应用、完善流通主体建设，如能做好这三个方面的工作，就能够从根本上改善我国现有农产品流通体系建设，提高农产品流通效率，这也为制定我国农产品流通效率提升策略提供了理论及现实依据。

第一节 降低流通成本

一、人工成本方面

目前，我国农产品在流通过程中（采摘、分拣、装卸等环节）资源分配不合理，机械化及自动化作业比重较低，大量工作均由人工完成，导致人工成本居高不下。有效节约人工成本，能够对降低流通成本起到积极作用。

1. 加大机械自动化设备的资金投入力度

加大农产品流通中机械类设备的投资力度，提高机械化作业及自动化作业所占比重。应当对年度投资中农村地区固定资产投资的分配比例进行调整，加大对交通运输业、仓储和邮政业的投资比例，对农产品流通给予额外的扶持和帮助，减少人工劳作比重，进而降低人工成本投入。

2. 培养专业操作人员

农村地区机械化及自动化作业的比重偏低，一是受到投资比例的影响；二是受到从业人员专业技术水平的限制。因此，在加大对相关行业及设备投资力度的同时，还需要加大对专业技术人员的培养力度。此项工作，可在相关大中专院校增设相关专业或培养方向，以职业培养或二次进修的方式加以完成。

3. 调整流通规模，整合流通资源

在 C^2R 模型与 BC^2 模型下，数据包络的分析结果显示，在 2004—2016 年期间，我国农产品流通规模偏大，流通资源配置不合理。因此，需要对我国农产品流通资源进行整合分配和有效利用，缩减流通体系规模，结合机械化进程的推进，逐步减少从业人员规模。

二、物流成本方面

物流成本中包含的成分比较多，而我国农产品物流高成本的矛盾主要集中在两个方面：一是农村地区交通运输基础设施建设不够完善，导致运输成本增加；二是农产品物流所需的专用车辆及专业设备应用不足，导致物流损耗加大，进而加大了物流成本。

1. 加强农村地区交通运输基础设施建设

从建设成本及我国农村地区地理环境等现实条件等角度出发，农村地区的交通运输基础设施建设应重点专注于公路及相关配套设施建设，目前，我国农村地区公路建设水平距离发达国家还有很大的差距，有数据现实，在 2007 年时，我国乡村公路密度仅为 $0.33 km/km^2$，而同期美国的乡村公路密度为 $0.69 km/km^2$，日本更是高达 $3.16 km/km^2$，这一数据充分说明我国农村地区在公路建设方面还存在很大的不足。在建设投资方面，可以通过号召农产品经销商募集的方式获得建设资金，而这些经销售可以用投资换取使用权和利益分成。

2. 增加农产品存储及运输专业设备

农产品，特别是生鲜农产品具有保质期短、流通损耗大等显著特点，因此在存储和运输过程中的温度控制及保鲜控制非常关键，而目前我国在冷库建设、冷藏运输车使用量等方面要远远落后于发达国家。此外，在我国现阶段的农产品流通中，大部分农产品都是以裸装或简单包装形式进入流通环节的，对于果蔬类生鲜农产品的包装要精细一些，但大部分也仅是采用纸箱、泡沫箱等一次性包装，周转筐的使用率非常低。上述现象的存在，使得我国农产品流通损耗非常大，成为了加大流通成本的主要原因之一。因此，应当采取多种形式，加大对冷库、冷运车辆及周转筐的建设和使用数量，一是可以由政府投资兴建，企业通过租赁形式进行使用；二是鼓励龙头企业加大相关投资建设力度；三是支持中小企业集资兴建，政府可以给予一定的财政补贴。除此之外，还应当做好宣传教育工作，给所有的流通商算上一笔账，说明此项投资的必要性及合理性。

三、信息获取成本方面

信息获取的困难主要体现为农消信息的不对称性，而这一问题的根源主要在于农村地区信息流通的不畅。为了解决这一问题，需要采取如下对策：

1. 加强农村地区网络基础设施建设和应用

目前，我国农村地区互联网普及率仅为34.0%，因此，加强农村地区网络基础设施建设和应用的工作迫在眉睫，从而推动利用互联网发展农业的工作落到实处。当然，农村地区的互联网络发展绝不仅仅是搭建几个网络基站、布置几条网络传输线路的问题，而是要从整个电商系统发展的角度去考虑，诸如电力供应、雷雨天气的防雷措施、网络线路及设备的日常管理和养护等工作，也是我们必须要面对的现实问题。具体应该通过与各大通信运营商合作的方式，让各个运营商以投资或公益的名义入驻到各个具体的村落，专门负责网络基础设施搭建初期的普及教育工作。

2. 降低网络接入费用

近几年来，随着国家对于网络接入费用的宏观调控，在通信行业较为发达的城市地区，网络接入的成本已在逐步降低，特别是移动互联网方面。但在我国农村地区，有些优惠政策还没有得以实施，特别是相对于农村地区的收入水平而言，网络接入成本依然偏高。因此，除了加大基础设施建设力度之外，还应当要求网络服务提供商为农村地区定制专属的网络接入方案。

3. 做好相关的教育及引导工作

一是要选派计算机网络方向的专业人才，以志愿者的身份，深入农村地区开展"网络扫盲"志愿服务行动，逐村逐户地讲授网络知识，教会大家利用计算机网络获取及发布相关信息，了解消费市场行情，及时发布农产品信息；二是做好思想教育和引导工作。有调查显示，目前农村地区网民的网络应用主要集中在即时通信和休闲娱乐方面，忽视了互联网在农产品营销领域所能发挥的重要作用，因此，应当引导广大农民逐步学会和使用网络宣传和网络销售。

第二节 提高流通技术

一、发展流通技术的必要性

根据前文的实证分析结果，我们知道流通技术已经成为影响农产品流通效率的最为主要的因素。技术的应用体现在农产品流通的各个环节，而技术水平的落后导致在我国农产品流通的各个环节均处于落后地位。本书经过归纳，认为目前在我国农产品流通过程中，下列环节的技术应用最应当予以加强：

（1）加强生鲜农产品保鲜技术及冷链物流技术的研发及应用。保鲜技术及冷链物流技术发展的落后及相关设备投入的不足是我国农产品流通损耗率居高不下的重要原因，也是农产品流通效率提升的主要障碍。

（2）加强农产品精深加工技术的研发及应用。农产品精深加工是农产品供给结构升级的主要渠道之一，也是促进农村地区一二三产业融合发展的有效途径。我国现有的加工技术水平偏低，创新能力不强，需要着重予以发展。

二、积极发展冷链恒温技术

我国农产品流通过程中低温保鲜技术落后、冷链设备投入不足，这是公认的事实。以冷链物流比例为例，目前，农业发达国家农产品流通冷链物流比例可达80%左右，其中生鲜农产品的冷链物流比例为100%，而我国的冷链物流比例仅为10%左右，这使得我国农产品流通过程中的损耗率居高不下，最高可达到20%—30%，而发达国家的农产品流通损耗率仅为1.7%—5%。较高的损耗率必然带来较高的流通成本和较低的流通效率。

提高我国农产品流通过程中冷链物流及相关设备的使用率，我们需要加强的工作主要有：一是加强对低温保鲜技术及相关设备设施的研发，可通过设立项目及攻关课题的方式来吸引高等院校及研究所等科研机构参与研发和攻关；二是加强对相关领域专业技术人员的培养，要加大高等院校相关专业的招生比例，同时在招生地选择上对农村地区生源给予适当的政策倾向；三是加大政府在这一领域的投资力度，要切实增加冷运车辆及冷库的制造和建设数量，这一点需要政府相关部门将工作切实落到实处。

三、鼓励和支持农产品加工企业技术创新

农产品加工是农业发展必不可少的重要环节，是高质量、高档次农产品供应的必由之

路，国办发〔2015〕93号文件中（《国务院办公厅关于推进农村一二三产业融合发展的指导意见》）指出要积极推进农村地区农产品加工业发展，促进农村地区一二三产业融合。国办发〔2016〕93号文件中（《国务院办公厅关于进一步促进农产品加工业发展的意见》）再次明确指出：到2020年，我国农产品加工转化率应达到68%，规模以上农产品加工业务收入年均增长6%以上，农产品加工业与农业总产值比达到2.4:1；结构布局进一步优化，关键环节核心技术和装备取得较大突破，行业整体素质显著提升，支撑农业现代化和带动农民增收作用更加突出，满足城乡居民消费需求的能力进一步增强。到2025年，农产品加工转化率要达到75%，农产品加工业与农业总产值比进一步提高。自主创新能力显著增强，转型升级取得突破性进展，形成一批具有较强国际竞争力的知名品牌、跨国公司和产业集群，基本接近发达国家农产品加工业发展水平。

由此可见，农产品加工企业必然会成为未来农产品流通发展的又一核心，应当得到更大的支持力度。因此，农产品加工企业应加大人才培养力度，不断加强技术研发，以技术创新来丰富产品类型、树立自主品牌，进而不断提升自身市场竞争力，为今后的长远发展奠定坚实的基础。

四、提高流通技术的几点建议

技术的升级离不开科技的进步，对于上述农产品流通技术的研发需要高等院校、科研院所及技术人员的共同努力。为了支持和鼓励相关科研人员能够在农产品流通技术开发领域付出更多的精力，我们应当采取如下一些做法：

（1）设立专项科研课题，提高科研经费及科研奖励力度，刺激相关技术人员在这一领域进行积极创新。

（2）组建成立专门的农产品流通技术研发机构，针对农产品流通过程中涉及的技术问题给予归纳和总结，并由专人负责相关的研发工作。

（3）利益是科技进步的主要驱动力之一，特别是对于企业而言，追求更高的收益是企业进行科技创新的主要动力。所以，应当将相关的技术攻关课题下发给对应的企业，由企业的科研团队共同参与项目研发，也许能够取得更好的效果。

第三节　流通主体建设方面

一、以继续教育方式开展农民教育工作

农民的传承更多地来源于"子承父业"，农民子女教育基本存在两种情况：一是成年后没有继续完成学业，直接务农（也有外出打工的，这里不作考虑）。另一种是外出求学，不断深造，但毕业后绝大多少会选择留在城镇工作，少部分专业对口的会进入农业研究所或从事农产品流通相关行业工作，很少有人会选择回乡务农。这是由中国的传统思想决定的，他们认为农业种植不需要高学历水平，上了大学再回家种地是"没有出息"的表现，虽然近年来有所改善，我们也会在媒体中偶尔看到大学生回乡从事种植或养殖业进行自主创业的报道，但这些个例可以成为新闻来进行报道，可见其发生的频率非常低。所以，对农民的素质教育不能主要依靠义务教育和学历教育，而是需要依靠继续教育，具体可以通过乡村讲堂的形式进行，利用农闲时间，进行科普讲座和政策宣传，提高其科学种植的水平、信息检索的能力及农产品销售的方法。

同时，对于农民的继续教育不能只体现在专业技能培训方面，还应该体现在思想意识引领方面。例如，在网络应用知识普及的同时，要加强对广大农民在网络应用领域方面的引导，在具备了上网的条件之后，要让广大农民养成利用网络平台开展信息查询和产品营销的习惯，而不是仅仅把网络当作一个休闲娱乐平台，从而不断地提高农民利用网络资源开展信息获取活动及参与农产品电商活动的积极性。

二、继续完善农产品批发市场建设

1978年，党的十一届三中全会胜利召开后，我国农产品流通开始逐步打破传统的计划体制，农产品批发市场开始从农贸市场逐步发展起来，1984年，我国第一家农产品批发市场——武汉皇经堂农产品批发市场的建立，标志着农产品批发市场正式踏上了我国的历史舞台。三十多年风雨兼程，如今的农产品批发市场已经成长为参天大树，在强化市场流通、促进现代农业发展中发挥着越来越重要的作用。特别是党的十八大以来，随着农业供给侧结构性改革深入推进，农产品批发市场加快转型升级，在带动农业产业提质增效、推动现代农产品物流模式创新发展及促进优质优价品牌产品探索等方面发挥了重要作用。如今，全国70%—80%鲜活农产品都是经由批发市场流通的，在今后相当长的一段时期内，农产品批发市场都将会是我国农产品流通的主渠道，而以农产品批发市场为核心的农产品流通模式也将继续成为我国农产品流通模式的中流砥柱。

在取得成绩的同时，我们也必须要看到我国现阶段农产品批发市场在管理水平、交易形式、基础设施建设、社会角色担当等方面存在的不足。在农产品流通下一步的发展建设中，我们需要继续夯实农产品批发市场在农产品流通中的基础地位，就必须要不断提高批发市场的信息化管理水平，加强冷库及装卸运输等基础设施建设、转变其角色、完善其职能，同时要借助现代化营销手段，努力走出一条批发市场与电子商务融合发展的创新道路。具体来看，一是要不断完善批发市场的主体功能建设，扩大冷库存储容量，引进现代化装卸工具和手段；二是要引进信息管理系统，加强现代化信息管理手段，优化信息采集方式和信息传播渠道，建立农产品可追溯体系；三是要规范管理制度，主要体现在进场管理、资质管理和卫生管理等几个矛盾突出的方面；四是积极开展与电子商务平台的合作，拓展信息宣传及营销渠道；五是逐步弱化农产品批发市场的经营性属性，逐步强化其公益性属性，这一转变对于降低流通成本、保障农民收益有着较大的影响。

三、加大农产品电商运营平台及相关基础设施建设力度

农产品电商是在我国电子商务蓬勃发展的年代应运而生的一种新型农产品流通模式，这也是"互联网+农业"的必然产物。这一流通模式拥有一系列优势，对于商家而言，农产品电商的采购和运营成本都很低；对于消费者而言，网上可供选择的农产品种类多，足不出户就可以采购天下商品，省心省力省时。总的来说，农产品电商能够为农产品销售提供便利，既促进农民增收，又丰富城市供应，还有利于拉动消费和就业。近年来，农产品电商在我国得到了迅速发展，2016年我国有各类涉农电商3.1万家，其中交易类电商有近4000家，农产品电商总交易额达2200亿元，而据农业部预测，这个数字到了2020年将上升至8000亿元，农产品电商已经成为了农产品流通新的利润增长点。

然而，在光鲜的背后，我们必须关注到农产品电商在发展中存在的诸多问题。首先，从交易额来看，目前农产品电商交易额与批发市场相比较，所占据的份额依然非常小（仅占4.68%）；其次，从商家盈利情况看，目前国内农产品电商有4000多家，其中只有1%是真正在盈利，另外7%巨亏，88%略亏，4%持平。近几年生鲜农产品电商倒闭的案例屡见不鲜，如小农女、优菜网、谊万家、济南买菜网、上海天鲜配、福州家百福等。所以说，在农产品电商风光的表面背后，是商家苦苦挣扎的艰难发展历程。

分析其原因，我们可以发现，目前农产品电商中存在物流成本高（最高可达到产品本身的100%甚至更高）、安全隐患高、标识不规范、维权难度大等诸多问题，这些问题的存在严重限制了广大消费者的参与热情，阻碍农产品电商产业的发展。因此，应抓住问题根本，尽快完善和优化农产品电商平台，为农产品流通搭建一条新的高效渠道。一是要调整电商经营的农产品种类，主要倾向于易保存、易运输的初级农产品及精深加工农产品，从根本上降低农产品电商的物流成本，改变农产品电商高营业额低利润的现状；二是要建立明确的网络可追溯体制，所有在线销售的农产品要和线下实体店一个质量标准，严禁三无产品流通，让消费者能够放心参与农产品网购；三是要整顿和规范农产品电商平台，为行业定制合理的准入门槛。对于最为混乱的C2C交易，应从C2C平台提供者入手，责令其严格资质审核制度，配合工商、食品、税务等部门做好资格审查、食品安全及税务登记等相关工作。

四、完善合作社及其职能建设

对于我国农民合作社下一步的发展方向，一些发达国家的做法为我们提供一定的经验借鉴。在美国和日本，均存在自己的农业合作组织，美国的是农业专业合作社，日本的是农业协同组织，二者均属于各自国家最大的农业合作组织，有着很多的相同之处。首先，它们都是国内最大的农业合作组织，实力雄厚，拥有技术水平较高的管理团队，组织发展井然有序；其次，合作组织对农业生产和流通的参与程度非常高，它们将流通各环节的参

与主体连接在一起，对农民的原材料采购、农业生产及销售都起到了较大的推进作用，功能非常强大；最后，政府对农业组织的发展给予了高度重视，在政策和资金方面给予大力扶持。在本国，农民对自己的农业组织非常信赖，参与热情很高，大多数的农产品都是通过合作组织统一进行销售。

由此可见，我国农业合作社在下一步的发展中，要采取的做法主要有：一是要更加关注合作社的个体规模，要采取"就近合并"或"同类合并"的原则，即将同一地区或主要生产同一类农产品的小而多的合作社，逐步合并在一起，减少合作社的总量，增加单个合作社的规模，逐步形成竞争合力；二是加强专业管理人才的培养，提高其薪资待遇。采用委培及社会招聘相结合的方式，吸纳优秀人才加入到农民合作社的日常管理中，要将"职业经理人"的管理理念融入合作社发展中，进而不断完善合作社内部运行机制，提高管理水平；三是要注意在农民中间开展宣传教育工作，宣传工作不能依靠新闻媒体或者网络媒体，因为农民自身的原因，他们对这种需要主动获取并且"看得见、摸不着"的信息传播方式不会用、不想用且不信任，要通过座谈会、讲座、家庭走访等面对面的方式进行沟通，才能取得想要的效果。

第四节　本章小结

本章在前文研究成果之上，以提升我国农产品流通效率为目标，分别从降低流通成本、提高流通技术、完善流通主体建设三个方面给出了具体对策，以期为我国农产品流通体系的改革和优化提供理论支撑。

结　论

通过系统分析研究，本书共获得如下结论：

（1）总的来说，我国农产品流通体系建设已经取得了初步成果，基本形成了以农产品批发市场为核心，以农贸市场、早市夜市、连锁生鲜店、连锁超市及小区菜店为主要零售出口，以农产品精深加工为扩充，以农产品电商为辅助的多层次、多元化的农产品流通新格局，基本能够满足我国农产品市场的供给需求。

（2）我国农产品流通整体呈现流通总量大、流通区域广泛、流通环节多、物流成本高、流通模式多样化、交易方式多元化的发展格局，但从流通成本、流通技术和流通主体建设角度来看，机械自动化程度偏低、交通基础设施建设落后、农村地区网络基础设施建设水平低、冷链物流及精深加工等农产品流通技术水平落后、农民整体素质偏低、农产品批发市场建设不完善、农民合作社功能单一等问题却始终存在，导致我国农产品流通效率水平偏低。

（3）选用数据包络分析法，通过建立指标体系、选取数据模型，利用全国及 31 个省级行政单位 2004—2016 年度指标的截面数据和面板数据，对我国农产品流通效率从横向和纵向两个角度展开整体评价，得出我国农产品流通技术水平不高、流通资源配置不合理、流通规模偏大、全要素生产率偏低、流通效率整体落后的结论。

（4）利用层次分析法，建立递阶层次结构模型，对我国农产品流通效率影响因素进行比较分析，结果显示流通技术和精深加工分别从不同的视角成为了对农产品流通效率影响最大的因素，这也充分表明了当前我国农产品流通的发展现状和未来发展趋势，即要利用现代化的流通手段和渠道来满足广大消费者对高品质农产品及精深加工农产品日益发展的多样化的需求。

在文章最后，以提升我国农产品流通效率为目标，分别从降低流通成本、提高流通技术、完善流通主体建设三个方面给出了具体对策。在降低流通成本方面，一是要通过加大机械自动化设备的资金投入、培养专业操作人员、整合流通资源以降低人工成本；二是通过加强农村地区交通运输基础设施建设及增加农产品存储及运输专业设备以降低物流成本；三是通过加强农村地区网络基础设施建设及降低网络接入费用以降低信息获取成本。在流通技术方面，一是要积极发展冷链恒温技术；二是要鼓励和支持农产品加工企业进行技术创新。在流通主体建设方面，一是要以继续教育方式开展农民素质教育；二是继续完善农产品批发市场建设；三是加大农产品电商平台及相关基础设施建设力度；四是完善合作社及其职能建设。

本书将多种研究方法相结合,对研究基础理论进行了深入学习,数据获取及实证分析过程科学严谨,所获取的研究结果可信度高。但由于受到时间、精力及专业水平等多方面因素的影响,本书对于我国现有农产品流通模式以及在当前模式下农产品流通效率的研究工作的深入程度还不够,在研究深度和广度等方面依然存在很多不足,具体表现为:

(1) 研究的样本数据量不够充分。本书研究的时间跨度为 2004—2016 年,我国农产品流通效率等在这期间的表现形式未必就能代表农产品流通的整个过程,因此本书的研究可能存在以偏概全的现象。

(2) 对于当前我国农产品流通中存在的问题,文章只是从流通成本、流通技术及流通主体建设三个方面进行了归纳和总结,而我国农产品流通中存在的问题不止于上述三个方面;

(3) 在对当前模式下的农产品流通效率进行整体评价时,受到文章篇幅限制,只是通过对综合效率、纯技术效率、规模效率和全要素生产率等几个指标的观测,就给出了评价结果,研究的内容不够丰富;

(4) 在对农产品流通效率影响因素进行分析的过程中,只是依据本书研究需要及高频词汇两个角度选取了影响因素指标,而在某种程度上,这些有限的指标并不足以完全代表农产品流通的全过程;

(5) 对于农产品流通效率的提升,本书仅从流通成本、流通技术和流通主体建设三个方面给出了具体对策,其他方面未作考虑。

在下一步的研究工作中,具体将根据现有研究工作中存在的不足,逐条加以弥补。同时,将更加广泛地开展意见征求及社会调研工作,力争获取更加精准的第一手数据,从而为实证分析奠定坚实的基础,使所获取的研究结果接近事实,反映实情为我国农产品流通效率的提升提供具有建设性的意见和建议。

附录一

附表 1–1　　　农村地区农产品流通固定资产投资（X_1）指标数据　　　（单位：亿元）

	2004	2005	2006	2007	2008	2009	2010	2011	2012	2013	2014	2015	2016
全国	722.8	924.5	1308.0	1529.7	1803.6	2277.6	2914.0	528.5	557.5	516.0	527.3	437.9	445.2
北京	28.4	32.0	42.2	72.5	61.1	63.8	63.1	0.7	0.3	3.9	1.2	2.7	0.6
天津	7.1	8.1	11.5	15.3	17.7	15.3	24.5	3.3	0.7	1.7	1.7	2.0	6.8
河北	73.3	91.4	93.6	85.3	117.6	136.1	166.8	31.4	17.5	17.5	21.9	39.3	17.5
山西	19.3	21.4	17.2	13.4	26.1	34.8	40.2	23.7	31.3	28.8	32.5	33.8	33.3
内蒙古	3.9	5.0	6.5	7.0	7.8	6.5	18.0	8.5	3.6	0.3	2.7	5.3	2.9
辽宁	24.5	28.4	46.4	55.8	72.0	39.2	51.1	21.4	21.8	26.5	25.4	25.3	24.8
吉林	4.3	15.9	18.3	34.4	35.1	29.3	53.1	12.4	16.1	5.0	0.9	5.8	7.3
黑龙江	4.3	7.1	10.6	13.0	15.5	22.5	43.9	17.5	17.5	6.0	37.9	16.2	5.8
上海	9.7	22.2	39.6	41.4	47.2	39.6	63.0	0.0	0.0	0.1	0.0	0.0	0.0
江苏	28.1	58.2	121.1	148.6	205.3	269.5	324.0	55.6	57.3	22.4	2.3	3.6	14.2
浙江	84.2	78.5	102.1	93.5	95.9	161.3	212.6	16.8	18.3	12.0	11.4	1.9	9.0
安徽	47.4	40.7	43.6	58.5	58.8	70.6	81.2	29.3	37.1	24.6	36.1	16.2	16.5
福建	27.0	46.3	25.8	48.0	56.8	57.3	71.5	10.5	16.5	16.7	17.9	13.2	9.0
江西	46.8	47.0	48.8	30.7	39.6	56.4	79.8	9.6	10.9	5.6	10.1	5.6	7.3
山东	77.0	101.9	142.2	164.6	250.9	283.5	363.5	59.7	61.8	67.4	73.4	76.2	80.3
河南	54.7	78.9	143.7	105.3	125.8	150.9	196.0	26.7	28.7	31.4	31.8	33.0	105.3
湖北	8.1	6.1	26.6	26.7	28.1	52.3	74.8	1.5	16.3	41.7	25.8	13.1	39.2
湖南	25.8	37.9	43.7	71.1	75.0	76.9	90.3	19.2	22.8	23.3	34.4	38.6	13.8
广东	12.7	23.9	109.1	157.6	170.3	251.0	295.5	11.9	16.0	17.5	4.0	5.8	1.9
广西	15.5	17.0	29.7	32.5	48.7	59.7	81.2	31.1	18.1	21.8	24.3	23.1	24.4
海南	2.8	8.0	3.8	1.9	1.5	2.4	2.7	0.5	1.1	0.8	1.4	0.0	3.7
重庆	4.8	8.3	12.4	18.1	19.6	29.4	37.4	2.0	0.3	5.7	6.0	9.7	6.4
四川	34.8	51.6	64.2	82.3	76.3	171.2	221.5	22.6	29.1	33.6	41.0	16.8	29.4
贵州	14.2	18.8	14.9	17.6	13.7	22.8	27.9	18.8	14.2	19.7	11.3	9.4	19.0
云南	11.6	15.6	20.6	37.3	31.1	27.9	57.6	20.6	22.0	25.7	27.3	5.6	15.3
西藏	0.0	0.0	0.3	0.1	0.5	3.3	5.7	0.0	0.0	0.0	0.0	0.0	0.0
陕西	25.7	21.0	33.4	41.9	32.3	51.7	49.2	28.9	29.0	28.2	14.5	18.2	15.1
甘肃	7.5	7.4	8.3	15.3	11.5	13.0	24.4	4.7	4.5	5.0	5.8	6.3	6.6
青海	3.9	3.6	1.9	7.2	15.7	18.1	18.0	4.4	3.4	6.5	4.0	6.9	3.6
宁夏	6.4	6.3	8.5	9.3	15.2	26.2	33.2	11.1	12.1	12.9	11.5	2.4	9.2
新疆	8.6	16.3	17.4	23.2	30.8	34.8	42.6	23.1	29.3	3.5	9.0	1.9	1.9

附表 1-2　　农产品流通人力资源投入（X_2）指标数据　　（单位：万人）

	2004	2005	2006	2007	2008	2009	2010	2011	2012	2013	2014	2015	2016
全国	596.3	633.5	671.2	712.3	760.6	849.3	898.1	1025.8	1103.2	1243.6	1398.0	1537.5	1669.1
北京	22.7	24.4	26.1	27.1	29.6	32.4	34.9	37.9	39.5	41.5	47.3	51.1	52.4
天津	6.9	7.1	7.3	8.5	7.9	7.8	8.4	8.9	9.7	9.9	10.4	11.3	12.3
河北	29.9	30.7	30.1	29.9	31.3	51.0	32.7	36.9	38.3	38.5	42.9	50.1	59.6
山西	13.9	13.4	14.7	16.8	18.2	18.7	20.8	23.2	25.9	28.1	30.5	32.2	35.5
内蒙古	10.5	10.9	11.4	12.4	14.5	16.1	17.5	20.5	24.3	31.0	34.5	34.4	34.4
辽宁	32.6	32.6	32.6	37.1	35.9	41.4	40.4	44.5	45.9	49.4	52.8	53.2	49.2
吉林	13.8	13.3	11.9	12.4	14.5	16.1	19.0	20.0	22.7	25.4	27.8	33.6	36.3
黑龙江	19.8	19.7	20.4	21.6	22.8	23.3	25.2	29.7	33.3	36.1	31.9	23.9	27.1
上海	25.7	28.1	27.8	27.8	27.1	30.0	32.5	37.6	41.1	46.9	54.3	59.7	63.0
江苏	34.3	41.8	44.4	47.4	56.1	62.4	71.4	78.8	74.0	98.9	99.9	104.6	115.3
浙江	31.7	32.6	36.0	39.8	44.6	48.4	51.0	57.8	61.5	64.7	74.9	89.6	93.0
安徽	25.9	26.7	29.3	27.9	26.5	27.4	33.7	34.2	36.6	40.4	46.8	51.6	57.9
福建	12.1	13.2	14.3	16.2	19.5	24.6	26.9	33.5	37.8	35.5	41.9	49.5	60.7
江西	15.9	17.9	19.8	20.3	21.8	24.1	28.0	33.7	33.8	38.5	43.4	47.4	48.1
山东	40.8	43.3	46.9	48.5	50.4	57.1	65.0	72.5	77.8	90.3	103.8	118.6	133.7
河南	30.6	32.4	33.3	34.0	34.8	40.2	45.2	52.4	56.2	50.1	60.0	65.7	75.8
湖北	24.3	25.4	25.7	27.0	30.1	35.6	39.0	49.1	56.3	70.8	86.7	91.3	91.6
湖南	23.1	22.9	23.1	24.6	26.6	28.0	32.9	40.5	40.5	44.1	50.6	52.2	44.2
广东	51.3	59.3	69.3	78.4	81.9	85.6	85.1	93.6	101.5	124.6	153.5	178.7	211.1
广西	16.7	18.0	18.9	20.6	22.6	24.7	28.2	29.4	31.9	33.8	37.4	40.9	43.3
海南	4.0	4.0	4.2	4.9	4.5	5.2	5.6	6.3	7.0	9.3	9.1	10.1	10.5
重庆	12.2	12.2	12.3	14.1	16.3	18.3	18.8	25.4	30.9	36.3	42.0	47.9	53.6
四川	26.7	30.1	35.6	36.0	37.1	41.1	43.3	49.6	55.3	61.4	61.6	79.5	84.3
贵州	8.0	7.9	8.6	9.5	9.9	10.7	11.5	14.3	18.3	22.2	25.8	28.1	31.7
云南	14.0	16.1	15.9	20.4	22.1	22.9	25.7	29.9	32.8	35.8	39.6	38.3	42.0
西藏	1.0	1.1	1.3	1.7	1.9	2.1	2.3	2.7	3.0	3.2	3.3	4.2	4.5
陕西	23.6	23.5	24.3	21.1	24.3	24.2	21.2	27.0	29.0	33.1	36.2	35.4	37.6
甘肃	8.7	8.4	8.3	8.9	9.9	11.2	12.4	14.2	15.5	18.3	20.9	22.9	24.9
青海	3.2	3.5	3.4	3.2	3.0	3.5	3.9	4.2	4.7	4.8	4.7	5.3	
宁夏	2.7	2.8	3.1	3.3	3.6	4.3	5.0	6.2	6.3	6.0	7.1	8.3	9.6
新疆	9.8	10.5	10.9	11.0	11.2	11.0	11.3	11.7	12.1	14.7	16.0	18.5	20.7

附表1-3　　　　　　一般人均农业总产值（Y_1）指标数据　　　　　　（单位：元/人）

	2004	2005	2006	2007	2008	2009	2010	2011	2012	2013	2014	2015	2016
全国	1608.2	1667.7	1773.9	2103.1	2466.3	2559.9	2935.5	3426.2	3759.3	4066.2	4265.4	4427.6	4604.8
北京	689.2	637.1	612.4	604.2	637	636	633.9	675.1	725.8	765.2	738.9	646	597.3
天津	998.9	1078	1099.8	988.3	1042.3	1049.1	1120.5	1179.1	1214.3	1280	1317.9	1349.9	1409.9
河北	2012.6	2194	2329	2599.3	2911.2	3137.9	3562.6	4013.2	4372.8	4773.8	4669	4632.3	4675.8
山西	759.7	782.1	820.2	794.9	886.9	1393.5	1551.4	1785.1	1934	2131.8	2162.6	2137.4	2131.4
内蒙古	2114.8	2453.3	2689.9	3137.7	3710.5	3781.6	4430.4	5263.7	5817.9	6403.8	6498.9	6441.2	6497.6
辽宁	1825.7	2090.5	2286	2637	3017.4	3259.4	3728.2	4370.5	4911.9	5288.5	5205.5	5440	4963.6
吉林	2070.7	2303.4	2470.7	2871.3	3352.7	3579.3	3823.5	4646.2	5134.2	5486	5537.1	5797.7	5483.1
黑龙江	1539.8	1792.2	1929.3	2393.8	2847.3	3017.1	3398.9	4437.9	5512.9	6562.7	6812.8	6909	7029.4
上海	527	425	477.6	493.5	522.3	515	495.7	532.2	536.9	535.3	512.3	454.7	452.4
江苏	1748.5	1926	2018.1	2351.7	2705.3	2896	3227.8	3880	4316	4592.3	4565.7	4997.4	5097.1
浙江	1656.9	1788.9	1824	1912.8	2101.6	2204.7	2498	2897.7	3045.2	3245.9	3226.5	3309.1	3515.5
安徽	1497.1	1579.2	1683.6	1961.7	2311.5	2439.2	2902.6	3376.9	3638.5	3894.1	3933	3998.8	4144.2
福建	2204.2	2364.9	2499.8	2774.4	3181.5	3226.4	3692.6	4334	4740.4	5130.7	5293.7	5517.3	6100.2
江西	1661.3	1687.1	1811.7	2073.5	2409.9	2478.8	2704.9	3099.2	3375.3	3618.6	3706.9	3883.3	4147.5
山东	1937.1	2123.1	2297.7	2678.3	3188.5	3407.1	3742.5	4123.4	4421	4872.5	4901.6	5056.4	4955.4
河南	1695.5	2017.1	2182.6	2369.3	2819.6	2918.8	3464	3741.1	4007.5	4311.9	4408.7	4440.5	4496.7
湖北	1790.3	1895.1	2003.2	2418	3116.8	3139.7	3748.3	4462.1	4929.5	5342.6	5462.3	5656.4	6218.1
湖南	1725.7	2014.1	2100.6	2559.2	3146.4	3074.8	3539.5	4196.8	4525.1	4632.2	4673.6	4911.7	5245.3
广东	1366.9	1553.5	1670.3	1755.3	1991.2	1984.4	2190.4	2537.1	2687.6	2863.1	2953	3083.7	3358.8
广西	1659.6	1958.2	2187.9	2603.5	3018.9	3003.5	3633.5	4407.4	4639.8	4966.2	5076.6	5349.1	5780.9
海南	3469.9	3632.6	4121.6	4272.9	5123.2	5349	6215.3	7513.6	8025.9	8449.5	8960	9384.1	10341.9
重庆	1544.3	1656.2	1516.4	1713	2026.8	2122.4	2376	2893.2	3191.9	3423.4	3546.9	3812.8	4275.7
四川	1723.4	1803.6	1953.1	2500.3	2907.5	2737.2	3086.3	3706.2	4082.6	4225.5	4337.8	4482.3	4755.9
贵州	855.8	989.1	1065.5	1229	1523.5	1555.8	1796.6	2093.5	2560	2938.3	3650	4648.3	5193.2
云南	1368.8	1505.1	1672.6	1855	2247.3	2335.6	2408.7	3046.9	3551.4	4044.2	4221.7	4335.4	4600.9
西藏	1569.9	1713.8	1785.5	1900.4	2069.9	2159.2	2289	2455.3	2613	2782.3	2885.9	3026.2	3497.9
陕西	1073	1180.9	1320.6	1598.2	2027.2	2118.7	2646.5	3261.8	3650.8	4054.3	4145.4	4212	4442.3
甘肃	1107.4	1210.4	1308.9	1514.7	1815.1	1945.5	2341	2647	3028.1	3405.5	3476.8	3670.2	3767.8
青海	1072.5	1202.9	1271.5	1512.1	1904.5	1927.1	2394.4	2729.5	3086.5	3592.8	3701.1	3550.6	3730.0
宁夏	1107.7	1209	1317.5	1604.1	1942.7	2035.3	2516.6	2879.7	3081	3408.5	3280.1	3559.9	3579.3
新疆	2265.4	2536.8	2574.6	3000.8	3243.6	3519.5	4936.5	5157	5914.5	6484.5	6694	6607	6876.4

附表1-4　　　　　　　农产品生产者人均年收入（Y_2）指标数据　　　　　　（单位：元）

	2004	2005	2006	2007	2008	2009	2010	2011	2012	2013	2014	2015	2016
全国	1745.8	1844.5	1931.0	2193.7	2435.6	2526.8	2832.8	3222.0	3533.4	3793.2	4237.4	4503.6	4741.3
北京	1600.8	1778.3	1957.1	2303.7	2058.6	1540.0	1816.8	1363.3	1318.1	833.4	1854.3	1958.5	2061.9
天津	2427.5	2626.5	2707.4	2957.3	3097.1	3551.6	3895.2	3908.1	4126.3	4571.6	4791.4	4949.4	5309.4
河北	1887.7	1988.6	2039.6	2249.7	2416.2	2440.4	2729.8	3006.2	3254.6	3219.2	3435.5	3682.7	3970.0
山西	1497.2	1563.5	1622.9	1860.4	1986.4	1919.8	2028.5	2140.8	2334.4	2273.9	2482.3	2624.4	2729.9
内蒙古	2037.7	2223.3	2406.2	2786.1	3218.0	3277.5	3669.9	4217.5	4689.1	5348.4	5872.4	6185.5	6215.7
辽宁	1991.5	2163.5	2210.8	2592.2	2931.3	3017.3	3486.1	4271.0	4783.4	5160.2	5252.4	5573.7	5635.5
吉林	2292.8	2395.5	2556.7	2830.7	3344.7	3436.8	4085.9	4950.4	5617.6	6855.1	7445.6	7878.1	7558.9
黑龙江	2329.4	2363.9	2521.5	2848.9	3163.7	3326.7	3941.7	4784.1	5433.7	6365.4	6596.7	7049.8	6425.9
上海	854.1	774.6	767.7	753.6	711.3	590.2	589.7	876.8	902.6	1062.0	1440.6	1462.3	1387.9
江苏	2018.5	2125.0	2271.4	2566.4	2812.0	2938.7	3215.0	3490.3	3873.9	4258.4	5030.5	5045.6	5283.1
浙江	2533.1	2789.4	3084.3	3479.1	3762.9	3869.6	4307.1	4981.8	5291.4	4758.6	5236.7	5364.5	5621.9
安徽	1489.2	1499.3	1617.8	1820.9	2114.2	2238.6	2626.4	2986.1	3265.6	3681.4	3985.9	4214.4	4596.1
福建	2206.9	2365.0	2481.6	2813.2	3146.1	3330.1	3558.0	4094.8	4570.4	4890.5	5093.6	5455.6	5821.5
江西	1670.2	1786.4	1863.5	2212.1	2552.6	2685.3	2919.6	3421.4	3742.6	3683.8	4106.5	4431.3	4692.3
山东	2147.5	2258.0	2409.8	2700.6	2963.0	3129.3	3456.9	3935.2	4234.6	4525.2	5431.0	5856.6	6266.6
河南	1716.7	1913.7	2108.3	2398.2	2699.3	2890.6	3240.4	3601.1	3973.4	4285.4	4277.6	4462.2	4643.2
湖北	2051.6	2049.0	2095.2	2379.8	2690.8	2828.5	3234.9	3731.3	4123.5	4381.6	5009.3	5281.4	5534.0
湖南	1614.6	1713.4	1743.4	1963.8	2196.6	2257.3	2463.9	2725.2	2903.2	2962.0	3638.9	3911.7	4138.6
广东	1805.7	1732.0	1693.6	1838.5	2001.5	2017.4	2203.7	2498.1	2566.1	2596.4	3272.4	3590.1	3883.6
广西	1365.3	1516.4	1705.8	1973.4	2190.6	2228.2	2510.2	3007.9	3234.6	3420.4	4047.8	4359.4	4759.2
海南	2257.6	2345.6	2486.9	2870.4	3235.1	3426.3	3563.3	3827.0	4182.7	4153.8	4753.5	5013.2	5315.7
重庆	1418.8	1541.5	1349.6	1639.2	2016.6	2111.7	2323.5	2748.3	2975.3	3136.5	3401.9	3774.7	4150.1
四川	1568.3	1681.6	1586.5	1863.3	2061.7	2072.9	2263.2	2761.5	3004.9	3321.2	3877.9	4197.3	4525.2
贵州	1115.9	1153.4	1112.8	1320.1	1512.5	1537.6	1706.3	1980.2	2249.2	2355.9	2643.1	2878.7	3115.8
云南	1386.6	1530.1	1631.6	1910.2	2156.8	2279.0	2510.1	2966.2	3328.1	3650.4	4242.4	4600.8	5043.7
西藏	1103.4	1187.1	1410.5	1673.1	1845.0	1956.5	2308.8	3142.6	3678.7	4157.0	4361.8	4937.7	5237.9
陕西	1028.3	1118.9	1219.3	1346.1	1475.0	1570.2	1882.2	2017.6	2294.5	2500.0	2750.7	2908.6	3057.9
甘肃	1228.9	1263.4	1291.9	1426.9	1543.2	1583.2	1856.0	1866.2	2114.8	2231.0	2761.6	3025.2	3261.4
青海	1333.6	1359.6	1374.5	1477.3	1602.7	1666.2	1973.1	2088.8	2221.9	2570.5	3021.4	3058.5	3197.0
宁夏	1506.1	1561.9	1662.1	1862.1	2032.0	2111.6	2421.5	2730.4	3071.5	3250.0	3644.6	3837.5	3937.5
新疆	1970.4	2140.8	2323.2	2625.7	2779.7	3069.6	3650.0	3887.2	4239.0	4654.5	5179.4	5397.5	5642.0

附表 1-5　　　　　地区农业总产值（Y_3）指标数据　　　　　（单位：亿元）

	2004	2005	2006	2007	2008	2009	2010	2011	2012	2013	2014	2015	2016
全国	20904.3	21806.7	23317.0	27788.0	32753.2	34161.8	39362.6	46163.1	50902.3	55329.1	58343.5	60862.1	63670.7
北京	102.9	98.0	98.0	101.3	112.8	118.3	124.4	136.3	150.2	161.8	159.0	140.2	129.8
天津	102.3	112.4	118.2	110.2	122.6	128.9	145.6	159.7	171.6	188.5	199.9	208.8	220.2
河北	1370.4	1503.1	1606.5	1804.7	2034.6	2207.3	2562.8	2905.7	3186.7	3500.4	3447.5	3439.5	3492.8
山西	253.4	262.4	276.8	269.7	302.5	477.6	554.5	641.4	698.3	773.8	788.9	783.2	784.8
内蒙古	506.1	589.6	649.6	762.1	907.0	929.6	1095.3	1306.3	1448.6	1599.4	1627.9	1617.4	1637.4
辽宁	769.9	882.4	976.4	1133.4	1302.0	1414.9	1631.1	1915.6	2155.8	2321.6	2285.8	2384.0	2173.1
吉林	561.0	625.6	672.8	783.8	916.7	980.6	1050.2	1277.4	1412.1	1509.3	1524.0	1596.3	1498.5
黑龙江	587.8	684.6	737.6	915.4	1089.1	1154.3	1302.9	1701.5	2113.7	2516.8	2611.4	2633.5	2670.5
上海	96.7	80.3	93.8	101.8	111.8	113.8	114.2	124.9	127.8	129.3	124.3	109.8	109.5
江苏	1315.4	1461.5	1545.0	1816.2	2100.0	2261.9	2540.1	3064.8	3418.3	3646.1	3634.3	3986.1	4077.2
浙江	816.0	892.8	925.1	986.0	1095.4	1163.1	1360.6	1583.0	1667.9	1784.6	1777.2	1832.9	1965.2
安徽	932.4	966.5	1028.7	1200.2	1418.1	1495.5	1729.0	2015.3	2178.7	2348.1	2392.4	2456.7	2567.7
福建	777.9	841.2	896.2	1002.1	1157.8	1182.7	1363.7	1612.2	1776.7	1936.3	2014.8	2118.1	2363.2
江西	711.7	727.4	786.1	905.8	1060.9	1098.7	1207.1	1391.1	1520.2	1636.5	1683.7	1773.0	1904.5
山东	1778.3	1963.5	2138.9	2509.1	3002.7	3226.6	3588.3	3973.9	4281.7	4742.6	4798.4	4979.1	4929.1
河南	1647.5	1892.0	2049.9	2217.7	2658.8	2769.1	3258.1	3512.2	3769.5	4059.0	4160.0	4209.6	4286.2
湖北	1020.1	1082.1	1140.4	1378.0	1780.0	1795.9	2147.0	2569.3	2848.8	3098.2	3176.9	3309.8	3659.3
湖南	1155.9	1274.2	1332.2	1626.5	2007.4	1969.7	2325.5	2768.0	3004.2	3099.2	3148.7	3331.6	3578.4
广东	1245.4	1428.3	1577.1	1695.6	1970.2	2010.3	2287.0	2665.2	2847.3	3047.5	3166.8	3345.5	3694.4
广西	811.4	912.5	1032.5	1241.4	1453.9	1458.5	1675.1	2047.2	2172.4	2343.6	2413.4	2565.5	2796.8
海南	283.8	300.8	344.5	361.1	437.6	462.2	539.8	659.2	711.5	756.5	809.5	854.7	948.4
重庆	431.3	463.4	425.8	482.4	575.4	606.8	685.4	844.5	940.0	1016.7	1061.0	1150.2	1303.2
四川	1394.3	1481.1	1595.5	2032.0	2366.2	2240.6	2482.9	2983.5	3297.2	3425.6	3531.1	3677.3	3929.3
贵州	334.1	368.9	393.2	446.3	547.9	550.3	625.0	726.2	891.9	1029.1	1280.5	1640.6	1846.2
云南	604.3	669.8	749.8	837.4	1020.9	1067.6	1108.4	1411.0	1654.6	1895.3	1990.1	2055.8	2195.1
西藏	43.3	48.0	50.9	54.9	60.5	63.9	68.7	74.5	80.4	86.8	91.6	98.0	115.8
陕西	395.0	435.8	488.5	592.6	753.7	789.6	988.5	1220.9	1370.2	1526.1	1564.9	1597.6	1693.9
甘肃	281.4	308.1	333.4	386.0	463.0	497.1	599.3	678.8	780.5	879.4	900.8	954.1	983.4
青海	57.8	65.3	69.6	83.4	105.6	107.4	134.9	155.1	176.9	207.6	215.9	208.9	221.2
宁夏	65.1	72.1	79.5	97.9	120.0	127.3	159.3	184.1	199.4	223.0	217.0	237.8	241.6
新疆	444.7	510.0	527.8	628.7	691.1	759.7	1078.6	1139.0	1320.6	1468.3	1538.6	1559.1	1649.0

附录二

附表 2-1　　　　　　　　评价指标截面数据（2016 年）　　　　　　　（单位：亿元）

地区	人均农业总产值 Y_1	农产品生产者人均年收入 Y_2	地区农业总产值 Y_3	农产品流通农村资本存量 X_1	人力资源成本 X_2
全国	1608.2	1745.8	20904.3	722.8	596.3
北京	689.2	1600.8	102.9	28.4	22.7
天津	998.9	2427.5	102.3	7.1	6.9
河北	2012.6	1887.7	1370.4	73.3	29.9
山西	759.7	1497.2	253.4	19.3	13.9
内蒙古	2114.8	2037.7	506.1	3.9	10.5
辽宁	1825.7	1991.5	769.9	24.5	32.6
吉林	2070.7	2292.8	561.0	4.3	13.8
黑龙江	1539.8	2329.4	587.8	4.3	19.8
上海	527	854.1	96.7	9.7	25.7
江苏	1748.5	2018.5	1315.4	28.1	34.3
浙江	1656.9	2533.1	816.0	84.2	31.7
安徽	1497.1	1489.2	932.4	47.4	25.9
福建	2204.2	2206.9	777.9	27.0	12.1
江西	1661.3	1670.2	711.7	46.8	15.9
山东	1937.1	2147.5	1778.3	77.0	40.8
河南	1695.5	1716.7	1647.5	54.7	30.6
湖北	1790.3	2051.6	1020.1	8.1	24.3
湖南	1725.7	1614.6	1155.9	25.8	23.1
广东	1366.9	1805.7	1245.4	12.7	51.3
广西	1659.6	1365.3	811.4	15.5	16.7
海南	3469.9	2257.6	283.8	2.8	4.0
重庆	1544.3	1418.8	431.3	4.8	12.2
四川	1723.4	1568.3	1394.3	34.8	26.7
贵州	855.8	1115.9	334.1	14.2	8.0
云南	1368.8	1386.6	604.3	11.6	14.0
西藏	1569.9	1103.4	43.3	0.0	1.0
陕西	1073	1028.3	395.0	25.7	23.6
甘肃	1107.4	1228.9	281.4	7.5	8.7
青海	1072.5	1333.6	57.8	3.9	3.2
宁夏	1107.7	1506.1	65.1	6.4	2.7
新疆	2265.4	1970.4	444.7	8.6	9.8

附表 2-2　　　　　　　　评价指标面板数据（全国）

年份	人均农业总产值 Y_1	农产品生产者人均年收入 Y_2	地区农业总产值 Y_3	农产品流通农村资本存量 X_1	人力资源成本 X_2
2004	1608.2	1745.8	20904.3	722.8	596.3
2005	1667.7	1844.5	21806.7	924.5	633.5
2006	1773.9	1931.0	23317.0	1308.0	671.2
2007	2103.1	2193.7	27788.0	1529.7	712.3
2008	2466.3	2435.6	32753.2	1803.6	760.6
2009	2559.9	2526.8	34161.8	2277.6	849.3
2010	2935.5	2832.8	39362.6	2914.0	898.1
2011	3426.2	3222.0	46163.1	528.5	1025.8
2012	3759.3	3533.4	50902.3	557.5	1103.2
2013	4066.2	3793.2	55329.1	516.0	1243.6
2014	4265.4	4237.4	58343.5	527.3	1398.0
2015	4427.6	4503.6	60862.1	437.9	1537.5
2016	4604.8	4741.3	63670.7	445.2	1669.1

附录三

农产品流通效率影响因素专家打分表

尊敬的专家：

您好！我是哈尔滨商业大学经济学院的博士研究生，正在做农产品流通效率及影响因素方面的毕业论文，需要对相关指标进行量化测评。因得知您在此方向的研究中拥有极高的专业造诣和丰富的实践经验，特诚恳地邀请您抽出宝贵的时间填写打分表。您的指导意见将对我的研究提供重要帮助，衷心感谢您的参与和支持！

1. 请从对农产品流通效率影响强弱的角度出发，对下列二级指标进行打分，分数有1分、3分、5分、7分、9分五个选择。请在打分时尽量凸显不同指标之间的差别。

附表 3-1　　二级指标打分表

序号	指标名称	分数
1	流通成本	
2	流通技术	
3	流通速度	
4	流通环节	

2. 请从流通成本角度出发，对下列二级指标进行打分，分数有1分、3分、5分、7分、9分五个选择。请在打分时尽量凸显不同指标之间的差别。

附表 3-2　　二级指标打分表

序号	指标名称	分数
1	收割采摘	
2	分拣包装	
3	装卸运输	
4	库存仓储	
5	精深加工	
6	信息传输	
7	推广营销	

3. 请从流通技术角度出发,对下列二级指标进行打分,分数有 1 分、3 分、5 分、7 分、9 分五个选择。请在打分时尽量凸显不同指标之间的差别。

附表 3-3　二级指标打分表

序号	指标名称	分数
1	收割采摘	
2	分拣包装	
3	装卸运输	
4	库存仓储	
5	精深加工	
6	信息传输	
7	推广营销	

4. 请从流通速度角度出发,对下列二级指标进行打分,分数有 1 分、3 分、5 分、7 分、9 分五个选择。请在打分时尽量凸显不同指标之间的差别。

附表 3-4　二级指标打分表

序号	指标名称	分数
1	收割采摘	
2	分拣包装	
3	装卸运输	
4	库存仓储	
5	精深加工	
6	信息传输	
7	推广营销	

5. 请从流通环节角度出发,对下列二级指标进行打分,分数有 1 分、3 分、5 分、7 分、9 分五个选择。请在打分时尽量凸显不同指标之间的差别。

附表 3-5　二级指标打分表

序号	指标名称	分数
1	收割采摘	
2	分拣包装	
3	装卸运输	
4	库存仓储	
5	精深加工	
6	信息传输	
7	推广营销	

攻读学位期间发表的学术论文

[1] 程涛,王德章,李佳俐. 商贸流通业发展战略调整对新型城镇化建设促进作用研究——以黑龙江省为例 [J]. 哈尔滨商业大学学报(社会科学版),2014(6):95-100.

[2] Cheng tao. The application of information fusion technology in wireless sensor network [J]. International Journal of u - and e - service, Science and Technology. (检索号:20140517244557,EI 源刊)

[3] Cheng tao. Application and research of using the virtual reality technology to realize the remote control [J]. International Journal of Control and Automation. (检索号:20143718154861,EI 源刊)

[4] 程涛. 基于模糊理论的农产品流通评价体系构建 [J]. 统计与决策,2018,34(12):43-46.

[5] Li Jiali, Cheng tao. Research on the facilitation of ecommerce technology development on new - type urbanization construction in the internet of things era [J]. International Journal of u - and e - Service, Science and Technology, v8, n3. (检索号:20151400720250,EI 源刊)

[6] 李佳俐,程涛. 基于区间灰色关联度的食品产业集群发展评价方法 [J]. 统计与决策,2016(4):84-87.

[7] 李佳俐,程涛. 黑龙江省绿色食品产业集群协调发展与竞争优势保持研究 [J]. 哈尔滨商业大学学报(社会科学版),2017(2):85-95.

参考文献

[1] Helen Markelova, Esther Mwangi. Collective Action for Smallholder Market Access: Evidence and Implications for Africa, Review of Policy Research 2010, 27 (5): 621-640.

[2] Paule Moustier et al.. The role of farmer organizations in supplying supermarkets with quality food in Vietnam Food Policy 2010, 35 (1): 69-78.

[3] Bignebat C, Koc A A, Lemeilleur S. Small producers, supermarkets, and the role of intermediaries in Turkey's fresh fruit and vegetable market [J]. Agricultural Economics, 2009, 40 (s1): 807-816.

[4] Narasimhan, R. Perpectives on Risk Management in Supply chains. Journal of Operations Management, 2009 (2): 114-118.

[5] Jon Hellin et al.. Farmer Organization, Collective Action And Market Access in Meso-America, Food Policy, 2009, 34 (1): 16-22.

[6] Vaughan Liggin. Building Alternative Agri-food Networks Certification Embeddedness and Agri-Environmental Governance. Journal of Rural Studies, 2008 (1): 15-27.

[7] Artur Grigoryan. Linking Small-Scale Farmers to Local and Export Markets through Farmer Associations: Case of Milk, Fruit and Vegetable Producers of Armenia, 2007.

[8] V. Valentinov. Why are cooperatives important in agriculture? An organizational economics perspective, Journal of Istitutional Economics, 2007 3 (1): 55-69.

[9] Andrew W. Shepherd. Approaches to linking producers to markets, http://www.fao.org/ag/ags/subjects/en/agmarketllinkages, 2007.

[10] V. Valentinov. Why are cooperatives important in agriculture? An organizational economics perspective, Journal of Istitutional Economics, 2007 3 (1): 55-69.

[11] Minot, N. Impact of High-value Agriculture and Modern Marketing Channels on Poverty: An analytical lramework. Interational Food Policy Research, 2007.

[12] David H. Taylor. Demand Management in Agri-food Supply Chains. The International Journal of Logistics, 2006 (2): 163-186.

[13] A. Starbired. Supply Chain Contracts and Food Safety. Choices: Farm Resource Issue, 2005 (2).

[14] Gray, Thomas W. exploring a Greater Role for Agricultural Cooperatives in Sustaining

Rural Livinu. Rural Cooperatives, 2004.

[15] Dries, L. the Rapid Rise of Supermarkets in Central and Easter Europe: Implications for the Agrifood Sector and Rural Development. Development polies Review, 2004 (5): 525 – 556.

[16] Kenneth l – l. Wathae. Relationship Governance in a Supply Chain Network. Journal of Marketing, 2004.

[17] MarkManfredo. Agricutural Cooperatives and Risk Management. American Agricultural: economics Association, 2003.

[18] Jim Bingen et al. Linking farmers to markets: different approaches to human capital development, Food Policy 28 (2003): 405 – 419.

[19] RiehardL. Killmer. Improving Vertical Coordination from Farm – to – plant Using a Co-operative. American Agricultural economics Association, 2003.

[20] Reardon, T. The Rise of Supermarkets in Africa, Asia and Latin America. American Journal of Agricultural Economics, 2003 (5): 114 – 116.

[21] Thomas Reardon. Supcrmarkets and Produce Quality and Safety Standards in Latin America. America Agriculture Economics, 2003.

[22] Maxtinez S. W. Vertical Coordination of Marketing Systems: Lessons From the Poultry, Egg, and Pork Industries. Econounic Research Service, U. S. Department of Agriculture, Agricultural Economic Report No. 807, 2002.

[23] Doyon, Maurice. An Overview of the Evolution of Agricultural Cooperatives in Canada. Journal of Agricultural Economics, 2002.

[24] Kliebenstein, J. B. and Lawrenee, J. D. Contracting and Vertieal Coordination in the United States Pork, 2002 (5): 9 – 12.

[25] Andrew Blatherwick. The Supply Chain Balancing Stock and Service at a Profit [J]. Logistics Information Management, 2001 (6): 24 – 26.

[26] Dolan, C. Governance and Trade in fresh Vegetablesahe Impact of UK Supermarkets. Journal of Development Studies, 2000 (2): 147 – 176.

[27] L. ambert, Cooper. Issues in Supply Chain Management. Industrial Marketing Management, 2000 (29): 65 – 83.

[28] Martinez, S. W. Vertical Coordination in the Pork and Broiler Industries: Implications for Pork and Chicken Products. Food and Rural Economics Division, Economic Research Service, U. S. Department of Agriculture, Agricultural Economic Report No. I, 1999.

[29] Karin H. Farmers Cooperatives in the 21th Century. The Journals of Rural Cooperativos, 1999.

[30] Kevin R. Moore. Trust and Relationship Commitment in Logisties Allianees: A buyers,

Perspective. International loumal of Purchasing and Materials Management. 1998: 24 – 38.

[31] Fawcett. Logistics PcrFormance Measurement and Customer Success. Industrial Marketing Management. 1998 (4): 341 – 357.

[32] Hobbs, J. E. Measuring the Importance of Transaction Costs in Cattle Marketing [J]. American Journal ofAgricultural Economics, 1997, 79 (4): 1083 – 1095.

[33] Sinklangley. A Managerial Framework for the Acquisition of Third – Party Logistics Ser vices. Journal of Business Logistics, 1997 (2)

[34] Aigner, D., Lovell, G. A. L., Schmidt, P. Formulation and estimation of stochastic frontier production function models [J]. Journal of Econometrics, 1977, 6 (1): 21 – 37.

[35] Battese, G. E., Corra, G. S. Estimation of a production frontier model: with application to the pastoral zone of Eastern Australia [J]. Australian Journal of Agricultural and Resource Economics, 1977, 21 (3): 169 – 179.

[36] Meeusen, W., Vanden Broeck, J. Efficiency estimation from Cobb – Douglas production functions with composed error [J]. International Economic Review, 1997, 18 (2): 435 – 444.

[37] Seiford L M. Data envelopment analysis: The Evolution of State of the Art (1978 – 1995), Journal of Production Analysis, 1996, 7: 99 – 137.

[38] M. den Ouden etal. Vertical cooperation in agricultural production – marketing chains, with special reference to product differentiation in pork [J]. Agribusiness, 1996, 12 (3): 277 – 290.

[39] Barbara Grosh. Contract Farming in Africa: an Application of the New Institutional Economics [J]. Africa Economics, 1994 (10): 26 – 29.

[40] Bakerma, A., Reaching Consumers in the Twenty – first Centry: the Short Way around the Barn [J], American Joural of Agricultural Economics, Vol. 75, 1993.

[41] Heide Jan, John George. Do Norms Matter in Marketing Relationships [J]. Journal of Marketing, 1992, 56 (2): 32 – 44.

[42] Frank, S. D. and Henderson, D. R. Transaction Costs as Determinants of Vertical Coordination in the U. S. Food Industries. American Journal of Agricultural Economics, 1992 (11).

[43] Seiford L M, Thrall R M. Recent development in DEA. The mathematical programming approach to frontier analysis [J]. Journal of Econometrics, 1990, 46 (1, 2): 7 – 38.

[44] Charnes A., Cooper W. W., Wei Q L, et al. Cone ratio data envelopment analysis and multi – objective programming [J]. International Journal of Systems Science, 1989, 20 (7): 1099 – 1118.

[45] Charnet A., Cooper W. W., Wei Q L, et al. Compositive data envelopment analysis

and multi – objective programming [R]. The University of Texas at Austin, Center for Cybernetic Studies Report, CCS 633, 1989 (6).

[46] Charnes A., Cooper W. W., Wei Q L. A semi – infinite multi – criteria programming approach to data envelopment analysis with infinitely many decision making units [R]. The University of Texas at Austin, Center for Cybernetic Studies Report, CCS 551, September, 1986.

[47] Fare R, Grosskopf S. A nonparametric cost approach to scale efficiency [J]. Scandinavian Journal of Economics, 1985, 87 (4): 594 – 604.

[48] Charnes A., Cooper W. W., Golany B, et al. Foundations of data envelopment analysis for pareto – koopmans efficient empirical production [J]. Journal of Econometrics, 1984, 30 (1): 91 – 107.

[49] Banker R. D., Charnes A., Cooper W. W.. Some models for estimating technical and scale inefficiencies in data envelopment analysis [J]. Management Science, 1984, 30 (9): 1078 – 1092.

[50] Charnes A, Cooper W W and Rhodes E. Measuring the efficiency of decision making units. European Journal of Operational Research, 1978, 2: 429 – 444.

[51] William J. Abernathy, James M. Utterback. Patterns of Innovation in Industry [J]. Technology Review, 1978, 80 (7): 40 – 47.

[52] McCammon, Burt Jr. Perspectives on Distribution Programming. In Vertical Marketing System [J]. Ed. L.. Bucklin. Glenview, IL: Scott, Foresman, 1970: 2 – 8.

[53] Coase. The Problem of Social Cost [J]. Journal of Law and Economics 3, 1960 (10): 1 – 44.

[54] M. J. Farrell. The Measurement of Productive Efficiency. Journal of the Royal Statistical Society Series A (General), 1957, 120 (3): 253 – 290.

[55] Alderson Wroe. Marketing Behavior and Executive Action [M]. Homewood, Ⅲ: Irwin, 1957.

[56] Coase. The Nature of the Fiem [J]. Econimic, 1937 (11): 368 – 405.

[57] Breyer Ralph F. The Marketing Institution [M]. New York: Mc Graw – Hill., 1924.

[58] F. E. Clark. Principles of Marketing [M], New York: Macmillan Co.. 1922: 13.

[59] Weld, Louis D. H.. The Marketing of Farm Products [M]. New York: The Macmi Han Company, 1916.

[60] M. N. Kaurkin, R. A. Ibrayev, K. P. Belyaev. Data assimilation in the ocean circulation model of high spatial resolution using the methods of parallel programming [J]. Russian Meteorology and Hydrology, 2016, 41 (7).

[61] G. S. D'yakonov, R. A. Ibraev. Description of coastline variations in an ocean general circulation model [J]. Izvestiya, Atmospheric and Oceanic Physics, 2016, 52 (5).

[62] Ana C. V. Freitas, Jorgen S. Frederiksen, Jennifer Whelan, Terence J. O'Kane, Tércio Ambrizzi. Observed and simulated inter – decadal changes in the structure of Southern Hemisphere large – scale circulation [J]. Climate Dynamics, 2015, 45 (11 – 12).

[63] K. V. Lebedev, A. S. Sarkisyan, O. P. Nikitin. Comparative analysis of the North Atlantic surface circulation reproduced by three different methods [J]. Izvestiya, Atmospheric and Oceanic Physics, 2016, 52 (4).

[64] Solomon Addisu Legesse. The outlook of Ethiopian long rain season from the global circulation model [J]. Environmental Systems Research, 2016, 5 (1).

[65] Fred D Tillman, Subhrendu Gangopadhyay, Tom Pruitt. Understanding the past to interpret the future: comparison of simulated groundwater recharge in the upper Colorado River basin (USA) using observed and general – circulation – model historical climate data [J]. Hydrogeology Journal, 2017, 25 (2).

[66] Christian B. Moyer, Patrick T. Norton, John D. Ferguson, Jeffrey W. Holmes. Changes in Global and Regional Mechanics Due to Atrial Fibrillation: Insights from a Coupled Finite – Element and Circulation Model [J]. Annals of Biomedical Engineering, 2015, 43 (7).

[67] Joanna Staneva, Victor Alari, ϕyvind Breivik, Jean – Raymond Bidlot, Kristian Mogensen. Effects of wave – induced forcing on a circulation model of the North Sea [J]. Ocean Dynamics, 2017, 67 (1).

[68] Martin Canter, Alexander Barth, Jean – Marie Beckers. Correcting circulation biases in a lower – resolution global general circulation model with data assimilation [J]. Ocean Dynamics, 2017, 67 (2).

[69] Sang Yeob Kim, Ho Jin Lee, Jae – Hun Park, Young Ho Kim. Effects of reduced vertical mixing under sea ice on Atlantic meridional overturning circulation (AMOC) in a global ice – ocean model [J]. Ocean Science Journal, 2015, 50 (2).

[70] 何光全. 现代化视野下的我国农民教育问题 [J]. 现代远程教育研究, 2018 (1): 68 – 77.

[71] 翟岁兵. 我国农产品流通的特征与发展趋势 [J]. 改革与战略, 2017, 33 (8): 106 – 108.

[72] 张念玲. 农民专业合作社发展现状及对策研究 [J]. 农村经济与科技, 2017, 28 (24): 15 – 16.

[73] 石肖然, 孙玉玲. 生鲜农产品供应链流通模式 [J]. 中国流通经济, 2017, 31 (1): 57 – 64.

[74] 庞增荣, 马李丽. 我国生鲜农产品流通模式与流通效率优化研究 [J]. 商业经

济研究, 2017 (15): 121-123.

[75] 张永强, 张晓飞等. 中美日农产品流通体系对比及经验借鉴 [J]. 世界农业, 2017 (4): 29-34.

[76] 摘自彭建真的《中国零售业生鲜筐应用状况调查报告》, 2017.6.

[77] 程书强, 刘亚楠, 许华. 西部地区农产品流通效率及影响因素研究 [J]. 西安财经学院学报, 2017, 30 (3): 88-94.

[78] 张永强, 张晓飞, 刘慧宇. 我国农产品流通效率的测度指标及实证分析 [J]. 农村经济, 2017 (4): 93-99.

[79] 周丹, 杨晓玉. 借助"互联网+"东风实现农产品流通主体转型升级 [J]. 人民论坛, 2017 (32): 84-85.

[80] 宋明芳. 基于"互联网+"的农产品流通主体转型升级策略分析 [J]. 商业经济研究, 2017 (10): 148-150.

[81] 岳秀红. 我国农产品流通管理体制的市场化思考 [J]. 农业经济, 2017 (7): 129-131.

[82] 郑伟. 农产品流通体制研究 [J]. 经济研究导刊, 2017 (4): 27-28.

[83] 黄福华, 蒋雪林. 生鲜农产品物流效率影响因素与提升模式研究 [J]. 北京工商大学学报(社会科学版), 2017, 32 (2): 40-49.

[84] 刘天祥, 林媚. 批发市场对农产品流通效率的影响研究 [J]. 广西财经学院学报, 2017, 30 (5): 84-94.

[85] 石岿然, 孙玉玲. 生鲜农产品供应链流通模式 [J]. 中国流通经济, 2017, 31 (1): 57-64.

[86] 赵晏林, 李琴等. 基于AHP和Floyd算法的农产品物流中心选址研究 [J]. 成组技术与生产现代化, 2017 (34, 1): 39-46.

[87] 李韫繁. 基于层次分析法(AHP)的农产品物流金融风险评估 [J]. 金融理论与实践, 2017 (8): 105-108.

[88] 摘自《全国农产品加工业与农村一二三产业融合发展规划2016-2020》, 农业部, 2016.11.

[89] 王岳含. 我国农产品现代化流通模式构建 [J]. 商业经济研究, 2016 (17): 160-162.

[90] 洪涛. 2015年我国农产品电商发展与2016年展望 [J]. 商业经济研究, 2016 (11): 63-66.

[91] 王娜, 张磊. 农产品流通效率的评价与提升对策研究——基于流通产业链视角的一个分析框架 [J]. 农村经济, 2016 (4): 109-114.

[92] 金赛美. 我国农产品流通效率测量及其相关因素分析 [J]. 求索, 2016 (09): 129-132.

[93] 江静. 我国农产品现代化流通模式的智能化趋势分析 [J]. 商业经济研究, 2016 (3): 161-163.

[94] 何安华, 秦光远. 中国农产品加工业发展的现状、问题及对策 [J]. 农业经济与管理, 2016 (5): 73-80.

[95] 刘洋. 电子商务环境下农产品流通模式的创新研究 [J]. 改革与战略, 2016, 32 (03): 81-83.

[96] 夏春玉. 流通、流通理论与流通经济学 [J]. 财贸经济, 2006 (6) 32-37.

[97] 邹娜, 邱英杰. "互联网+" 背景下农产品流通主体优化建议 [J]. 合作经济与科技, 2016 (3): 78-79.

[98] 韩娜. 多元主体参与视角下农产品流通模式的利益分配研究 [J]. 商业经济研究, 2016 (2): 147-148.

[99] 孙中刚, 卢凤君. 鲜活农产品流通与金融服务的模式匹配及主体共生关系分析 [J]. 农村金融研究, 2015 (11): 63-69.

[100] 杨程. 基于供应链管理的甘肃农产品流通效率及障碍分析 [J]. 商场现代化, 2015 (27): 12-13.

[101] 董津津, 陈学云. 基于O2O模式的农产品流通一体化方式研究 [J]. 物流技术, 2015, 34 (4): 93-95.

[102] 汪旭晖, 文静怡. 我国农产品物流效率及其区域差异——基于省际面板数据的SFA分析 [J]. 当代经济管理, 2015 (1): 26-32.

[103] 赖媛媛, 战书彬. 新时期农产品流通模式的特点及比较研究——以山东省为例 [J]. 青岛农业大学学报（社会科学版）, 2015, 27 (4): 47-50, 66.

[104] 周峻岗, 尚杰. 基于不同流通模式的农产品流通效率评价研究 [J]. 安徽农业科学, 2015, 43 (2): 317-321.

[105] 马增俊. 中国农产品批发市场发展30年回顾及展望 [J]. 中国流通经济, 2015, 29 (5): 5-10.

[106] 高洁华, 何鹏飞等. 农产品物流损耗原因分析 [J]. 物流工程与管理, 2015 (5): 38-41.

[107] 隋博文. 多重视角下的农产品流通模式研究：基于文献综述的考量 [J]. 广西经济管理干部学院学报, 2015 (3): 34-38.

[108] 汪旭晖, 文静怡. 我国农产品物流效率及其区域差异——基于省际面板数据的SFA分析 [J]. 当代经济管理, 2015 (1): 26-32.

[109] 周勇, 池丽华. 我国农产品流通的问题与发展趋势 [J]. 商业时代, 2014 (35): 7-10.

[110] 陈耀庭, 戴俊玉, 管曦. 不同视角下的农产品流通效率测量与指标选择 [J]. 商业时代, 2014 (33): 68-74.

[111] 周峻岗, 李燕. 农产品流通相关文献综述 [J]. 商业经济. 2014 (第4期): 23-25.

[112] 郑轶. 中国和日本生鲜农产品流通模式比较研究 [J]. 世界农业, 2014 (8): 88-90.

[113] 宋瑛. 我国农产品流通体制演进回顾及思考 [J]. 商业时代, 2014 (7): 10-11.

[114] 翟雪玲. 我国蔬菜流通体制变迁背景、内容及方向 [J]. 经济研究参考, 2014 (62): 8-13.

[115] 逄孝云. 产地农产品批发市场主要功能特点的思考 [J]. 中国市场, 2014 (43): 57-59.

[116] 黄晓慧, 崔茂森. 基于AHP和模糊综合评价的农产品品牌竞争评价及实证研究 [J]. 江苏农业科学, 2014 (42, 6): 483-486.

[117] 肖亮. 农产品营销渠道成员能力评价与渠道优化设计 [J]. 统计与决策, 2014 (23): 61-65.

[118] 李杨. 基于关系视角下农产品流通渠道创新路径的选择 [J], 农业经济, 2013 (11): 127-128.

[119] 朱华友, 谢恩奇. 区域农产品流通模式研究——基于浙江省金华市的实地调查 [J]. 农业经济问题, 2013, 34 (10): 63-68.

[120] 赵锋. 农产品流通效率研究: 综述与展望 [J]. 中国流通经济, 2013, 27 (12): 16-21.

[121] 杜娟, 杨军, 廖新福, 腾国玲, 沙勇龙. 不同贮藏温度对哈密瓜品质及腐烂率的影响 [J]. 新疆农业科技, 2013 (6): 31-33.

[122] 涂洪波, 李崇光, 孙剑. 我国农产品流通现代化水平的实证研究——基于2009年省域的数据 [J]. 北京工商大学学报 (社会科学版), 2013 (1): 20-27.

[123] 党耀国, 应用多元统计分析 [M], 北京: 清华大学出版社, 2012.

[124] 李飞. 中国流通业变革关键问题研究 [M]. 北京: 经济科学出版社, 2012.

[125] 贾敬敦, 张玉玺, 张鹏毅. 中国农产品流通业发展报告 [M]. 北京: 社会科学文献出版社, 2012.

[126] 徐从才. 流通经济学 [M], 北京: 中国人民大学出版社, 2012 (2): 150-151.

[127] 孟宁. 基于交易成本理论的农村物流配送体系构建 [J]. 中国商贸, 2011 (31): 195-196.

[128] 孙宏才, 田平, 王莲芬. 网络层次分析法与决策科学 [M], 北京: 国防工业出版社, 2011: 6-7.

[129] 洪涛. 流通产业经济学 [M]. 北京: 经济管理出版社, 2011 (6): 23-24.

[130] 苏威. 从蔬菜价格波动看我国农产品流通存在问题 [J]. 内蒙古财经学院学报, 2011 (4): 15-18.

[131] 林玲. 对农业产业化中农产品流通体系建设的思考 [J]. 经济研究导刊, 2012 (15): 164-16.

[132] 欧阳小迅, 黄福华. 我国农产品流通效率的度量及其决定因素: 2000-2009 [J]. 农业技术经济, 2011 (2): 76-84.

[133] 郭崇义, 庞毅. 北京农产品批发市场创新营销研究 [J]. 北京工商大学学报 (社会科学版), 2011, 26 (06): 16-20.

[134] 梁海红. 渠道关系视角下我国农产品流通模式优化研究 [J], 改革与战略, 2011 (4): 88-90.

[135] 孙宏才, 田平, 王莲芬. 网络层次分析法与决策科学 [M]. 北京: 国防工业出版社, 2011 (1): 6-9.

[136] 梁佳, 刘东英. 中国农产品流通体制变革的动因与趋势 [J]. 中国农学通报, 2010, 26 (20): 417-422.

[137] 曹冰冰. 日本农产品物流模式对我国的借鉴 [J]. 中国商贸, 2010 (11): 157-158.

[138] 马占新. 数据包络分析模型与方法 [M]. 北京: 科学出版社, 2010 (4): 3-52.

[139] 陈世清. 对称经济学 [M]. 北京: 中国时代经济出版社 2010 (3): 35.

[140] 孙冶方. 社会主义经济论稿 [M]. 北京: 中国大百科全书出版社. 2009.10: 234、299.

[141] Timothy J. Coelli, D. S. Prasada Rao, Christopher J. O'Donnell, George E. Battese著, 刘大成译. 效率和生产率分析导论 [M]. 北京: 清华大学出版社, 2009 (9): 31-57.

[142] 道格拉斯·C. 诺思 (作者), 杭行 (译者). 制度、制度变迁与经济绩效 [M], 格致出版社, 上海三联书店, 上海人民出版社, 2008.

[143] 林聚任, 刘玉安. 社会科学研究方法 [M]. 济南: 山东人民出版社, 2008: 192-193.

[144] 马克思. 资本论 (第1卷) [M]. 北京: 人民出版社, 2008: 379, 390, 406-407.

[145] 李应春, 嗡鸣. 日本农业政策调整及其原因分析 [J]. 农业经济问题, 2006 (8): 72-75.

[146] 徐从才. 流通经济学: 过程、组织、政策 [M]. 北京: 中国人民大学出版社. 2006.2: 22-23.

[147] 周建华, 贺正楚. 日本农业补贴政策的调整及启示 [J]. 农村经济, 2005

(10): 123-126.

[148] 马龙龙. 流通产业政策 [M]. 北京: 清华大学出版社, 2005.9: 2.

[149] 魏权龄. 数据包络分析 [M]. 北京: 科学出版社, 2004 (8): 1-58.

[150] 尚珂. 日本粮食流通体系的特征及其对我国的启示 [J]. 中国流通经济, 2004 (7): 31-34.

[151] 曾健民. 发达国家农民增收政策及效果评价 [J]. 经济纵横, 2002 (7): 40-42.

[152] 李海舰. 中国流通产业创新的政策内容及其对策建 [J], 中国工业经济. 2003 (12): 40.

[153] 坂本秀夫. 现代流通解读 [M]. 东京: 同友馆. 2001: 1-2.

[154] 田岛义博著. 于淑华译. 流通的活力 [M]. 北京: 中国商业出版社. 2000.3: 5.

[155] 林周二著. 史国安, 杨元敏译. 流通革命: 产品、路径及消费者 [M]. 北京: 华夏出版社. 2000.3: 211.

[156] 盛昭瀚, 朱乔, 吴广谋. 理论、方法与应用 [M]. 北京: 科学出版社, 1996: 2-5.

[157] 张五常. 经济解释——张五常经济论文选 [M]. 北京: 商务印书馆, 2000: 407-439.

[158] 铃木武著. 王哲, 陈晋译. 现代流通政策与课题 [M]. 北京: 中国商业出版社, 1993.3: 4.

[159] 中国大百科全书-经济学 (2) [M]. 北京: 人民出版社, 1988: 786.

[160] 魏权龄. 评价相对有效性的 DEA 方法 [M]. 北京: 中国人民大学出版社, 1988.

[161] 石枕. 怎样理解和计算"全要素生产率"的增长——评一个具体技术经济问题的计量分析 [J]. 数量经济技术经济研究, 1988 (12): 68-71.

[162] 高涤陈, 陶琳. 商品流通的若干理论问题 [M]. 沈阳: 辽宁人民出版社, 1985.7: 3

[163] 马克思. 政治经济学批判. 马克思恩格斯全集 (第46卷, 下) [M]. 北京: 人民出版社, 1980.8: 191-192.

[164] 马克思. 资本论 [M]. 第1卷. 北京: 人民出版社, 1975: 131.

[165] 马克思, 恩格斯. 马克思恩格斯全集 [M]. 第26卷 (3). 北京: 人民出版社, 1974: 317.

[166] 马克思. 资本论. 马克思恩格斯全集 (第23卷) [M]. 北京: 人民出版社, 1972.9: 188.

[167] 亚当·斯密 (著), 郭达力、王亚南 (译). 国民财富的性质和原因的研究

[M].商务印书馆,1972:5,16.

[168][德]马克思,恩格斯.马克思恩格斯全集[M].第12卷.北京:人民出版社,1962:749.

[169][日]谷口吉彦.配给组织论[M].千仓书房,1935:4.

致　谢

对我来说，五年的博士学习生活忙碌而又充实，有艰辛也有收获，有付出也有回报。在圆满完成博士阶段课程学习和研究工作、毕业论文撰写即将进入尾声之际，回首往事，我不禁感慨万千。回望刚刚过去的五年，一路上义无反顾、风雨兼程，笑容与泪水相伴，酸甜苦辣自在心间。五年里，女儿的不断成长让我品尝到了初为人父的百般滋味，这是上天赐给我的最珍贵的礼物，当年那第一声稚嫩的"爸爸"让我热泪盈眶，似乎瞬间懂得了"父亲"二字代表的厚重和广博。然而这五年里我却亏欠了她太多的陪伴，在她幼小的心灵里，妈妈才是最爱的人。错失的童年岁月不可复制，每念及此，内心如火似焚；五年里，母亲、岳父和父亲先后患重病，我毕业论文的撰写工作，有很大一部分是在医院的病床前完成的。曾经有大半年的时间，每当凌晨十分，当因患脑出血做了开颅手术的父亲终于安静睡去时，我都会伴着病房窗外的月光，开始构思我的论文，病房一尺宽的窗台，就是我的桌子。如今父亲已经出院在家康复，勉强能够下地行走，看着如幼儿学步般的老父和厚厚的毕业论文，孰轻孰重难自断，但我幸运的兼顾了二者，一路走来着实不易；五年里，我奔走在办公室和教室之间，角色在老师和学生之间轮回转换，我用自己的学习心得和理念以及在读博期间获取的创新思维模式去教育和感染我的学生，这让我在工作中取得了不菲的成绩；五年里，我努力完成博士研究内容，积极开展科研创新工作，发表多篇论文、主持和参与多个项目。

五年里，艰辛与收获同在，我完成了人生最为完美的蜕变，在学习能力、科研能力、创新能力和逻辑思维能力等方面均得到了质的提升。在此，我要诚挚地感谢我敬爱的导师王德章教授，老师深厚的理论素养、睿智的学术见识、严谨求实的治学态度、精辟独到的见解、活跃的思维能力和孜孜不倦的工作作风使我受益匪浅，既让我掌握了专业的知识和技能，又让我明白了人生的道理。在毕业论文的撰写过程中，从论文的选题、构思、章节安排、初稿、修改到最终定稿，都倾注了老师的全部心血。同时，老师还为我提供了大量的基础研究资料供我参考，为论文的顺利完成提供了坚实的保障。借着论文封笔之机，谨向我最尊敬的博士生导师王德章教授表示最诚挚的谢意！

由衷地感谢郭振教授、韩平教授、孙波教授、王涛教授、王巍教授、姚凤阁教授、张曦教授等多位任课老师在我博士学习过程中赐教于我，他们不仅教会了我经济学的专业知识，更培养了我经济学的思维模式和严谨的学习作风；感谢经济学院的项义军院长、郝大江院长对我的指导和帮助，以及对我学习、工作和生活的深切关怀和关注；感谢研究生学院王福友院长、赵大伟书记、张佳琳副院长在我攻读博士学位期间给予我的无私关怀和帮助；感谢经济学院科研秘书杨慧瀛老师给予我的无私帮助，使我能够顺利地完成课程的学习和论文的撰写；感谢哈尔滨工程大学图书馆的程波老师在图书借阅和资料查询工作中给予我的全力支持，论文的顺利完成有您不可或缺的一笔；感谢董晓红、张志峰、杜会永等同门兄弟姐妹对我的关心、帮助、支持和鼓励；感谢我工作单位的领导和同事们对我的理解和宽容，你们对我的关怀和支持我将永远铭记在心；最后，我要特别感谢我的父母、爱人和女儿给予的支持和理解！本书的出版受到哈尔滨商业大学博士科研启动基金资助。

作者
2019.6